TWENTY LECTURES ON DEFENSE OF DRUG CRIMES

毒品犯罪辩护二十讲

赵兴祥　陈欢欢
杨　滔　滕　芳／著

法律出版社 LAW PRESS · CHINA

作者简介

赵兴祥

律师，中国农工民主党党员，现为云南凌云律师事务所副主任、高级合伙人、凌云刑事中心一部主任、凌云刑事业务委员会顾问、昆明市律师协会刑事专业委员会主任、云南省律师协会刑事业务研究委员会委员、云南省律师协会宣传联络委员会副主任、昆明市盘龙区第八届政协委员、第九届政协常委。

赵兴祥律师十余年来一直专职从事刑事案件辩护工作，曾办理包括楚雄州原州长杨某某受贿案、泛亚有色金属千亿元非吸案、云南首例上市公司欺诈发行股票案（绿大地案）、明通小学重大踩踏事故案、晋宁10.14案等一批深具影响的案件。在毒品犯罪案件辩护方面，办理过数十件数量超过10千克的毒品犯罪案件，其中有不少案件取得了不批捕、不起诉、判决无罪或二审改判免去死刑的结果。

在办案之余，还曾多次接受《人民日报》、新华社、人民网以及本地多家电视台、电台、报纸等媒体的采访，解答相关法律问题；也长期受邀参与省内律师刑事业务的培训工作，部分讲座深受同行好评。

TWENTY LECTURES ON DEFENSE OF DRUG CRIMES

陈欢欢

律师，中共党员，西南政法大学诉讼法学硕士研究生。现为云南凌云律师事务所刑事中心五部负责人，凌云刑事学院执行院长，云南省律师协会刑事专业委员会秘书长。

专注于刑事辩护，尤其是经济犯罪、毒品犯罪辩护业务。执业以来，曾参与了泛亚有色金属非法吸收公众存款案、云南刘少斌被冤妨害作证再审被判无罪案、何学光含冤26年申诉终获无罪案、晋宁10.14聚众斗殴案、云南史上最大“地沟油”犯罪云南丰瑞公司生产销售有毒有害食品案、楚雄市原市长赵某某受贿案、彭某某跨境贩卖运输海洛因九十余公斤案等重大刑事案件辩护。

杨　滔

律师，中国农工民主党党员，云南凌云律师事务所合伙人，刑事业务中心副主任，质量管理委员会主任，刑事中心轮值主任，现担任昆明市律师协会刑事专业委员会秘书长。

2012年执业以来，主要致力于毒品类犯罪案件的辩护、经济类犯罪案件的预防及辩护、职务类犯罪案件的预防及辩护等工作，参与办理过楚雄州原州长受贿案、晋宁10.14案件、大理某公安局长包庇涉黑案、省水务厅某领导受贿等影响重大的案件，此外，还参与办理了一批涉毒数量巨大、涉案人数众多的毒品犯罪案件。

滕　芳

律师，现任云南凌云（保山）律师事务所主任，昆明市律师协会刑事专业委员会委员，昆明市律师专业人才库成员。

曾长期参与昆明教育电视台法律节目策划，并受邀担任昆明电台阳光频率法制节目常年嘉宾。滕芳律师执业十余年，主要从事毒品犯罪辩护及其他刑事犯罪辩护工作，注重刑事案件各个阶段的有效辩护，具有扎实的法律专业知识及丰富的办案经验。

在从事法律服务过程中，成功办理了李某某走私、贩卖128公斤毒品案，黄某某贩卖、运输140余公斤毒品案，杨某某涉嫌运输12公斤毒品不予起诉案等多起具有影响力的重、特大刑事案件。

前 言

刑辩律师的“初心”与“匠心”
——“审判中心主义”视野下的毒品犯罪如何有效辩护？

毒品犯罪未来的形势变化

2018年6月25日，中国国家禁毒委员会发布了《2017年中国毒品形势报告》。该报告对2017年中国毒品的总形势进行了全方位的数据分析及总结。报告中提到，在毒品滥用的类型方面，合成毒品变异加快，新型毒品类型不断出现。一些地方出现了专门为制毒活动提供化学品和设备的职业犯罪团伙，具有非常成熟的供应销售模式，甚至越来越多地利用非列管化学品生产制毒物品。而随着互联网、物流体系等行业的快速发展，犯罪分子也越来越多地应用现代技术手段，全方位利用物流渠道走私贩运毒品，贩毒手段的科技化、智能化明显升级。

云南省高级人民法院在2018年10月26日也首次发布了《禁毒工作白皮书》。根据数据显示，近三年来，云南省毒品犯罪案件在全部刑事案件中的比例为20.15%左右。2017年毒品犯罪案件结案数和判决发生法律效力的犯罪分子人数达到历史最高点，分别为7239件和8357人，毒品犯罪态势居高不下。笔者特别注意到，云南省高级人民法院的禁毒白皮书中提到，近三年来对毒品犯罪案件判处5年有期徒刑以上刑罚的重刑率为69.61%，“重刑治毒”特点仍然明显。而就近三年毒品犯罪的特点方面，白皮书提到云南省作为缅北毒品向境内渗透的主要通道，毒品犯罪分子利用云南的特殊地理区位以及便利的交通条件，形成了以德宏、保山、大理、楚雄等地为主的“西线”和以西双版纳、普洱、玉溪为主的“南线”毒品犯罪高发区域，并在两线周围的临沧、红河、文山等地进行辐射，或通过云南省会所在地昆明向曲靖、昭通等地扩散。在毒品类型方面，尽管海洛因与甲基苯丙胺片剂仍然是主要的毒品犯罪类型，但涉氯胺酮等合成毒品犯罪不断出现，且犯罪手段也不断升级翻新，大宗毒品案件频发。

可以说，以上最新的毒品犯罪数据对于未来毒品犯罪辩护业务具有重要参考价值。而在当下不断推行以审判为中心的诉讼制度改革和越来越强调证据裁判原则的法治背景下，刑辩律师的辩护水平、技能如果仍停留在传统的“大而化之”的“粗放型”辩护上，显然无法应对未来毒品犯罪的新类型案件，也就谈不上“有效辩护”的深层次问题了。

从“辩护”到“有效辩护”——理念的革新

刑辩律师如何在未来“重刑治毒”和“证据裁判原则”之间，最大限度地保障当事人合法的生命自由权益？答案是“有效辩护”。“有效辩护”是近年来从英美法系国家“舶来”的一个概念和法律理论。陈瑞华教授所著的《刑事辩护的理念》和《刑事辩护的艺术》中对“有效辩护”的相关理论以及中国特殊语境下的有效辩护的实现和制度化进行了深入的研究和论证。

何为有效辩护？美国联邦最高法院的相关判例和美国律师协会通过的律师行为准则对“有效辩护”概念的内涵和外延都没有精准的定义。虽然近年来理论与实务界对有效辩护的讨论声不绝于耳，但都未达成任何共识。迄今为止，我们谈有效辩护，并不是在制度正当性的层面对其进行探讨，更多的是理念层面上对律师辩护行为的积极引导。尽管在中国特定的法治语境下对律师辩护有效性的评判标准不一，在制度上也缺乏成熟、规范的评价机制，但其作为一种新理念的引进，对于积极引导、督促辩护律师最大限度地在对抗制性诉讼中发挥辩护作用、不断深化辩护观点并最终有效地影响裁判者的“自由心证”，具有重要意义。因此，让我们姑且放下有效辩护作为一项规范制度引入的正当性讨论，谈谈我们如何在未来的辩护活动中积极履行辩护职责、最大限度地在毒品犯罪案件中发挥辩护的效能。

笔者在上文提到我国立法和司法实务在打击毒品犯罪过程中一以贯之的“重刑主义”。这就意味着毒品犯罪案件的当事人一旦被判有罪，面临的将是自由和生命被彻底的剥夺。我们谈论死刑辩护问题，都不可避免地要提及毒品犯罪案件，尤其是大宗毒品犯罪案件。可见在毒品犯罪辩护中，律师的有效辩护对维护当事人合法权益的重要价值。在当下的司法制度下，我们无法以裁判结果这样单一的绝对化的标准判断辩护的有效性。但作为辩护人而言，我们可以将有效辩护分解为律师在辩护过程中的若干有效方法与技能，共同推进有效辩护效果的落实，实现陈瑞华教授所说的“从形式化辩护真正地走向实质化辩护”。

辩护工作的横向延伸——全阶段的辩护意识及毒品犯罪辩护工作前置的重要性

最高人民检察院在 2018 年 3 月 9 日所作的《最高人民检察院工作报告》中提到，“充分发挥审前主导和过滤作用……对不构成犯罪或证据不足的不批捕 62.5 万人、不起诉 12.1 万人，其中因排除非法证据不批捕 2864 人、不起诉 975 人……重视律师促进公正司法的重要作用，发布保障律师执业权利规定，更加充分保障律师会见权、阅卷权、调查取证权，推动建立维护律师执业权利快速联动处置机制，监督相关政法机关纠正阻碍律师行使执业权利6981件”。

以上数据可以从另一个层面充分说明律师在毒品犯罪案件办理过程中辩护活动前置的重要性。从侦查、审查逮捕、审查起诉到最后的审判阶段，毒品案件经过侦查机关、检察机关和审判机关的层层过滤，案件事实不断地得到不同办案主体的进一步确认或修正，证据链条上存在的问题也不断地得到补强。对应毒品犯罪的辩护来说，强调庭审为中心但辩护活动不应仅局限于庭审，无罪辩护的结果不应仅以“无罪判决”作为单一评价标准。从不同的司法机关基于各自的立场对案件的审查标准和处理结果来看，辩护活动的前置对于未来毒品犯罪的辩护来说可以说是大势所趋。

毒品犯罪案件由于其侦查方式和线索来源的特殊性，呈现“由人到案”的侦查特点。案件线索作为侦查机关锁定涉案犯罪嫌疑人的重要依据，却无法作为毒品犯罪案件的证据在诉讼过程中加以使用。犯罪嫌疑人的锁定和案件是否有确实、充分的证据证实其实施犯罪，是两个逻辑层面的问题。而律师在接受当事人亲属的正式委托后，应当立即安排会见当事人。由于侦查阶段案件信息来源的有限性,因此这一阶段的案件信息来源主体是具体参与犯罪的当事人。尽管这一阶段我们无法接触案件的证据材料，但律师可以通过当事人陈述的案情经过，分析预判案件可能搜集到的证据种类和具体的证据材料，并在此基础上理性分析当事人的行为以及行为是否构成犯罪，最后形成书面化的辩护意见提交侦查机关或者负责审查逮捕的检察机关。

可以说，律师在审判前的辩护大有所为，尤其是对毒品犯罪这一类特殊的案件来说。在审查逮捕阶段或者审查起诉阶段，积极与司法机关沟通最终达到不予批准逮捕或者不起诉的效果，不仅能使当事人真正早日获得自由。（纵观毒品犯罪案件的大多数无罪判决，案件经过一审、二审甚至发回重审后的一审、重审二审诉讼程序，到最后当事人获得无罪判决，均要经过非常漫长的诉讼等待期。即使最后获得国家赔偿，但当事人及其亲属精神上所受的创伤及煎熬却是无法估量的。）相比审判阶段甚至二审阶段的无罪辩护效果，可以说是“立竿见影”。因此，陈瑞华教授将这一阶段的辩护形象地称为“黄金救援期”。

辩护活动的纵深推进——精细化辩护

近年来，律师行业的专业化越来越明显，全国亦涌现了许多专门针对特定的犯罪领域和犯罪类型并提供精深和系统辩护的律师。毒品犯罪、职务犯罪、金融犯罪领域以及涉税犯罪领域等，均有许多优秀律师同行不断拓展专门的犯罪辩护领域。辩护人前文提到了中国禁毒委员会公布的相关报告以及云南省高级人民法院发布的禁毒白皮书，从刑辩的视角看待这些大数据分析，也可以看出精细化辩护才是落实毒品犯罪有效辩护理念之“道”。未来新型毒品犯罪不断出现，对于刑辩律师来说，除了对海洛因、甲基苯丙胺这些传统毒品类型有所了解外，对新类型案件中的氯胺酮、可待因、地芬诺酯等管制类或精神类的药品，也要不断加深学习和了解。此外，越来越多的毒品犯罪与互联网和物流体系结合,甚至利用虚拟货币或数字化货币进行资金交易,形成较为独立的“人、货、资金”三线分离的格局，犯罪手段和形式更为复杂。这样的案件类型对于司法机关证据的综合审查认定能力要求更高。

而从辩护的立场来看，如何构建辩护人基于辩方立场的证据和事实体系，论证罪与非罪、此罪或彼罪等核心辩护观点，亦要强烈依赖于辩护人对证据的质证、综合运用能力。这就倒逼辩护人应当熟知侦查方面的相关背景知识，深入学习毒品犯罪中技术侦查方面的理论知识。毒品类型及含量的鉴定是毒品犯罪案件中的核心定罪证据，辩护人除了从鉴定机构的资质、鉴定人的资质、送检样品的提取程序等形式上的程序问题进行质证外，很难就鉴定本身的实质合法性、准确性进行有效反驳。如果辩护人熟知不同毒品类型鉴定中的鉴定规则和鉴定依据，就毒品鉴定本身的实质合法问题提出有力的质疑，就可能使案件出现“柳暗花明”的重大转机。

在毒品犯罪案件中，除了常规的辩护类型外，证据辩护尤为重要。除了被告人的供述与辩解是证明案件事实的直接证据外，很难有证明力极强的直接证据。姑且不谈很多被告人拒不供认、同案犯之间相互推诿、幕后交易主体未留下任何参与犯罪的痕迹等情况。因此，如何运用通话清单、银行流水、活动轨迹或行车轨迹、物流运输线等客观证据综合审查《起诉书》认定的案件事实的准确性，至关重要。以“从客观性证据到主观性证据”的逻辑主线去反驳其他同案被告人不利于自己当事人的犯罪指认，提升辩护人运用公诉方证据解构公诉人指控逻辑、击破指控体系的证据辩护能力。

此外，在大量涉毒案件中，“推定”规则作为一种替代性证明的重要方法，被广泛运用于认定被告人对涉案毒品的“主观明知”。但由于法律和司法解释无法就允许推定的情形进行全面的规定，这就有可能导致一些司法机关过度运用推定规则认定案件事实的情形发生，甚至出现“以行为推定行为”、“以动机推定行为”或二次推定等现象。在这样的案件办理中，要彻底消除办案机关对“被告人不能做出合理解释”进而推定有罪的风险，就要熟知推定规则的理论背景和运用限度。

刑辩律师的“匠心”追求

我们谈“匠心”，是谈刑辩律师在毒品案件办理中对辩护工作的严苛要求和辩护效果孜孜不倦的永恒追求。在这样的价值观念支配下，如何实现毒品犯罪的有效辩护？或者说，我们如何慢慢向“匠心”的价值追求靠近？

● **转变观念**

当下刑辩律师的执业生态可以说会随着我们法治理念的不断深化而逐步良性化。随着司法机关对辩护律师在刑事诉讼程序中作用地位认识的深入，越来越多的司法人员愿意积极听取甚至主动听取辩护人的意见。法庭是对抗制刑事诉讼制度得以发挥的重要场所却不是辩护的唯一场所。

在法庭之外，从当事人被采取强制措施开始，就在现行的刑事诉讼制度框架下积极辩护，在侦查阶段为当事人争取不予批准逮捕，或者积极影响侦查人员的取证方向、提供对当事人有利的取证线索；在审查起诉阶段为当事人争取不起诉的有利结果，或者充分运用证据论述侦查机关认定的案件事实的准确性，积极改变案件事实的认定，影响公诉人的指控事实架构，提早与公诉机关在自首、立功、从犯等重要量刑事实上达成共识。法律职业共同体的概念并非虚设，我们谈对抗制诉讼的制度内涵，谈控辩双方的“立场对立”但绝非态度对立，观点上激烈交锋绝非仅是行为上的激烈对抗。

● **升级技能**

笔者在前文零散地提到受未来毒品犯罪总趋势的影响，律师只有不断升级自身技能才能自如应对不同类型的毒品犯罪案件。知己知彼才能百战不殆，探讨律师辩护的理论与技能方法的书籍随处可见。但为避免我们形成思维定式，对于毒品犯罪这样一种特殊的犯罪案件来说，辩护律师应当多深入了解侦查、公诉、审判方面的理论知识与经验。不断拓展我们除辩护以外的知识背景，才能先“破”后“立”，最后架构成稳定的辩护观点。

除了辩护技能外，葛鹏起律师在其《检察官的7项核心技能》以及人气检察官赵鹏的《刑事出庭修炼手册：成为高手的100个思维策略》和《法显术见：检察官赵鹏的干货日志》等著作中均提到法律人不断拓展自己的知识边界、提升法律素养的重要性。这些优秀书籍对辩护人辩护技巧的升级和养成大有裨益，笔者在此不敢卖弄自己有限的辩护经验。

●提炼方法

从具体化的辩护观点到类型化的辩护经验、最后总结上升到辩护方法，需要漫长的知识总结过程，也需要通过案件办理的量化积累才能成就。如在体内藏毒案件中，在侦查阶段与审查起诉阶段的辩护，主要集中在当事人在吞食毒品时对吞食对象的主观认识、在具体时空下是否受到胁迫以及是否足以有相关证据证实，如何被查获、查获时是否主动交代体内藏毒的事实的审查辩护，以证实当事人是否具有紧急避险的违法阻却事由或存在自首的重要量刑事实。在毒品犯罪共同案件中，共同犯罪人员之间供述细节的审查对比、分析又变得尤为重要。

不同毒品犯罪案件中可能在辩护上存在共性问题以及类型化的难题，需要我们不断总结并深化辩护过程中的论证。在最高人民法院和最高人民检察院公布的相关指导性案例中，汇集了诸多具有重要参考价值和引发思考的观点，这些案例也可以作为辩护过程中加强论证的重要参考依据。

以上内容是笔者在辩护过程中对毒品案件办理的一些不成熟、粗浅的自我反思，欢迎大家批评指正！在毒品犯罪辩护中，只有坚守刑辩的“初心”和不断追求刑辩的“匠心”，才能将我们的辩护化为“有效辩护”，与大家共勉！

赵兴祥

2020 年 12 月

目 录
CONTENTS

第一讲　战略与策略

——毒品犯罪辩护的路径

一、辩护方案的制定

（一）刑事辩护的三个层面

从解决问题的角度出发，研究刑事辩护无非是在研究三个层面的问题：一是辩什么；二是如何辩；三是技能和技巧的应用。以上三个层面，任何刑事案件概莫能外。这既是每一个刑事案件中都要面对的问题，也是对每一个刑事案件办理质量优劣的评价基准。

第一个层面：辩什么，是指如何寻找到辩点。据笔者所知，几乎每个刑辩律师在执业生涯中都会碰到一些感觉“没法辩”和“不好辩”的案子，这其实就是反映为找不到辩点。存在这种情况的原因多种多样，其中的一个很重要的原因是：**对某一类型的案件缺乏必要的认识与了解。**在整个刑法和刑事诉讼法的框架之下，每一类型的刑事案件有其不同的侦查方式和认定案件的“逻辑”，针对这样的“不同”，辩护方式当然也不同。而这种辩护方式的不同，首先体现的就是寻找目标的辩点不同。当我们刚刚接触到一个从未接触过的类型案件时，都会感觉摸不清门道，无从下手。因此，学习一种案件类型的办理，都是从了解这一类案件自身的特点开始的。要熟悉它的相关法律规定，研究它的侦查方式以及裁判规则等。

无论是打算作无罪辩护还是罪轻辩护，毒品案件的辩点都有许多特殊之处，有些辩点是毒品案件中特有的，如再犯问题、以贩养吸问题、特情贴靠和引诱犯罪问题、技术侦查问题等。

第二个层面的问题是如何辩，即用什么理由（证据、法律、法理、指导案例）去说明和证明我们提出的辩护观点（辩点是否成立及辩点成立后的无罪、罪轻、减轻或免除处罚的后果是什么）。毒品案件的独特性在于，证明辩点的情节和证据相关内容不同于其他类型的刑事犯罪案件。例如，毒品案件中的自首情节、从犯情节、未遂情节等认定条件均有别于其他案件。因此，要想办理好毒品案件，需要掌握特定的知识、经验和技能。

本书主要对以上两个层面的内容进行介绍，在介绍以上两个层面的同时，加一些**第三层面的内容：技能和技巧的应用**；由此，为有志于办理这项业务的同仁提供些许参考。

（二）辩护方案的制定思路

辩护律师办理毒品案件如何切入？我们在阅卷过程中似乎发现很多方面都存在问题。但如何锁定这个问题，这个问题应该导致什么后果等，又好像不甚明了。于是，实践中我们往往会陷入进行有罪辩护还是无罪辩护，运用此辩点还是彼辩点，适用A逻辑还是B逻辑等两难的问题。抑或在法庭上遍地撒网，目无所指，效果靠“碰”。因此，我们需要一套系统、有效的办案思路来指导我们的工作，这就是本书的主旨。

笔者运用的办案思路可以用六个字来概括，就是：目标、方向、方法。也就是定目标、定方向、定方法。

1.“目标”是我们办理一个案子所要争取的结果。是无罪、还是罪轻？如果是罪轻，要轻到什么程度？是死刑缓期执行、无期徒刑、15年有期徒刑、13年以下有期徒刑、 10年以下有期徒刑、 7年以下有期徒刑、5年以下有期徒刑、3 年以下有期徒刑、缓刑、免除刑事处罚，等等。如果是无罪，要在什么阶段实现，是撤销案件、不批捕、不起诉、撤回起诉，还是一审、二审、再审。

2. “方向”，也可理解为战略，其实就是选择有罪辩护还是无罪辩护。由于案件信息掌握的有限性，导致许多案件的辩护方向的选择上起初会非常困难，而方向的选择又是辩护有效与否的先决因素，重要性不言而喻。因此后文会专门讨论有关辩护方向选择的问题，在此略过不提。

3. “方法”，也可以称为策略，本书所说的方法主要包含三个层面：一是辩点；二是理由，即支撑辩点的事实依据和法律、法理依据；三是技巧，即让自己所提辩点产生预期法律效果的手段和方法，如申请证人出庭作证、申请排除非法证据等。

在学术界还存在一种将辩护进行类型化的分类，如罪非辩护、定性辩护、证据与事实辩护、程序性辩护等。按照本书的观点，这种分类有的属于对辩点的分类，似乎高于本书的“辩点”层面。但有的又属于方法与技巧问题，如程序性辩护，往往是作为否定事实或否定证据的一种强化手段，又当归为方法与技巧的层面。我们可以在制订辩护方案中作为参考。

因为鉴于我国的司法实务和毒品犯罪的特点，本书认为将程序性辩护作为一种辩护策略（方法）的做法通常是不可取的。四川大学的魏东教授也认为：“除非无罪辩护与免死辩护，成熟的刑辩律师一般不会进行太多程序性辩护。除非这个程序性辩护能够完全颠覆全案指控，或者有助于争取‘免死’判决结果”；并认为“个别刑辩律师老是在程序瑕疵上‘找茬’，但是忽略了证据辩护和实体性辩护，那是公诉人的福气，被告人的灾难”！

（三）辩护方案的制订流程

我们要切入案件，制订辩护方案的流程通常是这样的：

第一步，我们通过会见被告人、初步的阅卷以及查阅本案所涉及的相关法律法规的基础上，要梳理出本案存在的所有“疑问”——包括各证据的可采性、证明体系架构的可成立性、罪名成立与否、程序是否违法等。我们可以在第一遍阅卷过程中记录下所有可能形成的辩点，然后一一研究对应的知识（规定、理论）以验证这些辩点是否能成立。

第二步，对所有的疑问进行梳理，去掉无意义的辩点（不成立的，影响不了结果的等）。对所有拟保留的辩点进行全盘的考虑，从而得出辩护的方向（无罪辩护还是罪轻辩护）。根据方向再次调整辩点，去掉与整体辩护方向矛盾且不兼容的辩点，并对保留下来的辩点按合理的逻辑进行调整安排、组合搭配。

第三步，通过分析制定出本案辩护所要达成的目标。目标可以分设为三层：保底目标、中级目标、最高目标；也可以分为两级：低目标和高目标。（按个人喜好、具体案件而定）

以上流程，有以下两点需要注意。

第一，上述“三步走”完备的流程比较适合于“新手”或特别复杂的案件，对于经验丰富的老手或者相对简单的案件来说，流程可以灵活一些。比如，在对案情有了一定了解掌握以后，可同时确定三个层面的内容后，再根据目标和方向仔细研究辩点。甚至完全反过来，先确定出这个案件所要达的目标，再确定策略是要作有罪辩护还是无罪辩护，最后来选择辩点。

第二，上述三步的内容可能是一个逐步完善的过程。无论是“老将”还是“新兵”，都有可能在深入的一步步研究后作出调整修订，甚至是全盘否定后重新选择确立新的目标和战略。而这个完善的过程，并不是单向的思维，而极有可能是三个层面循环往复、相互证明、相互修正的过程。

（四）制订辩护方案的落实

落实方式是：通过以上三步流程完成以后再回来建构本讲最初所阐述的三个层面（辩什么？如何辩？技能和技巧的运用），同时对辩点再做深入的研

究和思考，最终制订出完备的辩护方案。

举例说明：假如其中有一个辩点为自首，我们要再研究中列出认定这个自首的成立还缺少什么证据（本来应当成立的，但卷宗中却没有相应的证据，如果不加弥补则这一重要情节将来极有可能不会被法院认可），这些证据可以是哪些表现形式（如情况说明，证人证言，书证、物证或视听资料等），这些证据可以如何取得（申请法庭或公诉人调取、申请侦查机关出具、自己调查取证等），以及如果取不到证该如何弥补（包括通过法庭盘问、推理等庭审技巧尽量证明，但笔者认为这是万不得已之下下策，切不可听信不负责任的老律师们所言之发问技巧之类，要知道有证据才是王道）等。最后，要使这一辩点最大可能的被法庭采纳，我们可以或应当使用什么技巧，如申请申请鉴定等。

通过以上，一个详细、完整的辩护方案就可以制订出来了。笔者认为，这个辩护方案的尽早完成对办案律师来说是具有非常重要的价值的：

第一，这是我们说服被告人及其家属的有力武器。要知道，他们是天天盼着望着律师能早日给出一份对案件的判断、辩护思路和工作计划的意见书，而这个方案包含了他们所需要的所有内容。因此，这也是让委托人发现你作为刑辩律师所具备的专业性和责任感的有力佐证。除非他们认为你定的目标不合理或低于他们对案件的心理预期，但是被告人及家属也是需要你的专业引导，不是吗？

第二，这是指导我们按计划完成辩护工作的备忘录。有了这份方案，我们就可以随时提醒自己，办理这个案件还需要完成哪些未完成的工作，也提醒我们该如何去完成一些每次只会向家属传达“身体很好，不用担心，别的没啥了”，这浪费时间又没有价值的会见，让被告人家属感觉待到开庭才准备工作的懒散作风。而这样做也一定会好于那种临到开庭了才发现还有许多事情需要做，可是已经来不及了，原本可以做得更好可是如今悔之晚矣的工作方法吧？

我见过一些优秀的老律师、大律师，一直都是让助理准备案子，临到开庭前一天才匆匆研究，然后一边研究一边问助理："有没有申请这三个证人出庭作证啊？这个鉴定很有问题，有没有申请重新鉴定呢？这三个方面的证据有没有申请调取一下？这份证据有严重问题，有没有申请排非啊？对了，上次法庭不是主动召开庭前会议吗？你去参加了，有没有提到这些问题呢？"然后助理都一脸茫然，嘴半天合不下来："我没有想到这么高明的招数啊！"可是眼看明天就要开庭现在申请已然来不及还会被法官耻笑。

最后说一点，这个方案其实在案件辩护的不同阶段可以有不同的繁简程度和深度，需要我们灵活掌握。比如，在阅卷以前，律师往往只能通过会见被告人和家属等相关人员了解案情，方案可能就会非常概括、非常简单，甚至只记于心中即可。

二、"无罪辩护"还是"罪轻辩护"，毒品犯罪辩护路径的审慎选择

无罪辩护或罪轻辩护的问题，有人谓之战略，本书称之为"辩护方向"。如前文所述，方向的选择往往并不是容易的事，有时候甚至会非常困难。因为相当体量的案件都不是非黑即白，而是界限模糊的存在。很多案件有一定的证据，但距离"证据确实充分"好像又有点距离。很多案件还有一些定性上的争议，看上去既像有罪，又像无罪，既像此罪，又像彼罪。这些都会让律师陷于两难的境地。很多律师甚至会在案件开庭前一天仍然没办法决定好是要作罪轻辩护还是无罪辩护。而方向的选择又是至关重要的，它是决定辩护有效与否的先决条件，更有甚者，错误的战略选择还会导致让被告人"被重判""加速死亡"的反向效果。笔者就曾亲见一个案件，在证据比较充分的情况下，被告人当庭翻供，辩护人也强作无罪辩护，结果在毒品数量并不大的情况下，一审被

判了死刑立即执行。二审后更换律师，主动认罪认错，再加上别的条件，又改判成了“死缓”。战略方向的选择与设定的目标之间往往还不是表面上呈现的简单逻辑关系，想要获得轻罪结果时并不是只能选择去作有罪、罪轻辩护，有时候作无罪辩护可能效果会更好。

笔者认为，以下几个方面是我们在选择作有罪、罪轻辩护还是无罪辩护时需要考虑的因素：

（一）左右选择的决定性因素

证据是选择有罪、罪轻辩护还是无罪辩护的决定性因素，在证据不足的情况下应作无罪辩护，证据确实充分的情况下应作有罪、罪轻辩护。这是前提，当然，这是所有律师都掌握的能力，不是本书要讨论的重点。

（二）单纯的定性和法律适用问题不是选择的难点

因为被告人可以在完全承认指控事实的情况下，由律师来作此行为不应当评价为犯罪的辩护，这也基本不存在令辩护人左右为难的情况。其中的小技巧为：**被告人在表达是否认罪时，可以表达为承认《起诉书》所指控的全部或主要事实，但称自己不清楚这种行为是否属于犯罪**（因为其不懂法律，这很正常也说得通），**并同时表达自己将会服从法庭的审判**。然后律师在承认事实（不一定是全部事实，但应当是主要事实）的前提下，发表其行为不构成犯罪或不构成此罪的辩护时，即可以是无罪辩护或罪名辩护。

（三）案件事实真伪难辨时的选择策略

对于这类案件，笔者认为其实应当再分三种情形来讨论：第一种是极有可能判处死刑立即执行的案件；第二种是有可能会判处死刑立即执行的案件；第三种是基本不可能判处死刑立即执行的案件。

针对第一种案件，有律师曾做过简单有力的总结，认为凡是认罪了就必死无疑的案件——如毒品数量特别巨大又属于单独犯罪或居于团伙第一主犯位置的被告人，以及属于相关《会议纪要》规定的武装掩护制贩走私团伙的主犯、职业毒枭等，就无论如何都不能认罪，也不能作有罪、罪轻辩护。甚至有律师认为，哪怕是证据再充分的这类案件，也不能作有罪、罪轻辩护。原因很简单，这个时候作罪轻辩护，无论如何都无法抵消掉罩在其身上的“特别恶劣”“特别严重”的情节。也就是说，这个时候的罪轻辩护，就是绝对的无效辩护。与其无效，还不如作困兽之斗，或许还有一丝微弱的希望（有这样想法的被告人似乎也不在少数）。

从辩护策略上看，并不能说这样的选择有什么错误。但问题是，现实中的案件太过复杂了，很多时候这种太过绝对的观点可能会产生误导性。首先，如何判断一个案子就是毫无回旋余地的案件？除了极少数案件外，很多看似“必死无疑”的案件其实也并非如铁板一块无法攻破的。其次，与“作罪轻辩护时所有理由加起来都不可能产生撼动结果（死刑）的效果”相对应的，同样这些案件也完全有可能是“作无罪辩护根本不会有效果”的情况。

针对第二种案件，即有可能会判处死刑立即执行的案件。这类案件是极易能让辩护人陷于两难境地的情形，因为一旦选择错误，就会造成难以挽回的后果，所以非常难以选择，是真正“刀尖上跳舞”的手艺。

针对第三种案件，即基本不会判处死刑的案件。辩护人选择的时候压力会没那么大，但是选对了方向，有可能会获得量刑上的更大利益；而如果选错了前提，后面的整个辩护内容都变得价值减损。

对上述三种案件辩护方向的选择，其实是一种权衡的过程，总的原则是——如何做才最有可能实现被告人利益的最大化。每个原则人人都懂，其实用来指导争议太大的个案意义不大。因为它最终还是要回归到个人的经验和对法律的理解上来，一文难以概之，这是本书后文希望能够提供帮助的地方。此处，笔者认为，可以提供讨论的一个具体情形是：在毒品犯罪案件中，若被告人选择不认罪，会使其本来可以具有的许多可运用于辩护的量刑情节没有办法说出来，最常见的就是在共犯中的作用和地位问题。因此，针对这类案件我们在作方向选择的时候，要考虑以下因素：

第一，需要考虑同案其他被告人的供述。由于毒品案件共同犯罪中相互推脱责任的现象非常普遍，如果一个被告人闭口不认（牵强的供述啥都不知道或啥都没做过），而恰好另一个被告人极力地把犯罪的主要责任（起意、指挥、安排等隐蔽的情节）都推卸给这个不认罪的被告人，并在这个推脱的过程中表现的认罪态度诚恳的话，我们可以预见，从侦查到审判的司法工作人员大多会采纳那个认罪兼推脱的被告人的供述，并表现出对这个认罪被告人供述高度的依赖性。而委托你的被告人呢，因为不承认参与犯罪，他就没法说出整个的细节以帮助法庭判断整体的主从关系。他对同案的“泼脏水”内容也只能干巴巴地否认，这种审判和辩护的结果，我们可想而知。

案例

2012年12月某日，被告人郑某某驾驶一辆轿车从云南省腾冲市前往昆明，途经昆明西收费站时被公安民警查获，当场从其所驾车辆的后备箱中查获毒品海洛因2000余克。现场盘问时，郑某某承认了其伙同郭某艳一起帮他人从腾冲运输毒品到昆明的事实，并提供了郭某艳在中途下车后藏匿于昆楚高速公路安丰营服务区某旅社的事实，后公安机关通过郑某某提供的线索在该旅社抓获了郭某艳。

本案除上述的抓获过程及同案郑某某的供述指证外，尚有郭某艳的两次认罪的供述（与郑某某供述一致）、两人手机的通话记录及短信，以及公安机关的技侦材料与之相互印证。但是疑似在律师介入以后，郭某艳立即翻供，否认其明知参与了本次的运输毒品行为，其律师也为其作了证据不足的无罪辩护。

在这个案子中，笔者是郑某某的辩护律师，郑某某从一到案之始，就主动承认犯罪行为。同时其在供述中声称此次运输毒品的主要罪责——包括犯意的提起、与幕后毒犯（指使者）联系、接取毒品、与下家接货人联系、路上的指挥决定等，全部都是同案郭某艳所为。而郭某艳只是不认罪，声称其只是搭车到昆明玩，什么都不知道，什么都没参与。最后的判决结果，郭某艳不但被判处运输毒品罪成立，并且被判处了死刑，而郑某某只被判处了无期徒刑。（此案尚有二审的精彩反转，在此留一伏笔，后文将在恰当的位置补叙。）

笔者分析认为，该案一审之所以出现这样的判决，主要是因为在证据如此充分的情况下，被告人仍然不认罪，此是其一。其二，是因为其在不认罪、否认一切事实的情况下，相当于完全放弃了对量刑情节的辩解机会。即便被告人郑某某故意避重就轻地将本案的主要罪责推到她身上，她也无法辩解。试想，其中一个被告人在铁证面前还是咬死不认，而另一个被告人第一时间即交代清楚，将案件的整个经过都讲得非常清楚“合理”，并且积极提供抓捕的线索给公安机关。在这种情况下，法官肯定是倾向于认罪一方说的是事实的。

而且，这种情形产生的负面影响是很难消除的，也就是说，即便是其在二审“幡然醒悟”，全盘交代了事实的真相，或者想以彼之道还施彼身，尽力地将责任推脱给同案，效果都会大打折扣。除非有别的较充分的证据支持其供述，否则很难让二审法官采信。笔者每每碰到这种二审或死刑复核案件，尤其是真相本不是如此的时候，总是非常痛心疾首。

第二，需要考虑是否有未到案的更高“级别”的犯罪嫌疑人。和前述情形道理极为相似的一种情形是，许多毒品犯罪案件幕后都有未被抓获的人，他们往往才是作用更大、地位更高的主犯。有的经过被告人的供述和指认，甚至能够抓获，即使抓获不了的，他们的真实存在也常会得到法庭的认可。现实的情况多是，委托你的被告人需要承认了全部的案件事实的前提之下才能“合情合理”地将幕后的主犯供述出来。而如果被告人不承认参与了犯罪，就完全丧失了这样的机会。结果呢，无法证实是受人指使雇佣的，再加上不认罪，就被判处了死刑（或不合理的重刑）。

第三，在有一些证据确实存在瑕疵的案件中，作无罪辩护虽然不能获得无罪的判决，但在量刑上却会获得比罪轻辩护更好的效果，甚至有时会获得“影响生死”的效果。这是因为在司法实践中，一直存在一种“留有余地”的判决思维，即当案件事实存在争议和不确定性的时候，一般都不宜判处死刑，即所谓的“留有余地”。

案例

2014年5月，被告人刘某某指使被告人杨某、王某某、阮某某（未满16周岁）到德宏州畹町做毒品生意。同月19日，刘某某、阮某某、杨某、王某某驾驶云AUXXXX轿车到达德宏州芒市。当日，刘某某到畹町后购买毒品，并让杨某、王某某、阮某某到下车地点接应。次日22时许，刘某某携带毒品与其余同伙会合后，将毒品交由未成年人阮某某携带，随后，刘某某乘坐戴某某驾驶的云AAXXXX越野车在前探路，杨某、王某某、阮某某携带毒品驾驶云AUXXXX轿车在后跟随。在龙陵县龙河公路河头路段时看到有公安检查，刘某某即打电话通知杨某、王某某，杨某、王某某遂指使阮某某将毒品带下车藏匿到山上，后几人返回昆明。

过了十余日后的同年6月2日，刘某某指使阮某某乘车到龙陵县购买到一辆山地自行车骑行到龙陵县龙山镇新寨村附近山上拿到藏匿的毒品后，让其携带毒品骑自行车顺国道朝龙陵镇安方向骑行。当日 12 时许，其骑行至国道 320 线 3499km + 30m 处被龙陵县公安局侦查人员抓获，当场从其携带的背包内查获毒品海洛因 2 包，净重 6970 克。当日 15 时许，侦查人员在大保高速公路板桥服务区抓获刘某某。同月 3 日，侦查人员在昆明将杨某、王某某抓获。

在目标定位上，笔者首先将这个案件的辩护目标定位为不判处死刑立即执行。在策略的选择上，笔者发现如果作有罪、罪轻辩护的话，本案几乎找不到一点有力的从轻、减轻的情节，相反却有一点有法律明文规定的从重处罚的情节——利用未成年人运输毒品。因此，如果作有罪、罪轻辩护的话几乎起不到什么效果；而相反，鉴于本案的一些定罪证据的薄弱和量刑证据的瑕疵，本案做无罪辩护可能会取得量刑上的更好效果。因此，笔者紧紧抓住本案的各种取证方面的瑕疵进行无罪辩护，最后的判决结果完全达到了辩护律师的预期，被告人被判处了死缓。

还有一个现象值得思考，在被告人承认犯罪事实及证据、律师作有罪、罪轻辩护的时候，辩护人提出来的很多证据上的瑕疵——如提取不规范、查封不规范、称量不规范、鉴定不规范的问题在被告人不认罪的时候，如当毒品的缴获到称量任何一环节存在瑕疵，导致最初查获的毒品与最终用来称量鉴定和定罪量刑的毒品是否为同一毒品（同一性）存疑的时候，如果被告人承认了，这样的瑕疵就会被法庭忽视，也很难会在量刑上加以考虑。相反地，如果被告人否认犯罪，并同时否认毒品的同一性，律师的相同辩护意见就会被认为是一个实实在在的问题受到法庭的重视。即使不判无罪，也会在量刑上充分考虑的。

第四，在无直接证据证明被告人有罪，而只能使用事实推定的情况下，应该坚持作无罪辩护。在毒品犯罪案件中最常见的是推定主观明知的案件，之所以此时要坚持作无罪辩护，是因为推定得来的案件事实始终存在一定的不确定性，因此无论数量多大，其他情节多严重，法庭在量刑的时候总是会“留有余地”的。最高人民法院《关于办理死刑案件审查判断证据若干问题的规定》第 33 条也规定：“根据间接证据定案的，判处死刑应当特别慎重。”但如果被告人已经认罪，这种“优势”就会立马消失，推定的犯罪事实就会变成了能直接证明的犯罪事实。证据一旦充分，被告人即有相当大的可能性被判处死刑[1]。

[1] 云南省人民检察院李世清、吕彬在其《“箱包带毒”案件行为人主观明知的推定》一文中就提出：推定永远存在风险，司法上的认定可能出错。为了防止万一出错，判决须留有余地。凡是推定定罪的，都要从轻，不能判处死刑，在程序上为弥补推定的不足提供一个安全阀。甚至主张凡推定认定的箱包带毒案件，均不宜判处死刑。

第二讲　证据体系

——毒品犯罪案件的证据和举证、审查逻辑

在刑事案件的证据中，不同类型案件的证据往往有其自身的特性。比如，杀人案件总会涉及动机、行凶手段、凶器、死因等证据，而受贿案件中却没有这些证据，但会存在职务身份、贿赂原因、赃款去向方面的证据。要学习一种案件类型的辩护技能的话，熟悉该类案件的证据是必不可少的。毒品犯罪案件的证据特殊性表现得尤为突出，这种特殊性一方面表现在证据个体上，如特情证据、技侦证据都是其特有的；另一方面也表现在证据的结构上，当然这是由这类案件的事实及证明逻辑决定的。

一、毒品犯罪的证据介绍

我们先来熟悉一下毒品犯罪案件证据的整体架构是怎样的？一个毒品犯罪案件会有哪些证据来搭建起一个指控的证据体系？这其中各份证据所起的作用及证明价值是什么？缺少了其中的某些证据则会导致案件的哪个方面无法得到充分的证明？带着以上问题，我们阅读下面的文字。

笔者通过对全国各地的毒品犯罪案件的卷宗进行梳理分析，发现毒品犯罪的卷内材料大致是这样编排的：

（一）文书卷

受案登记表、立案决定书、拘留证、拘留通知书、延长拘留通知书、提

请批准逮捕书、批准逮捕决定书、逮捕证、逮捕通知书、起诉意见书、犯罪嫌疑人权利义务告知书。

其一，文书卷中的材料通常不会被公诉人作为常规的证据，因此在首轮的举证过程中不会作为证据举证。只有在辩护人提出侦查程序的质疑意见时，公诉人才会出示相应文书材料来证明侦查程序不违法。因此辩护人审查这部分材料时，主要也是以此为依据审查侦查程序是否存在程序瑕疵和程序违法的情况，如羁押期限、权利告知、是否在立案前使用技侦手段等。其二，受案登记表和立案决定书通常会记载案件线索的来源等情况，可以用来辅助证明案件中是否存在特情介入、控制下交付和技术侦查措施等情况。其三，立案决定书可以用来辅助证明当事人是否具有自首等情节。例如，如果案件在正式立案以前的一般性排查、盘问中当事人就已经交代了犯罪行为的，其有可能成立自首。因此律师在审查的时候应注意这些方面的内容。

（二）证据卷

证据卷的材料主要有户籍证明材料、前科材料、抓获经过、现场盘问笔录、提讯证、讯问笔录、询问通知书、询问笔录、物证取得、保管与转化的材料、鉴定材料、辨认笔录、现场照片、称量及告知笔当、检材提取笔录、扣押决定书、扣押清单、调取证据通知书、通话记录、银行交易记录、车（机）票、住宿登记材料、当事人活动轨迹材料等。

说明两点：第一，毒品犯罪案件证据与其他所有刑事案件的证据存在很多共性的东西，但确实有一些特性的证据是在其他案件中少见的。比如，通话记录、银行交易记录、车票或机票、住宿登记材料等。第二，不同的毒品犯罪之间会有个别证据材料的差别，如根据具体案情有的有指纹鉴定，有的没有指纹鉴定，但大致是相同的。基于这个原因，我们可以作一些归纳。

下面简要介绍一下这些证据对于案件事实的证明作用在哪：

1. 当事人信息及前科材料：证明当事人年龄等自然情况、是否为累犯、再犯或是初犯、偶犯等。由于毒品犯罪的前科对量刑的影响非常大，因此证明的要求也比较高，需要达到严格证明的标准才能认定。在卷的材料需要有判决书、服刑记录和刑满释放的证明材料。

2. 到案的材料即《抓获经过》《到案经过》等：这些材料由于是由侦查人员书写的，因此其虽然简短，但信息量很大。比如，其中可能包含当事人是否有自首、立功等情节，还可能透露案件是否存在控制下交付、特勤介入、引诱犯罪等情形，因为它会透露很多譬如时间、地点、指挥、安排、提前掌握了什么情报等信息。

3. 言词证据：包括当事人自己的供述、同案被告人的供述、证人证言、辅助材料还有提讯提解证、权利义务告知书等。言词证据所包含的内容非常全面，侦查及公诉机关通常可以用它来证明犯罪的几乎所有方面，如主观、客观、行为、结果等。本书将以专门的篇章来讨论此类证据的各个方面。

4. 物证提取和转化的相关材料：对毒品等物证的指认、辨认、检查、搜查、提取、扣押、封存、称量、取样、鉴定。证明内容方面：一是用来证明毒品的来源、种类和数量；二是用来证明毒品的同一性及其与当事人的关联。所以缺少某些环节或者“三性”不备的话，对死刑案件的辩护至关重要。

5. 通话清单、银行交易记录、活动轨迹：在毒品犯罪中这一部分证据一是用来证明当事人是否参与了犯罪；二是用来证明当事人在整个涉毒犯罪团伙中的作用和地位。

6. 指纹、尿检、监控：这一组证据通常用来证明两个方面：一是证明当事人是否实施了相关的客观行为，如毒品包装上的指纹可以证明当事人是否拿过毒品，某酒店过道里的监控能够证明当事人是否进入该房间进行毒品交易等；二是能够证明当事人的主观方面。如当行为人否认其知道所带的物品中有毒品，但却在毒品包装物上提取到指纹，则供述不攻自破；还有如果通过尿检证明某当事人吸毒，则通常其否认明知某物为毒品的辩解就会不成立。

7. 情况说明、保密卷材料：很多情况下，律师不可以查阅、复制保密卷中的材料，而情况说明也是直观的和万能的。例如，在律师提出要求的情况下，侦查机关会就案子有无特情、情报线索来源、是否自首、证据瑕疵等出具情况说明。

8. 程序材料：主要就是证明是否存在程序违法和程序瑕疵。

综上所述，知道了上述证据的构架以后，我们在分析判断一个案件的时候，就知道了这个案件的整个证据链条中哪个或哪些环节缺失或薄弱，同时我们也就知道了这种缺失意味着公诉机关无法证明或无法充分证明什么事实和情节。这样我们就能制订出合理有效的辩护方案了。

二、举证逻辑

公诉人的举证顺序通常有两种，第一种是按照证据的种类来举证；第二种是围绕犯罪构成要件和犯罪事实来举证。

（一）按照证据的种类来举证

这一种大致是按如下的方式来进行举证的：

1. 书证：包括身份证明材料、抓获经过、扣押、称量、取样、资金流转查询材料、通话查询材料、活动轨迹查询材料、车辆登记材料等。（若按照陈瑞华老师的观点，上述材料并不都属于书证，但判决书中通常是这样列举的。）

2. 物证及其照片：毒品及其包装物、车辆、手机、电话卡、身份证、银行卡等物品。

3. 证人证言及辨认材料。

4. 被告人供述与辩解及辨认材料。

5. 鉴定意见。

6. 笔录类证据：包括搜查、勘察、检查等笔录、保密卷材料（语音转换材料等）、情况说明等。

这种举证方式是最为常见的一种，但事实上这种举证方式只有分类上的合理性，而没有事实证明上的逻辑合理性。所以这种举证方式通常只适合于案件事实相对简单，案情相对单一的案件。同时也需要辩护律师具有相当的经验以及对证据具有充分的了解，否则单纯地在法庭上听我们根本听不清公诉人是如何证明的。

（二）围绕犯罪构成要件和犯罪事实来举证的情形

此种举证方式通常只出现在案情非常复杂、犯罪事实众多的案件中，公诉人会围绕犯罪构成要件或每一个犯罪事实来举证。如“证明第一起犯罪事实的证据如下、证明被告人明知的证据如下、证明某被告人起主要作用的证据……”这种方式的逻辑性更合理，缺点是同一份证据会反复出现在不同的环节，因此会出现大量的重复举证。

三、事实审查和证据审查的逻辑

（一）自己重构案件事实与证据链

在审查案件事实的时候，我们可以通过重构案件事实和重构每一个待证事实的证据链来找出问题。我们可以先将每一个与认定犯罪和量刑有关的案件事实一一列出来，再将能够证明或否定该事实成立的证据一一找出来放在每一个相对应的事实下面。这样我们就能比较容易地发现这个案件事实的证据充分与否，也能找到证据不充分的原因出现在什么地方。

我们重构的案件事实主要包括指控的案件事实和反驳的案件事实。例如，其中一个待证的事实是当事人不在场，我们就要围绕这个事实构建证据链，然后判断该事实是否能成立，薄弱点在哪些方面，是否可以补充调查。

笔者推荐一种方法与各位分享，它既是重构案件事实的一种方法也是一种证明的逻辑，它是用客观证据证明主观证据的方法，笔者将其称为**六步构建法**。

第一步，用言词证据构建出“故事”，即整个案件的事实过程。

第二步，将“故事”中重要的事实情节列出来。我们列出的这个“事实情节”可以很细，如“当事人于某一时间是否与某人说过某句话”。

第三步，将无争议或无证明价值的事实划去，找出真正有争议的“待证事实”。

第四步，用到前文所讲的方法，找出与每个争议事实一一相关的证据材料，包括正相关（对辩护不利）的证据材料和负相关（对辩护有利）的证据材料。

第五步，对找出的证据“三性”进行仔细审查，找出应当排除的证据并准备好理由。

第六步，用案卷中可采的证据来验证这个故事中哪些情节为真、哪些情节为假。

（二）合理分配发言内容

质证和辩论是两个功能差别很大的阶段，虽然在方法上难免会有交叉（如在质证的时候要通过揭示所质证的证据与其他证据之间的矛盾来质疑某一份证据的客观性，这种方法看起来有点像是在辩论；在辩论的时候有的律师也会再次强调某份重要证据不可采信的种种理由，看起来又像是在质证），但总的来说，**质证还是针对证据个体的可采与否、事实成立与否；而辩论则是针对若干证据能否证明某一事实的成立与否。**

最后说一点，在质证时可以应用客观证据反驳和推翻言词证据的方法。

具体是指，如果对言词证据及其证明的事实有疑议并且从该言词证据本身找不出破绽的话，比较有效的方法是用客观证据（物证、书证、笔录证据）来证明其不真实。

第三讲　辩点梳理

一、如何找到辩点

准确找到辩点是开展辩护工作的开端，也是评价一个案件辩护质量高低的首要前提。有的时候，我们接到一个案件后，会觉得“没什么好辩的”，再接到一个案件还是觉得“没多少好讲的”。有的时候，当事人家属和当事人也常常抱怨说：“我的一审律师在法庭上就没怎么讲话，总共讲了不到3分钟，法官问他什么都说没意见……”以上这些就是找不到辩点的典型表现。

如何准确找到有价值的辩点？我们首先是要知道什么是辩点，其次是判断哪些是有价值的辩点，最后是要知道去哪里能找到这些辩点。

（一）辩点是什么

第一，辩点要么是一个（或一组）事实，要么是一种结论。前者指的是能够推导出某种结论的事实，如主动投案和如实供述的事实能推导出行为人成立自首；后者指的是反驳对方观点，证明其不成立的观点和主张。

第二，辩护总是围绕着案件的事实问题、定性问题、量刑问题和程序问题来展开的。延伸开来，事实问题包括证据问题和事实问题；定性问题则是罪与非罪、此罪与彼罪的问题；量刑问题主要是各种影响量刑的情节问题；而程序问题就是可能导致证据被排除、侦查结果无效以及案件被撤销的程序违法行为。

第三，辩护的目的是为当事人争取无罪、不处罚或从轻、减轻处罚的结果。

综上三点可以归纳，**辩点就是能为当事人带来无罪、不处罚或从轻减轻处罚结果的一切有关事实的、定性的、量刑情节的和程序合法性的事实、观点和主张。**

要准确找到辩点，需要我们具备两双“眼睛”：第一双“眼睛”是要发现辩点的价值和意义，即某一事实的存在能否为当事人带来无罪、不处罚或从轻、减轻处罚的结果。如果能导致这样的结果，就是我们需要的辩点；如果不能，就不是我们需要的辩点，多说无益。第二双“眼睛”是要能发现辩点在案卷材料中显现的蛛丝马迹，即辩点事实的载体“证据”是什么，在哪里，为什么是。

（二）如何评价辩点的作用和价值

辩点的作用和价值，也就是某一事实和情节的存在对于案件的定罪或量刑会产生什么样的影响。只有准确掌握了有价值的辩点，当我们知道当事人具有某一情节时，我们才能得出“这是一个辩点，这意味着当事人可以获得什么利益”的判断结论，并进而朝这个方向去证明和论证。

“找到辩点的价值”，看似不难，但实践中其实不然。我们通常找不到一个案件有价值的辩点，其原因可能并不是阅卷不够仔细，而是不明白有价值的辩点在证据中的体现。笔者还观察到一个现象，**资深刑辩律师与普通刑辩律师的差别，其实并不在于前者口才更好，表达更有张力，而是他们往往能发现和提出其他律师没想到的辩点，并且将此辩点的意义和价值论证到最大，从而说服法庭，发挥出最佳的效果。**

找不到辩点的价值还会出现另外一种尴尬，即拿毫无价值的点作为重要辩点，这样辩护不但没有意义，还会闹笑话。比如，笔者亲身经历的几位辩护律师曾说：“贵院对这个案子没有管辖权，你一个最高领导级别为正处级的法院怎么有权力审理一个正厅级领导的贪污受贿案件呢？”“被告人已经56岁了，希望法庭从轻处罚，体现对中老年人的关爱。”

要掌握辩点的价值，需要非常熟悉与所办案件定罪和量刑有关的全部规则。只有这样，我们才知道我们需要找的是什么。

（三）辩点在案卷材料中是如何显现的

正如谚语所说，“小偷从来不会在其脸上写着‘小偷’两个字供人们识别”，同样地，除了极为少量的案件会直接表明某一辩点（如《抓获经过》中直接写明主动投案）外，绝大多数的辩点都“隐藏”在浩如烟海的案卷材料中或是反映在会见时当事人的只言片语中。这就需要我们尽快摘掉自己的“凡胎肉眼”，炼就一双能从茫茫沙砾中发现“珍宝”的“火眼金睛”。罗力彦律师在其《找到辩点》一书中提到一个案例，讲其在办理一个涉嫌“轮奸”的案件中，因“被害人”提到在强奸事实发生的过程中其身边放了一卷卫生纸的细节引起了辩护律师的注意，然后律师通过巧妙的发问使被害人承认这卷纸是被害人自己拿来放在身边的，进而让其承认这不是强奸，而是自愿地发生性行为……由此可见，**找到辩点是一个细致的工作。**

如果说找到辩点的第一个前提是知道与定罪、量刑情节有关的认定规则；第二个前提就是要知道辩点与事实、事实与证据之间的关联性规则。质言之，什么样的证据能够证明出什么样的案件事实情节，而什么样的事实情节能够证明存在什么样的结论。**这需要法律功底、需要逻辑推理的能力，也需要办案经验。**而这三项也是年轻律师和新入行者需要终身学习和提升的能力。

二、毒品案件的辩点

如前文所述，刑事案件的辩护可以分为事实之辩、定性之辩、情节之辩、程序之辩四种。

事实之辩就是辩护律师针对公诉机关指控的犯罪事实所进行的辩护，即“指控事实不清，证据不足”的辩护主张，它往往伴随的是对证据的否认或对证据证明能力的否认。

定性之辩是指在承认了当事人实施过所指控行为的同时，提出该行为不构成犯罪或不构成所指控之罪的辩护，其往往伴随的是对于法律适用的辩解。

情节之辩是典型的有罪、罪轻辩护，即在承认指控事实，认可指控罪名的基础上，提出若干的量刑情节，请法庭从轻、判处刑罚的辩护。

程序之辩是指利用刑事诉讼法的规则主张宣告司法机关的侦查、取证、起诉等行为违法，从而保护当事人实体权利和利益的辩护。

上述四种辩护方法并非是有此无彼、非此即彼的关系，在具体的辩护实务中往往是相互搭配使用的。例如，在作定性辩护或情节辩护的时候，往往也伴随着对证据及事实的否定。而且，这样的分类通常只有学习的价值，对于实务的意义并不太大。**要将所学应用于实践，更应该学习和掌握的是每一类案件的相对固定的辩点有哪些。**从这个角度来说，每一类刑事案件虽然都不会跳脱出共性的范围，但在共性之下，其辩点又会有一定的差别。这是由于每一类刑事案件自身的特点决定的，如行为表现的不同、法益的不同、侦查方式的不同等。**就毒品案件而言，其相异于其他案件的特点为主观认知方面、对毒品数量和性质的证明方面、特殊侦查手段（如特情及技术侦查）方面等。**毒品犯罪与其他犯罪相比，即便是存在共性的辩点如自首、立功、罪名等，但在具体表现和认定上存在差别。

一般而言，毒品犯罪案件的辩点均可以从以下四个方面寻获：一是刑法典和相关规范；二是《刑事诉讼法》法典和相关规范；三是来自两个会议纪要，即《全国部分法院审理毒品案件工作座谈会纪要》（以下简称《大连会议纪要》）和《全国法院毒品犯罪审判工作座谈会纪要》（以下简称《武汉会议纪要》）；

四是来自所有的指导案例。

按上述思路梳理，除了如事实不清、证据不足、定性不当、适用法律错误、程序违法、从犯、胁从犯、自首、立功、犯罪未遂、犯罪中止、认罪与悔罪等这些共性辩点之外，毒品案件的其他典型辩点还有**主观明知、罪名定性（罪名双包含此罪与彼罪、一罪与数罪以及选择性罪名的准确认定等）、罪数、毒品数量与性质认定、特情引诱、技术侦查、控制下交付、主观恶性、以贩养吸、危害后果等。另外，有一些辩点，虽然从性质和名称上看属于共性辩点，但在认定条件上却有着不同于其他案件的特殊之处，如毒品案的中的犯罪未遂、自首等。**

主观明知是无罪辩护最重要的辩点之一，其最常出现的案件类型是在运输毒品和非法持有毒品的场合。无论是行为人不知道其携带的物品中有毒品，还是其不知道其所持有、运输的物品为毒品，这一辩解一旦成立，当事人就应当被宣告无罪。**没有实施涉毒犯罪行为**是无罪辩护的另一个常见的辩点，与主观明知辩点多适用于单纯运输或持有毒品的行为人不同，没有实施涉毒犯罪行为的辩护多用在被指控“雇佣、指挥”他人运输毒品的犯罪嫌疑人身上。常见的案例是运输毒品的行为人被查获后，指证其是受他人雇佣、安排、指挥而参与毒品犯罪的，受指证的人往往会辩解其未实施过相关的被指证行为，而辩护律师也会主张公诉人指控证据不足以证实其雇佣过、安排过或指挥过他人运输毒品。辩解如果能够成立，显然也应宣告其为无罪。这两个辩点应归为证据与事实之辩的范畴。

另有一些情节，在理论上貌似属于无罪辩护（如毒品的获取及鉴定问题、非法证据问题等），但在我国的司法实践中往往被认定为量刑的情节来考虑了。

三、关于有效辩点的误区

近年来，随着大数据时代的来临，律师利用大数据方法对刑事案件的辩点进行收集、整理和分享一时兴起。有些律师甚至对几乎所有可查的毒品案件判决书都进行了梳理分析，专业精神值得钦佩。但是，面对这种现象，在兴奋之余我们还需要冷静下来仔细思考一下，避免将没有诉讼经验的年轻律师带入误区。

应该说，我国的司法大数据建立尚不完备，还在进行和完善中，因为受到地域、时间和各地司法发展不平衡等因素的制约，在互联网上公开的刑事判决书中，一些关键的判决原因（尤其是与量刑相关的原因）并没有完全展示在判决书的裁判理由中，而展示出来的，又不一定是最重要的原因。举个例子，一个毒品数量非常巨大、情节特别恶劣案件的主犯没有被判处死刑，一个重要的原因可能是侦查机关在查获、保管以及鉴定毒品的过程中存在瑕疵，使得毒品的来源或同一性存疑，而在判决书查到的“初犯偶犯、毒品尚未流入社会……”并不是关键性的原因。这样的现象导致了一个结果，那就是某些年轻的律师同仁在研究整理了大量的毒品案件刑事判决书后，发表了这样的结论：“毒品案件中最为有效的辩点是初犯、偶犯、毒品未流入社会、认罪态度好。”这显然是不客观的。

所以，居于这样一个事实的存在，如果大量没有诉讼经验的律师将公众号流传的诸如《根据 ×× 份判决超强整理，毒品死刑案件的辩点全在这》之类的所谓大数据整理文章作为其学习甚至是办案指导的话，很有可能偏离方向。

本讲仅对毒品案件的辩点作一个简要的引入，具体各辩点的具体运用将在后面各篇章中进行介绍和探讨。

第四讲　罪名罪数之辩

在一次学术研讨会上，笔者和某检察院公诉科工作人员进行业务探讨，她就其几天前刚开过庭的一个毒品犯罪案件问笔者一个问题："你对动态持有怎么看？"笔者一时语塞，愧怍难当，因为之前确实没有听说过"动态持有"这个词，也不知道动态持有说的是什么。后来留意研究了一下，逐渐认识到毒品犯罪案件罪名认定的复杂性。这种情况在《武汉会议纪要》颁布之前还一度存在长期持续的争议，法院判决也存在相反的结果。故本讲将尝试尽我所能地梳理一些有价值的难点问题以飨读者。

一、罪名辩护的意义

虽然我国《刑法》第347条将走私、贩卖、运输、制造毒品的行为规定在同一条文中，并规定了相同的刑罚幅度，但因这几种行为的社会危害性有所不同，司法实践中对这几种罪名的量刑通常存在较大的差异。举例说，在排除其他量刑情节（自首、立功、主从犯、累犯、再犯等）的情况下，贩卖毒品海洛因50克和运输毒品海洛因50克，量刑都是15年，不会有差别，但是当毒品数量处于两个不同刑种交叉区域的时候，罪名的不同就会带来量刑上的重大差别。例如，在我国的某些地区贩卖毒品"麻古"350克的时候，其刑期通常为无期徒刑，而如果是单纯运输这个数量的"麻古"，则极有可能只会判处

15年有期徒刑。更为极端的情况是，有时候罪名的改变甚至会带来“生刑”与死刑的巨大差异。例如，在我国的某些地区走私毒品“麻古” 3000克即已经达到判处死刑的标准，但运输3000克麻古却没有达到量处死刑的标准，可能只会判处无期徒刑。而如果罪名更改为非法持有毒品罪或窝藏、转移毒品、毒赃罪，量刑的差别就更加巨大了。

笔者认为，根据以下理由，可以看出罪名辩护是毒品犯罪辩护中比较常见，且非常重要的辩点：

1. 不同的单项罪名在量刑上存在差别，哪怕是处在同一法条里的罪名也是如此。总的来说，运输毒品罪要低于走私、贩卖、制造毒品罪，比运输毒品罪更轻的当然是非法持有毒品罪，最轻的是窝藏、转移毒品、毒赃罪。

2. 并列罪名的量刑往往要重于单项罪名，如贩卖、运输毒品罪通常要重于单纯的贩卖毒品罪或运输毒品罪。

3. 最后一点，毒品犯罪案件中的罪名是比较复杂和特殊的，这意味着辩护空间的存在。由于许多罪名常常被弄错，所以它们是可辩的。

罪名辩护的途径通常有两种，一种是由此罪辩为彼罪，如贩卖毒品罪辩护为运输毒品罪或者是非法持有毒品罪。另一种是并列的多个选择性罪名辩护为单一罪名，如贩卖、运输毒品罪辩护为运输毒品罪。下文将从犯罪构成和证明标准等角度来说明律师如何在典型毒品犯罪中作罪名的定性分析。

二、罪名分解

（一）走私毒品罪

走私毒品是指非法运输、携带、邮寄毒品进出国（边）境的行为。可以认定为走私毒品罪的行为分为三种，一是指非法运输、携带、邮寄毒品进出国（边）境的行为，行为方式主要是输入毒品与输出毒品。二是指在领海、内海运输、收购、贩卖毒品。三是指直接向走私毒品的犯罪人购买毒品的行为。后两种行为称为“视为走私毒品”。

在司法实践中，一方面，由于我国并不出产像海洛因、大麻这一类植物类毒品，这些毒品实质上几乎全部都是走私到我国境内的。另一方面，很多查获的毒品犯罪案件确实有当事人交代其是到国外（如缅甸）购买后再由其自己或卖家运输到中国的。因此，这一类案件被指控为走私、贩卖、运输毒品罪或走私、运输毒品罪的情况比较多见。

关于对走私毒品罪的辩护（实际是否定成立走私毒品罪的辩护），不防从以下角度来进行切入和论证：

从证明犯罪成立的角度，由于走私毒品罪是一种走私行为，走私行为包括三种具体表现形式：一是瞒关，二是绕关，三是视为走私的购买行为，别无例外。所以公诉机关首先要证明行为人实施的是哪种行为，再进一步收集相应的证据予以证实。

1. 如果公诉机关指控行为人是通过瞒关的方式走私毒品的，需要有相应的出入境手续、报关材料（如果是藏在正常货物中过境）、海关查验记录甚至是通关时的监控视频等。

2. 如果公诉机关指控行为人是通过绕关的方式走私毒品的，则应查明行为人是在什么地点、什么时间、通过什么交通工具越过边境的。对应的现场指认笔录及照片、现场勘验笔录及照片均为必不可少的材料。

综上所述，仅凭当事人的言词证据是不足以证明走私罪名成立的，当案件中缺少上述客观证据的时候，就应当主张在案的现有证据不足或不实以证明走私毒品罪的不成立。

在现实中有一类案件比较常见，即行为人达成购买毒品的合意后，卖家即雇人将毒品走私到中国境内的边境附近交货。这种情况本来符合“直接向走私犯罪人购买”的情形，成立走私毒品罪。但是，对于公诉机关来说，这种情形的证明难度非常大。第一，公诉机关须延伸证明向行为人出售毒品上家实施了走私行为（又回到前述两段关于瞒关绕关的证明）。第二，还得证明是走私后的第一手交易，而不是第二手、第三手……如果上家没有被同时抓获的话，要证明这两点是不太可能的，在这种情况下，否定走私罪名成立的辩护就会比较容易成功。

（二）贩卖毒品罪

贩卖毒品，是指非法有偿转让毒品或者以有偿转让为目的而非法收买毒品的行为。

1. 1994 年最高人民法院《关于执行〈全国人民代表大会常务委员会关于禁毒的决定〉的若干问题的解释》规定：“贩卖毒品，是指明知是毒品而非法销售或者以贩卖为目的而非法收买毒品的行为。”最高人民检察院、公安部《关于公安机关管辖的刑事案件立案追诉标准的规定（三）》也明确：“本条规定的‘贩卖’是指明知是毒品而非法销售或者以贩卖为目的而非法收买的行为。”“贩卖”包括卖的行为以及为卖而买的行为，以此类推，购买后到卖出前这一期间的运输、储藏等行为当然也包含在内。

2. 关于贩卖毒品罪与牟利的关系，是一个较难理解的问题，因为一方面转让毒品行为需要具有有偿性才能构成贩卖毒品罪，但又不需要以具有牟利目的为构罪前提。关于贩卖毒品罪与牟利的关系，应当区分转让行为和为吸毒者代购行为两种不同的情形。

（1）在转让毒品的情形下，不需要以牟利为目的，但却需要是有偿转让才构罪。需要具有有偿性指的是需要有财产性利益的交换，如果无偿提供毒品供他人吸食则不构成贩卖毒品罪。但又不能将此理解为需要以牟利为目的，例如，行为人将 100 元购入的毒品仅以 10 元出售给他人吸食的，毫无疑问构成贩卖毒品罪。这也同时意味着如果行为人将100元购进的毒品再以100元倒卖给他人的，也构成贩卖犯罪。

（2）在代购的情形下入罪要求又不一样。第一，需要明确，此处所说的代购指的是为吸毒者代购仅用于吸食的毒品，如果为贩卖毒品者代购用于贩卖的毒品，则无偿代购也构成犯罪。第二，根据《武汉会议纪要》的规定：行为人为他人代购仅用于吸食的毒品，在交通、食宿等必要开销之外收取"介绍费""劳务费"，或者以贩卖为目的收取部分毒品作为酬劳的，应视为从中牟利，属于变相加价贩卖毒品，以贩卖毒品罪定罪处罚。从这一点的表述来看，应肯定**在代购情形下构成贩卖毒品罪需以牟利为前题。**最高人民检察院、公安部《关于公安机关管辖的刑事案件立案追诉标准的规定（三）》有证据证明行为人以牟利为目的，为他人代购仅用于吸食、注射的毒品，对代购者以贩卖毒品罪立案追诉。

3. 作为交换对价的财产性利益除了金钱外，还包括日常用品、车辆、枪支、刀具、文物、假币、房屋等。如果行为人进行的是其他物品的交易，而以毒品作为支付手段的，同样构成贩卖毒品罪。例如，最高人民法院第463号指导案例"庄木根、刘平平、郑斌非法买卖枪支、贩卖毒品案"，即认定非法买卖枪支时以毒品冲抵部分价款的行为应以贩卖毒品罪论处。但由于我国法律不承认性服务为财产性利益（最典型的例子是性贿赂不构成行贿受贿犯罪），因此如果用毒品作为"嫖资"以换取性服务的，一般认为不构成贩卖毒品行为。另外有学者还指出：黑社会性质组织中以提供毒品供组织成员吸食以换取忠诚的，也不是贩卖毒品行为[1]。同理，毒犯为让受雇佣的成员为其运输毒品，拿出毒品供其吸食的，也不认定为向成员贩卖毒品。

[1] 王登辉、罗倩：《贩卖毒品罪若干基础理论辩证》，载《中国刑事法杂志》2016年第2期。

（三）运输毒品罪

运输毒品是指采用携带、邮寄、利用他人或者使用交通工具等方法在我国领域内将毒品从一地转移到另一地的行为。运输毒品具体表现为转移毒品的位置，如将毒品从甲地运往乙地，但应注意，从结局上看没有变更毒品所在地却使毒品的所在地曾经发生了变化的行为，也是运输毒品。例如，行为人先将毒品从甲地运往乙地，由于某种原因，又将毒品运回甲地的，仍然属于刑法上的运输毒品。

在我国学术界一直有一种观点认为，运输毒品罪的罪名没有独立存在的必要。他们认为：运输毒品是走私、贩卖毒品罪中的一个必要环节。这种情形下，无论根据何种学说，运输毒品的行为人与走私、贩卖毒品的行为人，在犯罪客观行为方面总是具有共同性。根据行为共同说，二者构成共同犯罪不容质疑。如果运输毒品的行为人与走私、贩卖毒品的行为人彼此并未有明显的犯意沟通，或者运输毒品的行为人对他人是走私、贩卖毒品者还是制造毒品没有明确的认识，也无法否定他们对此存有盖然性的认识，行为人总是能认识到自己不是在孤立地实施犯罪，而是和他人在一起共同犯罪，因此也应构成走私、贩卖、制造毒品罪的共同犯罪。在司法实务中，我们会发现这种观点确实具有很大的合理性，但本书不是理论探讨的学术著作，因此不再深入讨论，只在此作一简要介绍。

在司法实务中，区别认定这两个罪名的主要节点还是行为，如果一个运输行为人没有出资，也不占分赃的份额，通常其在整个团伙中的罪名都会单独认定为运输毒品罪；反之则认定为贩卖毒品罪的共犯。双方如果事前有共谋的，对运输毒品者也应认定为贩卖毒品罪共犯。但这种情况实际上认定起来很难，因为如果贩卖毒品者在事前找到运输毒品行为人，就如何“雇佣”其运输毒品进行商议的话，这很显然也是一种共谋，但此种共谋显然不会改变对运输行为人的罪名定性。

关于运输毒品罪的第二个难点问题是运输与搬运的区别。**是不是所有使毒品产生了位移的行为都可以评价为运输毒品罪？**在司法实务中，会存在一种情形，即行为人确实使毒品产生了位置的移动，但我们从观念上总会觉得这样的一种位置移动还不应该评价为运输毒品罪。笔者就曾经办理过这样一个案例，行为人通过居间介绍促成了买卖双方的毒品交易，又在交接毒品当天和双方的人员一起将毒品从卖家所居住的房屋中搬到楼下，送到300米外的村中某停车地点装上买方的车辆。这一行为被公诉机关认定为运输毒品罪，并在《起诉书》中指控其构成贩卖、运输毒品罪。但笔者主张这一搬动毒品的行为并不能单独的作犯罪评价，不应将其评价为运输毒品罪，最后法庭还是采信了这一观点，判决行为人只构成贩卖毒品罪。

类似这样的情形，司法实务人员通常都会直观的认为这种搬运行为不应当认定为运输毒品，但具体的原理是什么？又该怎样去辩解，却会陷入困难。对此，理论界多会主张以距离远近作为区分的标准，甚至也有学者提出，只有跨行政区域才能算运输。但这些观点显然缺乏权威依据，也没有说服力。笔者在此梳理出一些学术观点供读者参考和判断。

1. 有学者主张应从法益损害的相当性角度出发来加以论证。其主张是：因为运输毒品罪是与走私、贩卖、制造毒品罪放在同一个条文中，并规定了相同的法定刑幅度，这就说明两者之间具有相当的法益侵害程度，如果行为人的法益侵害程度明显不能与本条的走私、贩卖、制造毒品行为以及通常的运输毒品行为想提并论的话，即不应当作此评价。这种侵害程度至少要求所指的“运输”行为须具有使毒品流通、扩散的结果或现实危险。否则就不应该评价为运输毒品罪，而可能评价为转移或非法持有。

2. 也有学者从功能和作用的角度出发，主张运输的实质是增加毒品的流通性，而非指空间位置的移动[1]。并由此认为，如果一个人控制毒品的目的是为了等待下一个人来接取，则哪怕其自始至终没有使毒品产生过位移，也可以构成运输毒品罪；反之，如果其不是为了此目的，则哪怕是较长距离的位置转移也不是运输毒品。

以上两个观点有异曲同工之处，查询更多的理论学说相关文章也是如此，他们共同指向一个构罪的要素：均认为运输毒品罪的行为须是增加毒品流通性的行为，所不同的仅仅是论述的角度不同而已。这两种观点看似非常合理，但是司法实务中似乎并不完全认同，本讲后半部分将会说到《武汉会议纪要》就将无偿代购后的“运输”行为以及供自己吸食的“动态持有”超量毒品行为统统都规定为运输毒品罪。但笔者认为，这一观点在辩护中是可以使用的。

（四）制造毒品罪

制造毒品指的是使用原材料制作毒品的行为。具体包括五种行为：第一种是利用毒品之外的材料（如毒品原植物、制毒物品甚至是合法的物品）制成毒品的行为。第二种是用粗制毒品提纯为精制毒品的行为。第三种是以化学方法将一种毒品制作成另一种毒品的行为。如将吗啡制成海洛因。第四种是用多种毒品或毒品与非毒品物质混合配制成一种新毒品的行为。第五种是指针对特定对象调制毒品的行为。笔者对相关辩点梳理如下：

1. 对上述四种行为中的第一种、第二种、第三种及第五种行为构成制造毒品罪通常并无理解上的争议，但对第四种行为则较为复杂。简单来说，有一些物理混合的方法能构成制造毒品行为，有的却不属于制造毒品。那他们的具体分野到底是什么呢？我们先看如下规定：

（1）《大连会议纪要》第 4 条规定，“制造毒品不仅包括非法用毒品原植物直接提炼和用化学方法加工、配制毒品的行为，也包括以改变毒品成分和

[1] 高艳东：《运输毒品罪疑难问题研究》，载《广西政法管理干部学院学报》2004 年第 6 期。

效用为目的，用混合等物理方法加工、配制毒品的行为，如用甲基苯丙胺或者其他苯丙胺类毒品与其他毒品混合成麻古或者摇头丸”。

（2）最高人民检察院、公安部《关于公安机关管辖的刑事案件立案追诉标准的规定（三）》也明确“本条规定的‘制造’是指非法利用毒品原植物直接提炼或者用化学方法加工、配制毒品，或者以改变毒品成分和效用为目的，用混合等物理方法加工、配制毒品的行为。为了便于隐蔽运输、销售、使用、欺骗购买者，或者为了增重，对毒品掺杂使假，添加或者去除其他非毒品物质，不属于制造毒品的行为”。

（3）最高人民法院发布的第501号指导案例“高国亮、李永望等贩卖、制造毒品案”也明确：加工、生产混合型毒品“麻古”的行为应认定为制造毒品罪[1]。

（4）最高人民法院发布的第800号指导案例“凌万春、刘光普贩卖、制造毒品案”中认定：《大连会议纪要》提到的物理方法制造毒品有明确的指向，即制造“麻古”“摇头丸”等成分相对固定、毒品性能有所变化的新型毒品。本案中，刘光普、凌万春等人将“摇头丸”“Y仔”“K粉”混合后加入袋装“雀巢”咖啡内贩卖，主观目的并不是制造出一种新类型的毒品，而是通过这种混合的形式达到表面上似乎是贩卖咖啡以掩人耳目的目的，其主观目的是贩卖毒品。在客观行为上，这种物理混合的方式只是简单地把一些毒品和咖啡掺杂起来，既没有严格的比例配置规范要求，也没有专业化的配比工艺程序，还不足以达到改变毒品成分和效用的程度，没有形成新的混合型毒品，不属于制造毒品的行为。

从对上述规定的对比分析中，我们可以得出一个结论：**物理混合的方法能否认定为制造毒品，关键是看该方法是否改变了毒品的成分和效用。**最为常

[1]《刑事审判参考》第63期。

见的未改变毒品的成分及效用的方法是掺杂掺假的行为或仅仅是改变其常规存在形态的行为。而改变毒品常规存在形态的行为也有细微的区别，如为了隐藏运输而将冰毒溶解于水中进行运输的行为不属于制造毒品，但将盐酸吗啡加入蒸馏水，使之成为注射液的行为则应认定为制造毒品行为[1]，其关健还是改变了毒品的成分及效用，使之成为另一种毒品。

2. 为了制造毒品而采用生产、加工、提炼等方法非法制造易制毒化学品的，以制造毒品罪立案追诉，但应认定为犯罪预备。

3. 购进制造毒品的设备和原材料，开始着手制造毒品，尚未制造出毒品或者半成品即被查获的，以制造毒品罪立案追诉，但应认定为犯罪未遂。

4. 明知他人制造毒品而为其生产、加工、提炼、提供醋酸酐、乙醚、三氯甲烷等制毒物品的，以制造毒品罪的共犯立案追诉[2]。

（五）非法持有毒品罪

非法持有毒品罪，简单来说就是指没有合法理由而故意持有数量较大毒品的行为。从证明的角度来说，该罪具有兜底定罪的属性，即如果查获了数量较大的毒品，但是无法证明行为人具有走私、贩卖、运输毒品等行为和目的时，也应当认定的罪名。具体罪名认定上需注意以下几点：

1. 排除此罪的关键是看行为人有无其他犯罪目的

从这个角度说，非法持有毒品犯罪类似于是一个“小口袋”罪名。该罪的立法目的，是为那些被查获占有毒品的行为人，除了查获毒品外没有充分证据证明该行为人占有这些毒品是为了出售、帮别人运输、帮别人窝藏转移等目的；如果有其他目的，则应认定为其他相应的罪名，如果都没有，则可能认定为非法持有毒品罪。

[1] 张军主编：《刑法分则及配套规定新释新解》，人民法院出版社 2016 年版，第 1767 页。

[2] 文中第 2、3、4 观点均来自最高人民检察院、公安部《关于公安机关管辖的刑事案件立案追诉标准的规定（三）》。

2. 认定非法持有毒品罪不以行为人吸毒为前提

构成非法持有毒品罪的行为人往往存在吸毒行为，或者说行为人最说得通的理由就是“这些毒品我都是拿来自己吸食的”。如果辩护时主张当事人成立非法持有毒品罪，则行为人有吸毒情节是一项重要的证明理由。但是，它们之间并没有必然的联系，也就是说，即便行为人不吸毒，也可以构成非法持有毒品罪，如收藏或者留着什么也不想干。最高人民法院发布的 284 号指导案例“黄学东非法持有毒品案”中，侦查机关在黄学东的住处查获毒品 3000 余克，而黄本人并不吸毒品，在其供称是帮别人保管的情况下，法院认定其构成非法持有毒品罪，即是这一裁判观点的体现。

3. 认定该罪与查获毒品数量的多少是否有关系?

对前述“黄学东非法持有毒品案”以及后面动态持有毒品的分析中可见，目前的司法实践中，毒品数量是一种辅助判断行为人是非法持有毒品还是构成其他犯罪的依据，但不是认定的主要依据。由于前文已经有详细阐述，后文也会在“动态持有”部分详述理由，在此不再赘述。

但由此引申出另外一个问题，那就是吸毒者储存了数量较大（已达到非法持有毒品罪数量标准）毒品的，如果确实查明其储藏这些毒品只是为了吸食，是以非法持有毒品罪追究其刑事责任，还是仅因为其持有的毒品是用于自己吸食的就不评价为犯罪？关于这个问题，之前的理论及司法实务界存在非常大的争议。之前的一些指导案例都用了“超过了正常吸食量”来作为构罪的论证，但很显然这样的论证理由不但难以起到指导的作用，还会让类似案件的认定陷入到更大的混乱中去。但这一情况现在已变得确定：2015 年出台的《武汉会议纪要》首次明确规定：**“吸毒者在购买、存储毒品过程中被查获，没有证据证明其是为了实施贩卖毒品等其他犯罪，毒品数量达到刑法第三百四十八条规定的最低数量标准的，以非法持有毒品罪定罪处罚。”**

三、罪名间的区分

从罪名辩护的角度，厘清走私毒品罪的目的是在辩护中否定走私毒品罪；厘清贩卖毒品罪的目的是否定贩卖毒品罪。即认清我们所办理的案件中是否存在司法机关错将运输毒品罪等较轻的罪名认定为走私毒品罪或贩卖毒品罪等较重罪名，甚至将更为轻微的非法持有毒品等罪名认定为或走私、或贩卖、或运输毒品的罪名。第二个目的，则是要认清是否将单纯的走私毒品罪、贩卖毒品罪、运输毒品罪认定为走私、贩卖、运输毒品罪的并列罪名。

（一）罪名区分的两点思路

1. 按不同罪名的证明要求来区分

走私毒品罪、贩卖毒品罪、运输毒品罪、非法持有毒品罪，几个罪名从证明要求上呈现一种自下而上的包容关系，越往下，越能呈现这种特性。例如，在行为人身上查获了毒品，证明得了出资购买行为的就应认定为贩卖毒品罪，证明不了的就定运输毒品罪。再如，走私毒品罪，如果行为人系自己到境外接取毒品并运回国内，然后在国内运输的过程中被查获的显然是走私、运输毒品罪；但如果仅有当事人的供述没有别的更充分的证据的话，则只能认定为运输毒品罪。最高人民法院发布的 284 号指导案例“黄学东非法持有毒品案”的裁判观点即认为：针对从被告人手中和住宅里查获大量毒品，但又无足够证据证明黄学东犯其他毒品犯罪这一事实，应认定被告人犯非法持有毒品罪。对这种现象的理解，有助于我们分清现有证据对指控罪名的证明是否充分。在具体的辩护中，应将涉及该罪特定的证据要离出来单独审查，看其是否充分。

2. 以相关行为来推定其应适用的罪名

证据不足时，罪名认定会受“关联行为”的影响，或可理解为由其推定。

《武汉会议纪要》规定“贩毒人员被抓获后，对于从其住所、车辆等处查获的毒品，一般均应认定为其贩卖的毒品。确有证据证明查获的毒品并非贩毒人员用于贩卖，其行为另构成非法持有毒品罪、窝藏毒品罪等其他犯罪的，依法定罪处罚。吸毒者在购买、存储毒品过程中被查获，没有证据证明其是为了实施贩卖毒品等其他犯罪，毒品数量达到《刑法》第三百四十八条规定的最低数量标准的，以非法持有毒品罪定罪处罚”。该条规定既可以理解为是以推定的方式认定罪名，也可理解为是以推定的方式认定数量。

（二）运输毒品罪与走私毒品罪的区别

运输毒品必须限制在国内，而且不是在领海、内海运输国家禁止进出口的毒品，否则便是走私毒品。走私毒品罪与贩卖、运输毒品罪。需要证明其有携带毒品过境的行为，具体包括瞒关或绕关行为，或是前文所说的视同走私的行为。在证据上一般需要有现场指认、辨认或其他客观证据，否则也不能认定走私。

在进行否定走私罪名辩护的时候容易犯两个认识上的错误，第一个易犯的认识错误是认为只有“跨境买卖”才构成走私毒品罪，而跨境的运输行为只应定运输毒品罪而不应定走私毒品罪。从犯罪构成上，运输、携带、邮寄均是走私毒品罪的具体行为表现。其并不要求“为贩卖而运输、携带、邮寄”。

第二个易犯的认识错误是认为只要没有贩卖或运输的目的（如仅为了自己吸食而在境外购买毒品后携带入境的）就只应当认定为非法持有毒品罪而不是走私毒品罪。但这两种观点显然都是错误的，会造成无效辩护的后果。最高人民法院在其163号指导案例“郑大昌走私毒品案”的裁判要旨很明确地表明：目的因素并不是认定该罪需要考虑的要素，无论有无目的，无论何种目的均不影响走私毒品罪的认定。哪怕是以自己吸食而携带毒品进出境的，也是走私毒品罪。

（三）贩卖毒品罪与其他罪名的区别

区分的关键点有三个：一是看行为人是否出了资；二是看其是否为货主（买方或卖方）；三是看其是否与货主或出资人具有事前的共谋。如果三者占其一，就可以认定为贩卖毒品行为。如果其满足了第三点（事前共谋贩卖）则不论其实施的单纯的运输、窝藏还是转移毒品毒赃，者可以认定为是帮助犯层面的贩卖毒品罪。而如果三项均不具备，就不能认定其构成贩卖毒品罪，而仅应以其实际实施的行为来认定其罪名。如只实施了运输毒品行为的就是运输毒品罪，仅实施了帮助窝藏、转移毒品、毒赃的就应认定为窝藏、转移毒品、毒赃罪。

（四）无偿代购毒品的罪名认定规则

前文阐述了为吸毒者代购仅用于吸食的毒品情形下，只要不在购毒款及交通、食宿等必要开支之外收取报酬的，就不认定为贩卖毒品。但是否构成其他罪名前文却没有说清楚，事实上关于这个问题的认定近年来发生了一个不小的变化。

1. 2000 年 4 月印发的《全国法院审理毒品犯罪案件工作座谈会纪要》（以下简称《南宁会议纪要》，现已废止）指出："有证据证明行为人不是以营利为目的，为他人代买仅用于吸食的毒品，毒品数量超过刑法第三百四十八条规定的数量最低标准，构成犯罪的，托购者、代购者均构成非法持有毒品罪。"

2.《大连会议纪要》在《南宁会议纪要》的基础上，对为吸毒人员代购毒品行为的定性等问题作出了更为详细、完善的规定。《大连会议纪要》指出："有证据证明行为人不以牟利为目的，为他人代购仅用于吸食的毒品，毒品数量超过刑法第三百四十八条规定的最低数量标准的，对托购者、代购者应以非法持有毒品罪定罪。"

3. 2012 年 5 月 16 日发布的最高人民检察院、公安部《关于公安机关管辖的刑事案件立案追诉标准的规定（三）》规定：“不以牟利为目的，为他人代购仅用于吸食、注射的毒品，毒品数量达到本规定第2条规定的数量标准的，对托购者和代购者以非法持有毒品罪立案追诉。”

4. 最高人民法院发布的第1014号指导案例“刘继芳贩卖毒品案”进步明确“不以牟利为目的，为他人代购用于吸食的毒品，毒品数量未达到非法持有毒品罪的定罪标准的，不应认定为犯罪”。

上述三个规范和一个指导案例的意思很明确，即如果代购的毒品数量未达到非法持有毒品罪的数量标准（如海洛因10克以上）的，就不构成犯罪，超过此标准的，构成非法持有毒品罪。

但是在上述指导案例公布不久后出台的《武汉会议纪要》却部分地更改了上述认定规则。《武汉会议纪要》明确规定：“行为人为吸毒者代购毒品，在运输过程中被查获，没有证据证明托购者、代购者是为了实施贩卖毒品等其他犯罪，毒品数量达到较大以上的，对托购者、代购者以运输毒品罪的共犯论处。”

（五）对居间介绍行为的罪名认定分析

首先，对居间介绍他们买卖毒品的行为人，无论其是否以牟利为目的，以及是否牟利，均认定为贩卖毒品罪的共犯，这一点没有争议。其次，受贩卖毒品行为人的委托为其介绍购买人的，即便其介绍的购买人购买毒品的目的仅是为了自己吸食的，这一行为等同于受贩卖毒品犯罪分子的委托去寻找买家，因此应认定为卖方的共犯，构成贩卖毒品罪。最后，如果居间介绍人系受吸毒者的委托而去寻找毒源的，性质则与前两种行为完全不同。居于无偿代购者都不构成贩卖毒品罪的规则，为购毒者无偿介绍毒源的居间介绍人当然也不应当认定为贩卖毒品行为。有关专家对此的解读认为，居间介绍者受以吸食毒品为目的的购毒者委托，为其介绍贩毒者的，不能因为其行为客观上促进了贩毒者的贩卖行为而简单认定为贩毒者的共犯，一般仍要认定为购毒者的共犯。毒品数量达到较大以上的，居间介绍者与购毒者构成非法持有毒品罪的共犯。

（六）“动态持有”毒品的罪名认定规则

动态持有毒品通常包含三种情形。第一种情形，是指吸毒者携带其用于吸食的毒品从一地到另一地的行为。例如，某人从昆明到北京出差，随身携带着7天吸食量的毒品15克，然后在机场被查获，此时应当定非法持有毒品罪、运输毒品罪还是无罪？第二种情形，我们知道吸毒者在获取毒品的过程中总是要伴随着购买行为和运输行为。例如，当事人总是要将购买到的毒品从交易地点携带回到自己住处，抑或从一个住处带到另一个住处等。如果在其携带毒品回住处或从一个住处位移到另一个住处的过程当中被查获的，是应当认定为非法持有毒品罪？无罪？还是运输毒品罪？第三种情形，是证据上无法证明运输毒品是为自吸还是其他目的的情形。例如，某人正从甲地前往乙地，其间公安人员在其身上或行李或交通工具上查获了少量毒品（如100克）。其本人声称这些毒品是自己带在路上吸食的，均查此人确实吸食此种毒品且有毒瘾，同时也确实没有证据能够证明其具有贩卖或为他人运输的行为。在此情形下，该行为是应当认定为非法持有毒品罪还是运输毒品罪？抑或无罪？

有关此问题的认定，理论界一直以来都存在较大的争议，但在司法实务中却有较为明确的规定：

1. 2000年的《南宁会议纪要》曾规定：“吸毒者在购买、运输、储存毒品过程中被抓获的，如没有证据证明被告人实施了其他毒品犯罪行为的，一般不应定罪处罚，但查获的毒品数量大的，应当以非法持有毒品罪定罪；毒品数量未超过刑法第三百四十八条规定数量最低标准的，不定罪处罚。”因此从这个文件可以看出，当时的裁判规则是认可所谓的动态持有的，即是将这类行为认定为非法持有毒品的行为而非运输毒品的行为。

2. 2008年的《大连会议纪要》规定：“吸毒者在购买、运输、存储毒品的过程中被查获的，如果没有证据证明其是为了实施贩卖毒品等其他毒品犯罪行为，毒品数量未超过刑法第三百四十八条规定的最低数量标准的，一般不定罪处罚；查获毒品数量达到较大以上的，应以其实际实施的毒品犯罪行为定罪处罚。”由此可见，《大连会议纪要》在《南宁会议纪要》规定的两项条件的基础上，明确了以被告人实际实施的毒品犯罪行为定罪处罚。即对于吸毒者购买、运输、存储毒品过程中被查获的，根据其具体实施的行为，可能被认定为非法持有毒品罪，也可能被认定为运输毒品罪。

3.《武汉会议纪要》则规定：“吸毒者在运输毒品过程中被查获，没有证据证明其是为了实施贩卖毒品等其他犯罪，毒品数量达到较大以上的，以运输毒品罪定罪处罚。”首先明确一个概念，结合《南宁会议纪要》《大连会议纪要》的表述可知，《武汉会议纪要》此处所说的毒品数量“较大”应指的是达到《刑法》第348条规定的非法持有毒品罪追诉标准（海洛因10克，或者与此数量相当的其他毒品）。也就是说，上述情形下，毒品数量达到非法持有毒品罪数量标准的，以运输毒品罪追诉，未达到此数量的，不定罪处罚。因此，此处所说的在运输毒品过程中被查获，并非指的是典型的运输毒品罪过程中，而是指的携带其吸食的毒品处于从一地到另一地的过程中。

在辩护过程中可以留意一点：最高人民检察院和公安部于2012年5月16日联合发布的《最高人民检察院公安部关于公安机关管辖的刑事案件立案追诉标准的规定（三）》第1条第4款规定的内容与《大连会议纪要》和《武汉会议纪要》并不一致，其为：“不以牟利为目的，为他人代购仅用于吸食、注射的毒品，毒品数量达到本规定第二条规定的数量标准的，对托购者和代购者以非法持有毒品罪立案追诉。”这是一个效力不同于会议纪要的，严格意义上的司法解释，或可在侦查、批捕及审查起诉过程中加以争取。

最后是选择性罪名的问题，走私、贩卖、运输、制造毒品罪是选择性罪名，对同一宗毒品实施了两种以上犯罪行为，并有相应确凿证据的，应当按照所实施的犯罪行为的性质并列适用罪名，毒品数量不重复计算。对同一宗毒品可能实施了两种以上犯罪行为，但相应证据只能认定其中一种或者几种行为，认定其他行为的证据不够确实充分的，只按照依法能够认定的行为的性质适用罪名。对不同宗毒品分别实施了不同种犯罪行为的，应对不同行为并列适用罪名，累计计算毒品数量。

第五讲　主观明知和推定明知

——如何在毒品犯罪无罪辩护中对“主观明知”与“推定明知”进行反驳?

一、辩点的价值

根据犯罪的构成，主观要件是认定一个行为是否构成犯罪的必备条件，如果一个行为不满足某个犯罪的主观构成要件，该行为就不能认定为犯罪。毒品犯罪案件似乎更为特殊，这不仅因为在司法实践中有超过 80% 的涉毒案件的无罪辩护都集中在对主观要件的辩解，同时也因为毒品犯罪案件的主观要件非常难以证明，也难以有效反驳。因此可以说，主观要件问题既是毒品犯罪案件辩护的重点，也是辩护的难点。

二、辩点概述

主观构成要件包括认识要素和意志要素两部分，前者是指行为人对自己行为可能造成危害社会后果是否明知以及明知的程度；后者是指对自己行为持的是希望、放任还是回避的态度。下面分开讨论这两个要素：

（一）认识要素

在主观要件的两个构成要素中，认识要素往往是毒品犯罪案件罪与非罪争议的重点。我国《刑法》第 14~16 条规定中的“明知”“预见”即为主观要件中的认识要素。在毒品案件中，常常被简化地称为主观明知问题。

1. 主观明知的范围

一般认为，主观明知仅指对事实的认知，而不包括对违法性的认知，具体理解是这样的：法律并不要求当事人理解什么是走私，什么是贩卖，也不要求当事人理解制造包括哪些行为，以及窝藏转移的内涵和外延是什么。因此，在司法实践中，毒品犯罪案件中的主观明知可以进一步明确为对“毒品”的明知。再进一步分析，在司法实践中，主观明知通常包含两种情形：（1）行为人是否明知其携带了毒品，或持有的物品中夹带了毒品；（2）行为人是否明知其携带或持有（或制造）的物品是毒品。

2. 对毒品主观明知的程度

关于明知的程度，并不要求当事人知道其走私、贩卖、运输、制造、非法持有或者窝藏、转移的具体是何种毒品。通常只要符合以下两种情形中的任何一种，即可认定其主观上“明知”是毒品：一是只要当事人概括地知道是毒品犯罪案件中所指的毒品即可，而不需要知道是海洛因、甲基苯丙胺或是别的何种毒品。二是只要当事人知道其走私、贩卖、运输、制造、非法持有或者窝藏、转移的是某种具体的物品即可，并不需要其知道该物品是否属于毒品。例如，如果某当事人知道其买卖的是“倍齐米特（Betameprodine），但是他不知道这是毒品（具体说就是不知道这是被列入到麻醉药品和精神药品两个品种目录里的）”，也不影响其被认定为“明知是毒品”。

所以，从控方的角度，核心其实只是要求证明行为人事前或事中知道自己所走私、贩卖、运输、制造、非法持有或者窝藏、转移的是“毒品”或某种物品；抑或是证明行为人知道自己所携带、运输、持有、托运、邮寄……的物品、行李以及其控制、使用的交通工具或住所中有“毒品”或某种物品，此即谓对“毒品”的“主观明知”。从辩方的角度，就是证明或反驳其对毒品或某种物品的“不明知”。以运输毒品为例，行为人如果在实施行为之前或者在实施行为的过程中知道或者应当知道自己帮别人运输、携带、邮寄的物品是毒品或毒品中的某种物品，其就构成运输毒品罪；如果不知道，则不构成该罪。

（二）意志要素

如前所述，在《刑法》第14~16条规定中，“明知”“预见到”为认识要素，而“追求”“放任”“回避”等则是表示当事人意志的因素，即“意志因素”或“意志要素”。

毒品犯罪均可由直接故意和间接故意构成。在我国的犯罪构成中，故意犯罪中的意志要素包括直接故意和间接故意两种。毒品犯罪是否可以由间接故意构成，虽然理论界存在一定的争议[1]。但司法实践中似乎已形成定论，即追求和放任两种意志形态均不影响所有类型的毒品犯罪成立。走私、贩卖、运输、制造、非法持有、窝藏、转移等既可以由积极追求的直接故意构成，也可以由放任的间接故意构成。笔者虽不完全认同，但至今也未找到相反的案例。因此，如果过多地把无罪辩护的焦点放在对这一问题的争论上，可能会很难取得实际的成效；相反地，在做量刑辩护的时候这个问题是可以充分讨论的，尤其是做死刑辩护的时候，这一点我们在后面的量刑辩护部分再来展开。

根据以上分析，影响涉毒案件有罪或无罪的主观构成要件要素仅集中在认识要素上，所以在司法实践中，很多人都习惯地性地将主观构成要件的争议焦点简明地称为“主观明知”问题。

[1] 如果在辩护中要提出间接故意不构成犯罪抗辩理由的，参见最高人民法院原张军副院长主持编著的《刑法分则及配套规定新释新解》（第9版）下册第1767页中明确：走私、贩卖、运输、制造和非法持有毒品罪的主观方面只能是直接故意。本书之所以没有采用此观点，是因为确实未查询到一件支持此观点的案例的规定。在笔者十余年的办案过程中，也未见有法庭采纳过这一观点。

三、主观明知的证明与反驳

对于主观明知的认定，通常从两类证据入手，一是直接证明是否明知的证据，如当事人的供述、证人证言等直接证据；二是通过行为表现来证明或推定其明知。而用来证明主观明知的证据，通常是以下这些：

（1）犯罪嫌疑人、被告人及其同案犯的供述和辩解；

（2）有关证人证言；

（3）有关书证与电子数据(书信、电话记录、手机短信记录)；

（4）其他有助于判断主观故意的客观事实。

司法机关的认定顺序是，通过证据1、证据2和证据3，证明涉毒案件的起因、犯罪动机、犯罪目的等主观特征。当以上证据均无法证明犯罪嫌疑人、被告人在主观上是否具有毒品犯罪的“明知”时，可通过证据4，即根据一定的客观事实判定“明知”[1]。

如上所述，在司法实践中，通常可用于证明行为人存在主观明知的证据主要是当事人自己及同案被告人的供述和辩解、证人证言、微信、短信等通信记录、银行交易记录、技术侦查材料、特侦材料，等等。这些证据有相应的取证要求，侦查人员也会经常犯一些错误，**对这些证据的审查分析是辩护的起点和前提**。证据的审查问题将在本书相关章节中讨论，在此不再详述。

四、推定明知及其反驳

推定明知，是指在没有充分证据直接证实当事人明知的情况下，根据当事人的具体行为表现及其他案件情节而推定当事人“知道”的情形。

[1] 最高人民检察院公诉厅毒品犯罪案件公诉证据标准指导意见（试行）。

（一）推定的条件

需要借由推定来认定当事人主观明知的情形多发生于单纯的运输毒品、帮助转移、窝藏毒品和部分的非法持有毒品犯罪案件中，司法实践中多发的情形有如下几种：

（1）发生于受托或者帮人携带运输物品，后在物品中起获毒品的。其中又以箱包藏毒、行李夹带和汽车藏毒的情形为多，多发生于车站、码头、机场的安检查获或道路堵卡查获的案件中。

（2）受人委托帮忙接取物品，在其所接取的物品中查获毒品的。例如，朋友打电话来让帮忙去接取包裹，在取的过程当中被抓获，并在包裹中起获了毒品。

（3）某些从事相关运输行业的人员如从事客货运输或寄递业务的人员在营运过程中，从其承运的货物物品中查获了毒品的。

（4）受人雇佣从事某些工作的人员，在与其工作的场所和物品中查获了毒品的。例如，受境外赌场老板雇佣帮其开车接人，但在其车内查获了毒品的。

（5）在与个人活动有一定联系的地点、场所查获了无主货物中涉及毒品的。例如，在长途大巴某乘客的座位下、床垫下发现毒品的。

在上述情形中，当事人的辩解通常有两种：一是声称不知道所带物品中藏有毒品；二是声称不知道带的物品是毒品。比如，当事人会辩称只是帮朋友捎带行李，并未开包查看，不知道里面藏有毒品；或辩称只是帮人开车接人或运货，不知道车上会藏有毒品；或辩称自己从未见过毒品，不知道这个东西会是毒品，等等。

目前，推定明知的最主要法律依据是最高人民法院、最高人民检察院、公安部于 2007 年 12 月 8 日联合颁布的《办理毒品犯罪案件适用法律若干问题的意见》和《大连会议纪要》。

《办理毒品犯罪案件适用法律若干问题的意见》第2条规定，“走私、贩卖、运输、非法持有毒品主观故意中的‘明知’，是指行为人知道或者应当知道所实施的行为是走私、贩卖、运输、非法持有毒品行为”。如前所述，对此的理解应当是：主观明知仅指对事实的认知，而不包括对违法性的认知。可以理解为，法律并不要求当事人理解什么是走私，什么是贩卖，也不要求当事人理解制造包括哪些行为，以及窝藏转移的内含和外延是什么。主观明知具体是指对“毒品”的明知，一是当事人是否明知其携带（制造、持有）了“毒品”，二是当事人是否明知其携带或持有（或制造）的物品是毒品或某种物品（但其不知道该物品是毒品）。

根据《办理毒品犯罪案件适用法律若干问题的意见》第2条的规定内容，是可以据以推定当事人主观明知的规定依据。根据该规定，具有下列情形之一，并且犯罪嫌疑人、被告人不能做出合理解释的，可以认定其“应当知道”，但有证据证明确属被蒙骗的除外：

（1）执法人员在口岸、机场、车站、港口和其他检查站检查时，要求行为人申报为他人携带的物品和其他疑似毒品物，并告知其法律责任，而行为人未如实申报，在其所携带的物品内查获毒品的；

（2）以伪报、藏匿、伪装等蒙蔽手段逃避海关、边防等检查，在其携带、运输、邮寄的物品中查获毒品的；

（3）执法人员检查时，有逃跑、丢弃携带物品或逃避、抗拒检查等行为，在其携带或丢弃的物品中查获毒品的；

（4）体内藏匿毒品的；

（5）为获取不同寻常的高额或不等值的报酬而携带、运输毒品的；

（6）采用高度隐蔽的方式携带、运输毒品的；

（7）采用高度隐蔽的方式交接毒品，明显违背合法物品惯常交接方式的；

（8）其他有证据足以证明行为人应当知道的。

（二）对推定明知的反驳

由于借由推定来认定当事人明知的方法带有先天的不确定性，因此司法机关在认定时非常谨慎，这为律师做无罪辩护提供了较大的空间。事实上，笔者发现这是涉毒案件中成功实现无罪辩护最为重要的一个辩点。但是同时，笔者也发现要想利用这一辩点实现无罪的结果，事实上难度也非常大，尤其是在法庭上，大量的裁判案例显示，想要在法庭上说服法官采信律师的无罪辩护观点非常困难，尤其是传统粗放的辩护方式。诸如不能排合理怀疑，所以不能判处其有罪；实际上我的当事人不太可能知道包里有毒品等，此类说辞几乎不会起到任何有效的实质的辩护成果。

那么，面对这样一个既是重点又是难点，既是机遇又是挑战的的辩点，律师应该怎样做才会尽可能产生预期的效果呢？笔者认为，至少以下几点做法是正确而可取的：

1. 弄清楚借以推定和反驳的原理是什么

（1）主观明知推定的证明标准是什么

推定明知毕竟还是一种事实的推定，一般要求事实推定须达到排除合理怀疑和得出唯一结论的程度。但是在司法实践中，我们通过对大量案例的研究发现，**一般对于事实推定其实只是要求能达到“排除合理怀疑”的程度，而并不要求要达到“得出唯一结论”**。甚至有实务人员认为，毒品犯罪案件对于主观明知的推定其实只要求达到“高度概然性”的标准即可[1]。最高人民法院《办理毒品犯罪案件适用法律若干问题的意见》第2条规定的8种“推定明知”的理由，其适用的前提也是“犯罪嫌疑人、被告人不能做出合理解释的”，同时

[1] 李世清、吕彬：《“箱包带毒”案件行为人主观明知的推定》，检察日报2011年6月26日第三版，作者单位为云南省人民检察院。

也规定了“有证据证明确属被蒙骗的”作为推定的除外条件。

（2）各类情形推定的要求不同

上述8种推定情形其实可以归类为三种采信标准：

第一种是直接推定为明知。包括：体内及被告人贴身衣物内查获毒品的，被告人将毒品捆绑、固定在身体隐蔽部位的。虽然理论上被告人也有权利和义务对此作出解释，但是按照日常生活法则就可以判断被告人不明知的辩解是几乎不可能成立的，至今笔者尚未找到这三种情形还被司法机关认定为不明知的极端案例。

第二种是需要有证据证明确属被蒙骗的才可以排除明知，否则即可以直接推定为明知。这种情况其实与第一种情况存在较大的重合关系。

第三种是不能做出合理解释，才能推定行为人明知的情形。或者说只要当事人能够做出合理解释，即可以排除推定。主要情形：一是在被告人随身携带的拎包等小件物品中查获的；二是在被告人外衣袋内、外裤袋内、鞋子、帽子、头巾、围巾等衣物内查获的；三是被告人选择较为偏僻、艰险的道路、渡口，绕过其正常运行路线中的海关、边防检查站、公安机关设置的固定检查站、卡等，在其携带运输的物品中查获毒品的；四是经过海关、边防检查站、卡、公安执勤点等，要求其申报，而隐匿不申报或采用假报等蒙骗手段企图逃避查验，而在起携带的物品中查获毒品的；五是采用假冒、伪装等方法逃避邮检，而在邮寄包裹中查获毒品的；六是被告人遇执法人员检查时有抗拒检查、逃跑或将携带物品丢弃，而在其携带或丢弃的物品中查获毒品的。上述行为虽然可以初步认定被告人明知，但仍有其他可能性，因此，必须认真审查被告人辩解的合理性和其他可能性，不能轻易认定。此类情形下的被告人的辩解，如果能查证自然真相大白，要么“属被蒙骗”，要么证明其辩解是虚假的可以推定为明知，但实际上大多难以查证，对其“合理解释”的判断就成了疑案，按照疑罪从无的理念，自然应认定为没有主观故意。

（3）对“合理解释”的理解

不恰当地理解此处“合理解释”的法律定性可能会导致辩护观点的偏差，因此稍作说明。有学者认为合理解释是一种辩解权，是一种单纯的权利，但实际上有失偏颇，因为如果只是单纯的权利的话，不行使并不会产生不利后果，但此处却不然。那么解释和说明能不能等于“证明”？其实也是有争议的。虽然在民事诉讼中，事实推定即可导致举证责任的倒置，但刑事诉讼中通常是不存在举证责任倒置情形的（巨额财产来源不明罪等极个别罪名除外）。而且同一条法律条文在后段中又明确规定了“有证据证明确属受蒙骗的除外”作为另外一种排除推定的情形，又进一步证明了“合理解释”也不能完全等同于自证无罪。事实上，笔者认为，将归责于当事人的“解释说明”定位为既是当事人的辩解权，也是一种自我说明的义务——甚至是轻微的证明义务——是可以的，因为当事人的供述与辩解本就是法定证据之一种。只是一定不能再将此义务随意扩大。

2. 从推定的基础事实入手

推定的前提是必须确保案件基础事实的真实性，这是推定的前提和基础。基础事实包括“不正常的高额报酬是否真实存在”“是否真实存在逃跑、丢弃、藏匿物品的行为”“是否真实存在冲卡、抗拒检查的行为”，当然也包括“物品到底是不是行为控制和持有的”这样的事实。由于推定的不确定性，要求司法人员在实务中既要严格限定用以推定待证事实的基础事实，同时还要保证基础事实有足够的证据予以证明。在判断犯罪主观要件的符合性时，必须坚持从客观到主观的顺序，而不能相反；换言之，只有在查明了客观事实的前提下，才能用作推定的理由和前提，用来判断行为人的主观心理状态。主观明知的推定实际上要两步走，第一步是证明基础事实真实存在，第二步才是来看是否可以推定其明知，这两步是先行后续的关系。现实中有的侦查机关容易忽略对此类基础事实的物证、书证、视听资料和证人证言的收集，大多数证据仅为抓获经过中的描述或者警察目击证言。这样的证据是比较弱的，辩护时应当认真审查研究。

案例

保某是一个长期从事货物运输业务的大货车驾驶员，2009 年 7 月 15 日，其接到一单业务，是从昆明帮人运输一车家具到云南省瑞丽市。当其在瑞丽完成运输卸货后即到当地的货运信息部（专门负责帮人联系货运业务信息的中介机构）找了一单业务——从瑞丽运输一车木炭到昆明。7 月 16 日 18 时许，当保某将车开到托运人指定的地点装好木炭后，即驾车从 320 国道赶往昆明。当日 22 时左右，其驾车行至遮放路段时，停下车打算买水喝。可刚一下车即被公安人员抓获，并在其车上的其中一袋木炭中查出毒品海洛因 2 万余克。

在这个案件中，存在一系列指向保某不明知的事实情节：第一，其是第一次到瑞丽。第二，其是正常拉货到瑞丽后正常找货返程的（大货车是不可能放空返回的，一定会找一车货物再运回去，否则会亏损），并非不正常的专门到瑞丽去拉某车货。第三，其是通过信息部获取的运输合同，其与所有的相关人员（货主、信息部）事前均不认识。第四，装货的过程当中其并未下车查看（这也是惯例，货车驾驶员都是等别人装好了才会查看装货情况的）。但对其有一点不利的“事实”，侦查机关坚持称其有冲卡逃跑行为。侦查机关在《抓获经过》《情况说明》中，多次提到当天在设卡查辑的过程当中，发现一辆大货车，侦查民警即示意其停车接受检查，但该车不但不停车，反而加速驶去。民警遂驾车追赶，追出 10 余公里后才超上前去截停该车检查，果真查获毒品。对此，当事人的辩解是其根本没有冲卡，其看到有人在路边，但是便车便服，不知道是做什么的，其并没有明确看到其中有人示意他停车，所以就正常开过去了。他还进一步辩解他客观上也不可能冲卡，因为其驾驶的是拉载十多吨货物的大货车，走的又是老国道，冲卡也不可能跑得了。

在这个案子中，是否存在“冲卡逃逸、逃避检查”及其“逃跑”后的行为表现即是基础事实。这一基础事实是否真实存在、存在的原因等是影响判断其是否主观明知的最重要因素。而侦查机关常常使用让人很难查证的《抓获经过》和《情况说明》也是最常见的现实写照。

3. 明白推定的先天局限性

一方面，行为人的主观心理状态是客观存在的事实。但司法人员通过外在的行为人的具体行为推定其“明知”必然受到司法人员认知能力、社会经验和社会阅历的限制，使行为人主观心理状态的判断显示出了司法人员的个人价值取向，具有相当的主观性和局限性。这就导致不同的人对同一事实的推定理由和得出的结论是不一样的，甚至是截然相反的。

另一方面，在毒品犯罪案件中使用明知推定制度，实际上是一种无奈之举，因为推定的的结论永远存在不确定性，所以推定的运用实际上隐含着错案的风险，但又不得不用。因此，最高人民法院在司法解释和会议纪要中所列举的那些可以推定的情形，提出的判定方法，都不是肯定性的司法认知，而是在一定条件下的合理判断。也就是说，即便出现了一个或多个可供推定的情形，也不是可以直接认定明知和判定被告人有罪的“铁证”。

另外，笔者发现很多时候推定理由其实都是“双刃剑”，多换一角度看，就会发现它们不但不是据以推定为明知的绝对理由或高权重理由，**反而在很多时候会变成当事人不明知的理由。**

（1）执法人员在口岸、机场、车站、港口和其他检查站检查时，要求行为人申报为他人携带的物品和其他疑似毒品物，并告知其法律责任，而行为人未如实申报，在其所携带的物品内查获毒品的。

笔者曾到天津办理过的一个案件对于这个问题的看待角度是一个很好的例证：

案例

张某某是一个26岁的广东姑娘，案发前其在广州的一个“档口”从事鞋子类对外贸易工作。由于其贸易的主要对象是非洲地区，因此其在工作中就结识了很多非洲籍的贸易伙伴。案发前的一个星期左右，一个名叫丹尼尔的黑人“客户”找到她，称其兄弟在泰国设计了一批鞋子，样品现在马来西亚吉隆坡其兄弟史蒂夫手中，欲将样品带到广州来下订单，可是他自己（黑人）的签证到期了不方便过去。因此央求张某某帮忙去取，黑人承诺给往返机票全包，同时许诺给其8000美元报酬（其实临走时才给了300美元），而且样品取回来后，就在张某某处下订单。

后张某某依允，飞到马来西亚见到“史蒂夫”，拿到一个拉杆箱，其也打开检查过，确实就是十双鞋子的样品。所以她拿上箱子，根据丹尼尔给她买的机票，先飞到天津入境，再计划从天津回到广州。可是在天津入境的时候，海关工作人员从拉杆箱盖子两层布料之间的夹层中查获了重达20000克的高纯度海洛因。

张某某一审被天津市第二中级人民法院判处了死刑缓期两年执行，并处没收个人全部财产。公诉和判决的理由都集中在两个点上，其一当然是8000美元的报酬上，其二是张某某入境的时候明知为他人携带物品还走了无申报通道。

张某某故事的后续结果笔者放到本讲后半部分再续。此处单说判决所依据的第二个理由，看似完全契合，实则为风马牛不相及。稍加研究就能明白，海关所说的申报与无申报指的是纳税申报，规定的是从境外购买携带入境的货物超过一定的数额的，需要申报纳税，而如果如果携带入境的货物达不到此规定的金额的，则可以直接从无申报通过入境。它与“执法人员在口岸、机场、车站、港口和其他检查站检查时，要求行为人申报为他人携带的物品和其他疑似毒品物，并告知其法律责任，而行为人未如实申报，在其所携带的物品内查获毒品的”根本不是同一回事。

（2）“以伪报、藏匿、伪装等蒙蔽手段逃避海关、边防等检查，在其携带、运输、邮寄的物品中查获毒品的”同样是上面的案例，在箱包的夹层中查获了毒品，符合伪装藏匿的条件，但肯定不能机械的套用，而是要查明其物品的来源，以进一步认定伪装藏匿行为是否为该当事人所为，或其是否知情（看到别人伪装藏匿）。否则不但不能推定当事人明知，还能反过来推定当事人不明知，因为有可能是行为人隐瞒了当事人，让其在不知情的情况下受到利用。

（3）“执法人员检查时，有逃跑、丢弃携带物品或逃避、抗拒检查等行为，在其携带或丢弃的物品中查获毒品的”这种情形审查的重点是有没有证据能够证明丢弃行为。笔者曾办理过一个案件，侦查机关为了证明毒品系在案某当事人丢弃的，还做了一个侦查实验，但实际上其证明力是极低的。实务中可以从毒品包装上是否提取到了指纹、痕迹及DNA检材来进行证明。

（4）“为获取不同寻常的高额或不等值的报酬而携带、运输毒品的”这种情况在司法实践中非常常见。推定的原理是，行为人虽然称不明知所带的是毒品，但称帮人带该物品到昆明或其他地方，可得到数千元或上万元的报酬，这完全不符合当前社会生活中人际交往的客观实际，且违背常理。因此有人认为只要有证据证实行为人运输的物品是毒品，就可以运用推定的方式，认定其主观上对运输的物品为毒品的明知，在司法实践中这样简单认定粗暴处理的也非常多。但实际上能否推定明知还需结合本书前后文其他证据和事实予以综合判断。

（5）“采用高度隐蔽的方式携带、运输毒品的”，是指行为人采用隐匿于胸罩、内裤、鞋子的夹层、水果及各种器皿等别人不易发现的地方。但在实践中单有这种情形还不够，公诉机关往往还需要证明是谁将毒品隐蔽起来的，否则这种情形往往更能够当事人不明知，但有这样的案例，侦查机关在当事人所驾驶车辆的高度隐蔽处查获了毒品，但该当事人是不久前应聘到境外一个赌场工作的，车辆是雇主为其配发的工作工具，其主要工作是开着车到机场或内地去接赌客。这种情况下，如果没有其他证据进一步证明其明知，则更应该认定其为不明知。因此在推定其明知的时候还需要查明用以隐蔽毒品的物品的归属、来源、过程是有哪些人控制和支配过等。如在骆小林案中（案例见本书第 64 页倒数第一段），藏有毒品的车辆虽然是骆小林所有的车辆，但其一直稳定地供述该车在案发前的几天时间内有多人使用过。

（6）“采用高度隐蔽的方式交接毒品，明显违背合法物品惯常交接方式的”，如行为人将“货”放在没有人的地方，自己在附近观看，等候他人来取，一旦被抓，称不知为何被抓，也否认是其所放的毒品。此种情况，只要能证实毒品系该人所放，就可以推定其主观明知。对于这种情形，基础事实的证据可能是审查的重点，因为在很多时候只有抓获经过、情况说明证明是当事人放的，以及当事人“躲避、观望、行为异常、行迹可疑”等，证据的主观性很大。另外，其实交接方式和交接地点与证明明知的正相关性往往是比较弱的，这种情形的辩护关键是要解决交接地点和方式是否有当事人提供的合理解释。

（7）其他有证据足以证明行为人应当知道的

有检察系统和审判系统的同仁撰文指出，以下一些情形也可以推定其为明知，并在法庭对抗中屡屡提出这些推定的理由：

①“故意选择没有海关和边防检查站的边境路段绕行出入境的”；

②“采用假报、隐匿、伪装等蒙骗手段逃避邮检的”；

③犯罪嫌疑人、被告人所有物、住宅、院落里藏有毒品的；

④毒品包装物上留下的指纹与犯罪嫌疑人、被告人的指纹经鉴定一致的。

对于这几种情况，仍然可以用前述总结的证明力归类将其囊括，然后再加以说明其缺陷来加以反驳。

4. 结合常理常情及其他情节来综合论证

其一，要结合当事人的个体情况来进行分析。用基础事实进行推定的时候，并不能机械地以“一旦存在推定前提，即直接得出结论”，往往还要结合当事人的成长环境、阅历、知识、智力水平，以及依据其行为的过程、行为的方式、被抓获时候的行为表现、毒品交易的外部环境等，全面衡量犯罪嫌疑人、被告人的主体情况进行综合判定。因此在辩护中就当紧坚围绕这些方面进行论述反驳。如有的案件行为人称该物品是他人委托其从藏在山上或其他地方找出来后交给他人，并坚称主观不明知其所找的物品是毒品。这种情况下，虽然一般情况下可推定为明知的概然性很高，但也非绝对，还要结合个人文化水平、生活环境、个人见识阅历以及两人关系亲疏等来综合考量。通常认为，有毒品犯罪前科或吸毒史的人被推定为明知的可能性更大，有文化见识多的人比从未出过门目不识丁的人被推定的可能性大，在毒品犯罪案件多发地区（云南的某些边境、某些国家、金三角地区等）生活或生活过的人比一个从未出过远门的内地农村老人被推定为明知的可能性更大。还有当事人案发后的态度，如果当事人一开始就不承认箱包是自己的，而又有证据证明的时候，推定的概然性就更大。

其二，应综合全案进行分析判断，将多个指引规则连环组合使用，建立多个连结点，确保推定理由的准确、充分。单个看某一指引规则，如绕关避卡、获取暴利、行踪诡异等，若仅凭其中一个即推定明知，片面性十分明显。即使几个情形同时存在，也未必足以作出准确的推定。

据笔者的认识，间接故意认定为构成犯罪本身并无绝对的不妥，但却可能在实践中制造出一些（甚至普遍的）不公平甚至是冤错案件。即侦查人员、公诉人甚至是法官，经常会因此而采用一些带圈套性质的问话方式使当事人“中招”，从而使案件得以作出有罪认定。比如说，“……你觉得这合理吗？你觉得这正常吗？你觉得这解释得通吗？”很多时候，当事人在这种咄咄逼人的问话方式下，只能说（很多时候是违心地说）“不合理、不正常、说不通”。

很多时候，这种得出结论的方式其实是很有问题的，也是不一定客观的（对这类问题的辩护理由）。其一，人有一般人，也有“不一般的人”，这种问话（其实是推定方式）就如同说“他可是你的亲骨肉，你可能把他杀了吗？”一样，而很多情况下事实就是如此。其二，就算是一般人，并不是每个人在做每一件事情前都会仔细想清楚其合理性才去做的，否则就没有那么多人被各种低级的手段给诈骗了。其三，有些圈套所反映出来的理由，根本就不成其为理由，如这一句“你和他关系并不密切，只见过几次面，他就请你带箱子回老家，你觉得这合理吗？”这是什么道理？但当事人还是只得说，“不合理”。

（三）辩护技巧应用

理论总是繁复的，而实际操作却总是可以概括得简单明了。笔者认为，以下几个方面是做好主观明知辩点辩护工作的要点：

1. 在会见中树立起第一道屏障

如前所述，在现实中存在一种极为不好的现象，就是有侦查人员利用当事人不知道关于推定的法律规定这一信息不对称的现实，故意引诱甚至逼着当事人承认其在帮人携带箱包的过程中存在某种“可推定事实”，如承认收取或被许诺过不正常的高额报酬。

还有一种现实，就是侦查人员通过各种“你觉得这样正常吗”的问题，最终让当事人承认“我对这次帮人携带东西的行为怀疑过不正常，怀疑是违禁品”，进而最终说出怀疑可能有毒品。但当事人当初真的没有产生过这样的怀疑。

因此，律师在首次会见中，当了解到当事人真的是在不知道个中真相的情况下帮他人携带了物品，并在携带的物品中查获了毒品的。我们在会见中一定还要向他了解存不存在收受高额报酬、不正常绕道、在不正常的时间地点交接、自己对所带物品是否作过不正常伪装等事实。同时律师应详细为其解答如果存在上述事实可能被推定为明知的问题。经询问如果存在上述事实，则需要详细了解和帮忙整理他们的辩解理由，如果没有，则应告知侦查人员通常的审讯技巧，教其明白“雷区”在哪，千万不要不明不白地走进去。

笔者举两个实操案例来形象地说明一下，同样行为，两种天壤之别的结果是如何造成的：

案例 1

这是笔者 6 年前办理的一个案件，接手的时候已是二审：

湖北籍男子李某受雇在一家茶行工作，该茶行只有他一个员工。老板李某某是其表哥，经常不在店中。2012 年某日，其表哥打电话给他，说一会有个快递送来，让他接一下，并让他不要签自己的真名。接到后不要放到店里，而是站在路边等，其表哥会打车来拿。到时候不要递到其表哥手里，而是开后车门放着即可。后来就是在这个交接的过程中，表兄弟两人一同被抓，侦查人员在包裹中查区毒品海洛因 6000 多克（其实是包裹检查的时候就已查出，因此昆明的公安人员才会前来武汉抓获二人）。

到案后，首先是李某原原本本地交代了不签真名、不交到手里的事实，以前也帮接收过多次，也不签真名。还凭空讲了许多：茶行才开起来，根本没有生意，见过表哥吸毒，表哥开的工资比正常要高点之类的话。其次是在侦查人员的“开导”之下自作聪明地说出自己的各种怀疑、判断、猜想，说因为包裹是从云南来的，怀疑怕是他吸食的毒品。其实这些都是在到案以后反复地审讯后才展开的猜想，原来根本没多想过。可惜人家记录的时候只记录了“我怀疑”“我觉得不正常”“我猜测”，但根本没有记录是何时开始怀疑、觉得、猜测的。所以该案一审被判处了有期徒刑 15 年，上诉人后虽经努力辩护发回重审一次，但最终也没有获得无罪的结果。

案例 2

来自东北的当事人王某某在云南省保山市与一湖南籍朋友谢某合伙开了一超市。案发当天他一个人在超市里理货（还没开业），合伙人谢某通过微信视频聊天请他帮忙去一个地方拿一把车钥匙，拿到以后找到车，并把车停好，说等着过后会有一个人来取该车，交给她即可。其便关了超市门，骑上电动车去到指定的地方，经照片、视频等方式确认后找到了在此等候的一个外地妇女拿到了车钥匙。又在该妇女的指点下找到了一辆车，并把车开回超市打算就停在超市门口的停车位，正在停车的过程当中就被警察抓获，后在车辆的四个车门夹层中一共查区毒品海洛因 28 公斤之多。

笔者在会见王某某的过程中，了解完全部情况后，笔者着重对可能推定的事实对其进行了讲解。作为一名还算资深的刑事律师，笔者当然不会教他怎么讲，笔者只是告诉他法律规定如果有收受高额报酬、不正常绕道、不正常隐秘交接等情况存在的话，司法机关可能会推定你是明知的。并告诫其“你凭什么猜测你的合伙人当时正在境外啊？”最后告诉他侦查人员通常都会问哪些问题，他们的意义在哪里，他们想要的答案是什么，你要是这样回答的话可能带来什么问题。其一一领会，比如说，“为什么你接到的车并不是你朋友平时自己所开的车，你有没有想过有什么不正常？”“为什么送车来的人不直接送到超市来，而要你去接？”“为什么车和车钥匙是分开的？”“你和你朋友平时有什么经济往来没有，他有没有和你说过以后不会亏待你啊？”之类。回答通常都是“没有，没多想过，我觉得很正常”。

这个案件的结果比计划的还简单一些，笔者会见完以后即起草了一份法律意见书，详细论述了其不具备主观明知的要件及就当撤消案件的理由，同时又提交了一份取保候审申请书。笔者本来着计划侦查机关可能不会同意取保，并准备等案件提请检察院批准逮捕的时候还要认真地和检察官司沟通一番。没想到在报捕前的 5 天，经电话反复沟通，侦查机关同意给其办理取保候审手续了。就这样，这个被怀疑运输毒品 28 千克多的案件，已经可以判定提前终止在这里了。因此从这个角度说，律师在这类案件中的工作比法庭上的辩护具有更大的价值。

2. “证”“辩”结合才能发挥最大效力

本讲开头曾表达过一个观点，关于主观明知的问题也是最难辩护的一个辩点。因为部分司法工作人员对其判断的主观性太强了，客观归罪的思维太浓重了。辩护人曾无意中旁听到很多快速审结的运输毒品的案件（多数是在等待下一个庭的过程中旁听到的，这些基本都被判处了 15 年到无期不等的案件一般都会在 30 分钟之内完成审理过程）。在没有辩护律师帮助的情况下（他们有法律援助律师的，但笔者有相当充分的理由相信他们并没有得到应有的帮助），他们都会表达认罪，然后在辩解的时候诚恳地供述说自己真的不知道所携带的物品中藏有毒品，或者说他们不知道所携带的物品是毒品。但是他们的辩解并没有得到法庭认真的审查和重视，案件还是快速地审理完毕了（同样地，有资料表明有律师的案件的不批捕率是无律师案件的 3 倍，似乎也能说明这点）。每次看到这样的案件，笔者总是心头一紧，因为笔者的第一感觉是这些案件当中有相当一部分当事人说的是真实的。

有律师辩护的案件也一样，辩护律师们常常会发现，对主观明知的认定控辩双方往往是各说各有理。他们自认为对这一辩点的说理尤其充分，但获得法庭认可的却少之又少，总有一种拳头打在棉花上，找不到着力点的感觉。

针对这种情况，笔者总结的观点是单纯的辩护说理力度太弱，而增加说服力度最好的方法是证据。当然啦，直接能证明其主观不明知的证据其实是不太可能有的，但我们可以从其他角度着手，比如证明其供述的其他部分的真实性以间接证明其供述的可信性，比如从其案发前的证据证明其受蒙骗的可能性大，以及证明其不太可能有犯罪的动机等。

笔者同事李春光律师办理的在当时名动全国的“骆小林运输毒品案”中（此案也被列为了最高人民法院的指导案例），骆小林独自一个人驾车从云南的西双版纳返回四川，途经云南省普洱市宁洱县的公安机关检查站时，从其中一道车门的夹层中查获了毒品 5 公斤。本案中对其极为不利的因素是，其是第一次到云南，查获当时其车上只有其一人，其供述是别人包车旅游的说法无从查证，且包车的人凭空不在车上也不符合常理。所以其一审就被判处了死刑。本案真正的转机来自二审过程中其家属突然收到了来自高速公路交警的违章通知书——在高速公路上超速违章（当时还称为违章）。律师得此如获至宝，马上去交警部门调取了清晰的监控照片，照片显示车上除了驾驶员骆小林外，确实还有四名乘客。由此证明骆小林所供述的有游客包车旅游极有可能是真实的，同时也说明了其供述的在版纳客人用过他的车，后客人借故让其先行回去也有可能是真实的。同时还证明了其来滇时间，行进路线等的供述也是真实的。有了新证据，案件的结果就风回路转：发回重审，退回补充侦查，最后撤回起诉。

这份证据真的能证明其不明知吗？当然不能。但是它至少证明了骆小林不是一个人毫无来由地开车从四川跑到云南边境，然后又毫无来由地回去，然后车上就毫无来由地多了5公斤毒品。它证明了另一个版本故事可能为真的“较大可能性”，同时也符合用客观证据验证主观（言词）证据的司法证明逻辑。

前面说到的广东姑娘张某某因为帮助非洲黑人携带箱子回中国，在天津被法院一审判处了死缓的案例。现实的情况就是其确实承认过黑人许诺过给其8000美元报酬的事实，这个钱在当时相当于5.6万元人民币。认定其为“明显不合理的高额报酬”似乎也很难反驳，针对这个难题，辩护人（笔者和李春光律师）反复向当事人了解了其平时的生活、工作细节。之后我们安排了一个律师团队前往广州调查取证,第一项证据是我们在其家中找到张某某使用的电脑，下载其QQ聊天记录（其中有显示张某某和其朋友提起过要去马来西亚帮黑人拿鞋样，朋友提醒她要注意安全，黑人不可靠，其也回答说会多加留心，一定会开箱检查确定没有什么违禁物品了才会带走）。第二项是到其公司调取其工资收情况的证明，以说明其一年稳定的有18万元左右的收入，不太可能会为了区区8000美元铤而走险。第三项是向其前同事进行走访调查，证明其个人生活健康、节俭、无赌搏等不良嗜好，也没有什么过重的生活负担（其通过在广州十来年的奋斗，已经在广州买房，但房贷仅2000多元每月）。

通过上述证据及律师的辩护，遗憾的是，法庭并没有改判其无罪（那个年代，有人认为无罪判决事实上已经消失了20年了）。有幸的是，在没有任何量刑情节的情况下二审法庭将其改判为有期徒刑10年（众所周知的，走私此种毒品50克的起点刑就是15年）。

综上所述，在我国司法实务中，主观明知是一个采信标准上与理论界不一致，证明标准上还存在一些有关客观归罪，甚至部分有罪推定，辩护上难度很大的非常重要的辩点。希望本讲能提供些许帮助。

第六讲　言词证据与案件事实

——如何在毒品犯罪中提炼言词证据

一、口供

（一）口供有何特点

口供，即被告人的供述与辩解，其全称是犯罪嫌疑人、被告人的供述与辩解。

口供的第一个特点是内容十分丰富：从主观犯意到客观行为，再到客体，几乎无所不包，所证明的对象十分宽范。如在毒品未被查获的情况下，可依据口供来认定毒品犯罪行为的存在。

口供的第二个特点是关联性强，也因此被称为“证据之王”。

口供的第三个特点是常受个人主观心态和外来因素的干扰，故其稳定性差、客观性也难以保障。由此，我国《刑事诉讼法》针对口供的合法性问题确立了两大非法证据排除规则，同时在证明力问题上确立了口供印证和口供补强规则两大规则。

（二）非法口供排除规则

对于非法口供的排除问题，我国确立了强制性排除和可补正排除两大规则：

1. 强制排除规则，意指某些有程序瑕疵的口供可申请法庭作为非法证据直接强制排除。适用此规则的情形有四种：

一是以刑讯逼供等非法手段获取的口供。刑讯逼供的方式要么是使用肉刑或变相肉刑；要么是使被告人在肉体上遭受疼痛或者精神上遭受痛苦。最高人民法院于2013年发布的《关于建立健全防范刑事冤假错案工作机制的意见》将上述规定进一步具体化规定为“……冻、饿、晒、烤、疲劳审讯等非法方法……”需要提示的是，根据目前规定，“威胁、引诱、欺骗”获取的口供虽然并没有被明确列为需强制性排除的口供，但根据陈虎教授等人的观点，此情形应为法官自由裁量之范围。故是否排除这类口供，还需由法官结合个案决定。

二是讯问笔录未经当事人核对。这种情形比较普遍，一旦被告人主张其未看过笔录就直接被强制签字，且笔录内容与其供述不一致，这一“排非点”就应被提出来审理。这里最直接有效的审查方法是核对同步录音录像，如果录音录像显示确实没有核对的过程，就应当要求强制排除。

三是没有当事人签字。需注意的是，只要没有被讯问人签字就应当直接强制排除，而无须核对同步录音录像（即便同步录音录像显示是合法取证且供述内容与记录一致，也不应采信），更不能以类似其他笔录类证据中的“当事人拒绝签字的，侦查人员可以在笔录中记录”字样，来赋予或补足其证据效力。

四是讯问聋哑人或者不通晓当地通用语言文字的人，没有依法为其提供翻译。（注意并未规定未成年人未通知监护人到场）

2. 可补正排除规则，即存在以下瑕疵的证据，可以要求侦查人员作出补正或解释说明，能够补正或作出合理解释的，可以采信为定案依据，反之则应排除。可补证排除主要针对一些记录上和程序性的瑕疵，其可分为三种：一是讯问笔录填写的讯问时间、讯问人、记录人有误或者存在矛盾的；二是讯问人员没有签名；三是首次讯问没有记录告知相关权利和法律规定的。

（三）口供印证规则

这一规则主要用于解决一个司法实践中的常见难题，即在一个案件中，同一当事人在侦查阶段的多份供述不一致、庭前供述与当庭供述不一致甚至截然相反，证据如何采信的问题。一直以来，对于这个问题，相当多的司法工作人员甚至律师，其内心以及行动上都遵循一个认定标准——只要当事人承认犯罪，就基本上采信其承认的口供作为定案的依据。虽然从心理活动上看，此认定标准有一定合理性，但其实该标准的出错概率非常高。根据 2012 年《最高人民法院关于适用〈中华人民共和国刑事诉讼法〉的解释》（以下简称《刑事诉讼法解释》）所确立的口供印证规则，无论是采信当庭供述、庭前供述，还是具体某一份供述，其采信标准只看该证据是否得到了其他证据的印证，若未得到印证，则不能采信。[1]

（四）口供补强规则

口供补强规则是口供印证规则的另一个方面。

我国《刑事诉讼法》规定："只有被告人供述而没有其他证据的，不得定罪判刑"。2012 年的《刑事诉讼法解释》规定，根据被告人供述提取到了隐避性很强的的物证、书证，且被告人供述与其他证明犯罪事实发生的证据互相印证，并且排除串供、逼供、诱供等可能性的，可以认定被告人有罪。以上即关于口供补强规则的规定。补强规则包含于印证规则当中，但又有所区别，其二者区别在于印证规则是证据与证据之间的相互佐证，共同证明某个案件事实。而补强规则则是以口供为中心，用其他证据来证实口供的真实性。通俗理

[1]《刑事诉讼法解释》第 83 条：审查被告人供述和辩解，应当结合控辩双方提供的所有证据以及被告人的全部供述和辩解进行。被告人庭审中翻供，但不能合理说明翻供原因或者其辩解与全案证据矛盾，而其庭前供述与其他证据相互印证的，可以采信其庭前供述。
被告人庭前供述和辩解存在反复，但庭审中供认，且与其他证据相互印证的，可以采信其庭审供述；被告人庭前供述和辩解存在反复，庭审中不供认，且无其他证据与庭前供述印证的，不得采信其庭前供述。

解，印证规则是“谁能证明这个事是真的”，而口供补强则是“谁能证明你说的是真的”。

在办案中适用口供补强规则时，需要注意实务中容易被误解的一个问题。举例说明，侦查人员在一辆从甲地开往乙地的大巴车的空座下面搜到一包毒品。经过现场盘问乘客甲交代了该毒品是其携带上车并藏匿于此的，甲详细地交代了事件的整个过程，并且供述一直稳定，那么，此种情形是否属于“只有口供而无其他证据印证”的情况？即甲的口供在没有指纹、证人证言等其他证据时是否需要补强？能否认定甲构成其所供述之罪？

对这个问题，从直观感觉来看，我们无法作无罪辩护，且事实上要作无罪辩护也不可能成功（排除非法取证等可能性）。但在实践中，笔者发现许多律师只会援引上述“只有口供不能定案”的规则进行辩护，或是咨询这种情况为何能够定罪。此时，规则与现实又一次发生了脱离。

对此，陈瑞华老师的观点认为，一般而言，只有被告人的供述包含了全部犯罪构成要件事实的情况下，才有口供补强的必要。而如果其只供述了犯罪构成要件的某一方面，则不需要补强也可认定。[1] 申言之，在上述案件中，若侦查人员在甲家中查获了毒品500克，且甲也如实供述毒品是本人出资购买，并用于贩卖的，我们基本上可以认定其构成贩卖毒品罪，而不能说关于“贩卖”的供述没有得到补强（或印证），只能认定为非法持有毒品罪。

二、证人证言

（一）证人证言的局限性

这里我们主要从质证的角度研究证人证言的局限性：

首先，呈现在法庭上的证人证言都是侦查人员或公诉人单方面对证人所

[1] 陈瑞华：《刑事证据法学》，北京大学出版社2012年版，第248页。

作的询问记录，被告人、辩护人及法官都没有参与这一过程，故证人证言极可能有较大的片面性。[1]

其次，取证人员会要求证人按照自己的意思进行陈述，而取证人员可能自己也未曾意识到以上事实。因此，证人完全有可能作出不可靠的陈述。

最后，证人证言通过侦查人员及公诉人的传播、转述、文字记录等信息加工过程，过程中难免发生许多“走样”，如此便使其客观性大大降低，也正因如此，证人证言在英美证据法中被视为传闻证据。

（二）证人证言的审查与“排非”

与被告人供述与辩解一样，最高人民法院《刑事诉讼法解释》对证人证言确立了强制性排除和可补正性排除两种规则。

1. 强制性排除的情形

一是侦查人员以暴力、威胁等非法手段取得的证人证言。此种情况虽然没有明确规定，但当前普遍接受的观点为，对证人的欺骗、引诱都应属于强制性排除的情形。二是询问证人时未个别进行而取得的证言。三是没有经证人核对并确认签名（盖章）、捺指印的书面证言。四是询问聋哑人或者不通晓当地通用语言、文字的少数民族人员、外国人，应当提供翻译而没有提供而获得的证人证言。

2. 证人证言可补证排除的情形

第一种是记录瑕疵，即询问笔录没有填写询问人、记录人、法定代理人

[1] 例如，在上述关于大巴车藏毒的案件中，我们能看到这样的笔录：“问：你们参与运输的这批毒品是谁的？答：是甲的。”除此之外，便没有更多信息。但到了法庭之上，情况可能变成了这样：“问：你们参与运输的这批毒品是谁的？答：是甲的。问：你是依据什么来判断这些毒品是第一被告人的？答：我自己认为的，因为是他约我来运输的。问：你有没有听说过什么或看到过什么来证明毒品就是第一被告人的？答：我们没有交流过，我没听说也没看到过。问：那也就是说这是你自己判断的，甚至可以说是你猜测的？答：是的。”这就是证人证言片面性的最好体现。

姓名或者询问起止时间、地点的。第二种是地点不符合规定。[1]第三种是询问笔录没有记录告知证人有关作证的权利义务和法律责任的。第四种是询问笔录反映出在同一时段，同一询问人员询问不同证人的。

3. 证人证言的印证规则

实践中，同一证人的证言相互矛盾的情况并不少见，如果找不出证据本身客观性及合法性方面的问题，在面对这种前后内容截然相反的证人证言时该如何取舍，并且该在裁判文书和辩护意见中说理，是一个司法难题。

在之前的司法实践中，法官和辩护人往往采用两套对立的观点，法官多采用对被告人不利的证据作为裁判依据（没有说理，凸显了根深蒂固的打击犯罪优先的思想）。而辩护人多主张采信对自己当事人有利的内容作为定案依据，并能说出“存疑时对被告人有利原则”作为理论依据的支撑。

但其实，上述两种做法都是错误的，前者自不待言，只说后者，我们国家的司法解释也没有采用是否有利于被告人的原则来确立采信标准。而是使用了与被告人供述一致的“印证规则”。即如果证言中的某个内容能与在案的其他证据——如被告人供述、其他证人的证言或者其他证据能够相互印证，且排除违法取证等可能性的，即可采信，而不能印证的那部分则不能采信。

另外，此处所说的印证只能是与其他证据相互印证，而不能与同一证人的其他语言或者辨认笔录相互印证。换言之，不能因为某一内容的证言说过多次，而相反内容的证言只说过一次，就自然地认为反复重复说的为真，而只说一次的为假。虽然以上做法在实践中也不在少数，但不可否认，这是一种错误

[1]《刑事诉讼法》第122条：“侦查人员询问证人，可以在现场进行，也可以到证人所在单位、住处或者证人提出的地点进行，在必要的时候，可以通知证人到人民检察院或者公安机关提供证言。在现场询问证人，应当出示工作证件，到证人所在单位、住处或者证人提出的地点询问证人，应当出示人民检察院或者公安机关的证明文件。”

的做法。

4. 辩点整理：如何用证人出庭作证的规则来否定书面证言的效力？

在司法实践中，如果辩护人申请通知证人出庭作证，而法庭同意并通知，以及通知后证人会真正出庭的情况并不多。而根据《刑事诉讼法解释》第 78 条第 2 款的规定，经人民法院通知，证人没有正当理由拒绝出庭或者出庭后拒绝作证，法庭对其证言的真实性无法确认的，该证人证言不得作为定案的根据。同时最高人民法院、最高人民检察院、公安部、国家安全部、司法部《关于办理死刑案件审查判断证据若干问题的规定》第 15 条规定，具有下列情形的证人，人民法院应当通知出庭作证；经依法通知不出庭作证证人的书面证言经质证无法确认的，不能作为定案的根据：人民检察院、被告人及其辩护人对证人证言有异议，该证人证言对定罪量刑有重大影响的。

因此，当出现同一个证人的证言前后矛盾的时候，我们可以申请通知证人出庭作证。如果证人不到庭，我们即可以此为理由要求不采信该证人的证言。例如，在某涉黑案件中，公诉机关指控某当事人于多年前持刀故意伤害他人并致其重伤。在案卷中，被害人的笔录即存在前后不一致的情形。辩护人同时了解到，该被害人已经找不到。便向法庭申请通知该证人出庭作证，庭审当天，该证人果真没有到庭。经过辩护，法庭最后便以此规定为由，认定该起指控事实证据不足，不予认定。

第七讲　提取与保管

——提取、扣押、保管、称量、鉴定的有效质证（一）

一、证据原理

通俗来说，侦查机关在与被告人相关联的某个地方（身体外部、体内、行李物品、住所、交通工具等）查获了毒品，并从查获地点带回办案机关所在地，最后定性定量、作为指控被告人的证据——在以上过程中，“毒品”同时发生了空间上的位移（有的长达数千公里）及时间上的变动（从查获到得出鉴定结论需要二十余天至数月不等，如果重新鉴定则可能超过数年时间）。

由于当事人、辩护人、检察官和法官都没有亲身参与整个过程，因此他们都有理由提出这样的疑问：有何种理由说明用来鉴定的毒品就是当初从被告人处查获的毒品，该毒品与其他案件的毒品混同过吗？有被污染过吗？有遗失过吗？换作法律术语，如何确保物证的同一性？类似这样有关物证的问题，就需要一系列的证据加以证明，让法官清楚整个侦查过程。现在我们按照侦查的时间顺序将可能涉及的所有证据材料及其作用梳理一遍：

1. 搜查、检查、勘验材料：这部分证据在找到毒品的过程中产生，并同时用于证明毒品所处的原始位置和状态，包括位置、包装、形态等。这是建立所查获毒品与当事人之间关联性的第一步，也是后续核实侦查措施是否合法有效的前提基础。

2. 指认材料：用于确定毒品与当事人的关联性。侦查人员让当事人对查获的现场进行指认，并让当事人第一次直接面对着找到的毒品承认“这个毒品就是我的，它是这个样子的”（证据固定）。如果毒品未现场完成取证工作，在另一时间、另一地点再次打开来取证时，需要在解除封存后再次进行指认，此时的指认通常会发生在侦查机关的办案场所或当事人的羁押场所。

3. 提取、扣押手续：将毒品转移至侦查机关控制之下。

4. 封存、解封记录材料：将现场查获的毒品带回侦查机关，并证明在这个过程中（毒品离开被告人的视线后）毒品是原物，未发生增减等任何变化。

5. 称量、鉴定（包括为鉴定而进行的提取检材工作）：将实物性证据转化为文字性证据。

6. 存档备查（以备证据需要重现时所用）：入库保管。（如果需要重新称量、重新取样鉴定的，此过程非常重要。）

7. 毒品完成其作为证据的使命后须销毁，当然这部分并不是侦查行为，也不作为证据来呈现，所以案卷中没有相关材料。

由于以上的系列证据是一个链型结构，任何一个环节出现问题，就会导致最终指控结论的证据不足。据上，我们可以直观地看出，在案证据中的哪一环节有问题，同时由这些问题所导致的结论缺陷有哪些。如果某一环的证据材料缺失，我们可以直接得出结论；但如果某环节有相应证据，我们就需要直接、快速地判断证据是否具有可采信性及其理由。

二、证明毒品来源的证据

（一）搜查

1. 概念：搜查指为了收集犯罪证据、查获犯罪人，侦查人员可以对犯罪嫌疑人以及可能隐藏犯罪证据之人的身体、物品、住处和其他相关地方进行搜查。

2. 证据形式：搜查形成的证据就是搜查笔录，做得更加完备的还需附有照片和搜查过程的录像。

3. 证据审查，对搜查笔录“三性”的审查可归纳为：审批程序、搜查主体、示证、见证人，记录材料。

（1）审批程序：由于搜查是一种侵害他人人身权、住宅权及居住安宁的行为，所以需要经过严格的审批程序，否则该行为即为违法。《公安机关办理刑事案件程序规定》明确规定起动搜查需要县级以上公安机关负责人批准。但是审批的文书通常不会附卷，通常是《搜查证》。

（2）搜查主体：只能是侦查人员，而且不能少于二人[1]。搜查妇女身体需要由女工作人员进行。

（3）持证与示证：进行搜查，必须向被搜查人出示搜查证。但在执行逮捕、拘留的时候，遇有紧急情况，不另用搜查证也可以进行搜查。此处所说的紧急情况，包括可能随身携带凶器的，可能隐藏爆炸、剧毒等危险物品的，可能隐匿、毁弃、转移犯罪证据的，可能隐匿其他犯罪嫌疑人的以及其他突然发生的紧急情况（《公安机关办理刑事案件程序规定》第 219 条）。

（4）见证人：在搜查的时候，被搜查人的家属并不是必须在场，但为了保证搜查行为的客观性，法律规定应当有第三方人员在场作为见证人，他们可以是被告人的邻居或者其他见证人。

（5）搜查笔录和清单：搜查的情况应当写成笔录，搜查笔录上应当由侦查人员和被搜查人或者他的家属、邻居或其他见证人签名或者盖章。如果被搜

［1］《公安机关办理刑事案件程序规定》第 218 条规定：进行搜查，必须向被搜查人出示搜查证，执行搜查的侦查人员不得少于二人。

查人或者他的家属在逃或者拒绝签名、盖章，应当在笔录上注明。也就是说，对笔录的要求是，首先，现场性，笔录要求现场制作，现场签字确认，而不能后补；其次，当事人或其家属不在场或其拒绝签字的，应当注明，但见证人是必须的程序要件。

（二）勘验

勘验是一种向法庭呈现有关现场情况的侦查手段，其作用主要是向法庭呈现“现场发生了什么，是如何发生的”。所以通常是以笔录、照片（或视频）加上绘制的现场图作为证据载体的。对勘验（行为和材料）的质证要点为：勘验主体、记载材料、见证人。

1. 勘验的实施主体：通常是侦查人员且不少于二人，但这也不是绝对的，因为在必要的时候，可以指派或者聘请具有专门知识的人，在侦查人员的主持下进行勘验、检查。但由此可以看出，首先，侦查人员是必须在场的，要么亲自勘验，要么主持勘验。其次，“聘请”一词说明勘验人员可以从侦查人员之外聘请，但前提是须有专门知识，包括刑事技术人员、法医人员、司法鉴定人员，等等。

2. 证据载体及见证人：按照《公安机关办理刑事案件程序规定》的规定，勘查现场所制作的现场照片、现场绘制图和勘验笔录，都需要由参加勘查的人和见证人签名，录像并未要求签名（可能是没法操作）。这说明，签名和见证是必须要有的。

（三）检查

检查是和勘验相对的一个侦查手段，只不过勘验针对的是场所，而检查针对的是人身。根据《公安机关办理刑事案件程序规定》中的内容，除了通常理解的对人身体样貌特征的检查外，提取指纹信息、采集血液、尿液等生物样本等从人身体（包括尸体）上取样的行为，也可以归类为检查。如果从这个角度说，通过 X 光检查发现体内藏毒及排毒的过程也可以归为检查。

对检查（行为及证据）的质证要点有批准、见证人、笔录及签名等。

1. 检查分为自愿检查和强制检查两种，强制检查（当事人拒绝检查）的，需要经过公安机关负责人批准。

2. 检查的过程需要有见证人在场见证，这是必备条件。

3. 检查的情况应当制作笔录，由参加检查的侦查人员、检查人员、被检查人员和见证人签名。被检查人员拒绝签名的，侦查人员应当在笔录中注明。

（四）提取、扣押

前述“搜查、检查、勘验”是发现证据和固定证据的方法，而提取和扣押是两种采集证据和固定证据的方法。我国《刑事诉讼法》及其司法解释并没有像搜查、检查和勘验那样专门规定证据提取程序，但似乎有将其归为搜查、检查、勘验行为延伸部分的意思，即在搜查、勘验、检查过程中发现证据的，可以提取并记录过程，此即为提取笔录。又可以将其归为与“查封、扣押、冻结”并列的一种采集证据的手段。对有体物、违禁物、赃物用的是扣押，对痕迹（如指纹、血迹等）或对案外人则用提取（如向证人、向某机关提取等）。

《办理毒品犯罪案件提取、扣押、称量、取样和送检程序若干问题的规定》第 4 条第 2 款规定，“侦查人员对制造毒品、非法生产制毒物品犯罪案件的现场进行勘验、检查或者搜查时，应当提取并当场扣押制造毒品、非法生产制毒物品的原料、配剂、成品、半成品和工具、容器、包装物以及上述物品附着的痕迹、生物样本等物证”，这又将提取作为搜查检查勘验的延伸程序及扣押的前置程序，作为两种手段的过程和衔接。以下为提取、扣押程序的质证要点：

1. 反映原始状况，防止污染和混同：提取、扣押时，不得将不同包装物内的毒品混合。现场勘验、检查或者搜查时，应当对查获毒品的原始状态拍照或者录像，采取措施防止犯罪嫌疑人及其他无关人员接触毒品及包装物。

2. 必备见证人：毒品的扣押应当在有犯罪嫌疑人在场并有见证人的情况下，由两名以上侦查人员执行。

3. 载体为笔录加清单，可以附照片或录像：毒品的提取、扣押情况应当制作笔录，并当场开具扣押清单。笔录和扣押清单应当由侦查人员、犯罪嫌疑人和见证人签名。犯罪嫌疑人拒绝签名的，应当在笔录和扣押清单中注明。

对体内藏毒的案件，公安机关应当监控犯罪嫌疑人排出体内的毒品，及时提取、扣押并制作笔录。笔录应当由侦查人员和犯罪嫌疑人签名；犯罪嫌疑人拒绝签名的，应当在笔录中注明。在保障犯罪嫌疑人隐私权和人格尊严的情况下，可以对排毒的主要过程进行拍照或者录像。必要时，可以在排毒前对犯罪嫌疑人体内藏毒情况进行透视检验并以透视影像的形式固定证据。

4. 实施主体：侦查人员或侦查人员加医生。体内藏毒的犯罪嫌疑人为女性的，应当由女性工作人员或者医师检查其身体，并由女性工作人员监控其排毒。

（五）指认

在侦查实践中，指认包括对物品的指认和对现场的指认两种。与毒品案件相关的主要是对物品（毒品）的指认，此又分为两种，第一种情形是在查获的现场，将毒品摆放在地上，让行为人指认。其作用实质上是对所查获和提取到毒品进行确认，“这个东西是我的”，或者“这个毒品是从我的 ×× 处查获的”。第二种情形是，当毒品发生了位移，如没有在第一现场进行称量和取样，需要带到办案机关的办案场所进行称量和取样的，侦查人员通常会组织进行一次指认，意思是让当事人确认“这些东西就是从某地查获带到这里来的，数量形状样貌性质都没变，我认可”。

一个非常有意思的情况是，现场指认虽然一直在刑事侦查中被广泛应用，毒品指认在涉毒品案件中也被长期广泛使用，但是这种侦查措施却没有法律依据，换言之这是一种非法定的侦查行为。我国《刑事诉讼法》及其解释、《公安机关办理刑事案件程序规定》和《人民检察院刑事诉讼规则》都没有关于类似指认的规定。而上述规定中的辨认措施与这里的指认显然不是一种措施，因为辨认（不论是对人、照片还是物品）都是要将辨认对象放到若干（数量有严格要求）同类物品中来时行辨认的，而且要个别进行且不能暗示，等等。

有人深入分析法律法规没有将侦查机关一直沿用下来的“指认”措施纳入规定范围的原因，认为一个原因是这种措施的运用常常有指供嫌疑。“指认”时犯罪嫌疑人常常处于多名侦查人员的包围之中，指认过程中，侦查人员往往还会进行拍照，拍照的画面一般都是犯罪嫌疑人戴着手铐，双手抬起，其中一只手指着某一涉案物品或某一地点，面部朝向照相机的“标准像”。这种指认，不一定是当事人的真实意思表示，而且，在这种指认中，侦查人员不是暗示，往往是直接明示，甚至是指示。也不告诉当事人指认的意思是什么，只让其指着物品拍照即可。另一个原因是指认对象的单一性直接影响着指认结果的可靠性。但不管怎么说，当我们在辩护中需要不认可指认的法律效力的时候，上述理由已经比较充分了。

（六）对上述证据的审查与质证

对前述几类证据，我们已经分别梳理出其在证据审查时应当注意的问题。但并没有回答一个问题：如果上述证据真出现了这样那样的程序违法的问题，后果是什么？什么情况下证据是不能采信的，而又什么情况下上述证据是可以“带病使用”的，它们的分野在哪里，理由又是什么，此处笔者将着重厘清这些问题。

1. 搜查、检查、勘验、提取、扣押证据材料整体审查方向。对搜查、检查、勘验、提取、扣押的证据审查要分两个角度：侦查行为的合法性审查及证据本身的审查。侦查行为的合法性审查在讨论各分项证据时均已归纳（审批手续、侦查主体、见证人等）。

第二个角度是证据材料本身的审查，包括：

（1）材料的完整性：如规定要求必备的笔录、清单、照片、录像，是否有缺少某一种或多种材料。

（2）材料的形式：是否符合法定的名称、形式，签名、盖章的真实性与完整性又如何。

（3）相关性：主要是从前两个条件影响和决定的，例如完整性和形式的不足是否造成其无法达到证明目的，或无法充分达到证明目的。例如，虽有搜查笔录和毒品提取笔录，但是没有照片，无法反映毒品原始的样貌、包装、数量的，此时证据的证明力就弱。《刑事诉讼法解释》规定的影响内容证明力强弱的有“是否记录了提起勘验、检查的事由，勘验、检查的时间、地点，在场人员、现场方位、周围环境等，现场的物品、人身、尸体等的位置、特征等情况，以及勘验、检查、搜查的过程；文字记录与实物或者绘图、照片、录像是否相符；现场、物品、痕迹等是否伪造、有无破坏；人身特征、伤害情况、生理状态有无伪装或者变化等；……”

2. 搜查、检查、勘验、提取、扣押证据材料的排除规则。《刑事诉讼法解释》第 73 条规定：“在勘验、检查、搜查过程中提取、扣押的物证、书证，未附笔录或者清单，不能证明物证、书证来源的，不得作为定案的根据。物证、书证的收集程序、方式有下列瑕疵，经补正或者作出合理解释的，可以采用：（1）勘验、检查、搜查、提取笔录或者扣押清单上没有侦查人员、物品持有人、见证人签名，或者对物品的名称、特征、数量、质量等注明不详的；（2）物证的照片、录像、复制品，书证的副本、复制件未注明与原件核对无异，无复制时间，或者无被收集、调取人签名、盖章的；（3）物证的照片、录像、复制品，书证的副本、复制件没有制作人关于制作过程和原物、原件存放地点的说明，或者说明中无签名的；（4）有其他瑕疵的。对物证、书证的来源、收集程序有疑问，不能作出合理解释的，该物证、书证不得作为定案的根据。”

由此可见，首先，我国《刑事诉讼法解释》对于搜查、检查、勘验、提取、扣押的排除规则有两种：一种是直接排除（法定排除规则），另一种是可补证的排除（自由裁量排除）规则。

第一种，直接排除（法定排除规则）。简言之，如果在勘验、检查、搜查过程中提取、扣押的物证、书证，未附笔录或者清单，不能证明物证、书证来源的。直接排除，不能补证（实际上也无法补证），也不能通过所谓合理的解释说明而赋予其证据资格。

第二种，可补证的排除。即出现该条规定1~4种情形时，可以补证和说明。简言之，形式上的瑕疵属于可补证的排除。

另外，虽然法律没有明文规定，但由于我国对物证书证的采信原则基本采用的是真实性原则（合法性本身并不是直接排除的理由，而只有不合法取证带来真实性不能判断时，才是排除的理由）。因此诸如没有审批的搜查和强制检查、搜查检查妇女没有由女性工作人员进行等单纯的合法性问题都属于可补证的排除范围。

3. 没有见证人或者见证人不合格的法律后果是什么？前述司法解释中只规定了“没有见证人签名”的情况属于可补证的排除情形。但并未规定如果直接没有见证人的情况下证据如何采信的问题。这也是辩护中非常常见的问题，以下笔者着重整理以资参考。

（1）对见证人的身份要求。《刑事诉讼法解释》第67条规定，以下这几类人——生理上、精神上有缺陷或者年幼，不具有相应辨别能力或者不能正确表达的人；与案件有利害关系，可能影响案件公正处理的人；行使勘验、检查、搜查、扣押等刑事诉讼职权的公安、司法机关的工作人员或者其聘用的人员，不得担任刑事诉讼活动的见证人。见证人，即司法机关根据需要邀请的到场观察监督某项诉讼行为的实施的主体，其存在的意义主要是证明诉讼活动是否合法。实践中侦查机关对在侦查活动中的见证人大多数为“职业见证人”，而所谓的职业见证人，即主要是公安机关的临时工、协警等，也包括与公安机关存在长期见证合作关系的人。按上述规定，这种在实践中最为常见的“职业见证人”做法显然是违法的。

（2）没有见证人行不行？上述条文的第 2 款规定：由于客观原因无法由符合条件的人员担任见证人的，应当在笔录材料中注明情况，并对相关活动进行录像。

（3）见证人不适格或没有见证人且未录像的后果：一方面，如前所述，我国对证据采取的是实质真实原则，而不是单纯的形式合法原则，而法律并没有规定此种情况为直接排除的情形。另一方面，见证人的作用就是为了保证搜查、勘验、检查行为的客观。因此笔者认为，此类情形仍然属于可补证的排除。如果侦查机关可以通过补证和说明证实了当时所取得证据的客观真实，仍然是可以采信的。如果证实不了，则应当排除。

（4）见证人问题的审查与发现。第一，可以看见证人进行见证的时间是否反常。如半夜三点，在犯罪嫌疑人自己的家抓获、搜查、扣押。但见证人既不是家属也不是邻居。这种时候公安又是如何找到见证人的就是一个值得怀疑的问题。第二，见证人见证的地点是否反常。比如，当事人在 A 市 B 区某地被抓获，但见证人的居住地址是 B 市 A 区，相差数公里，为何会去 B 区进行见证？第三，对比见证人进行见证的次数来判断。如某一见证人在每一程序上均进行了见证，次数频繁，且每次见证的时间中间相隔较长。同一名见证人在封存、称量、提取检材的数个程序中均参与了见证，且封存与提取检材的时间相隔数天之久，那么，这就值得怀疑：哪个见证人会如此随传随到地配合公安机关调查？

4. 关于何为“补正”及“合理解释”，以及应当补正到何种程度，合理解释是解释什么等问题，详见本书《毒品犯罪案件的证据及其构架》一章。

5. 质证方法。本书一直强调的质证方法是，传统的仅仅在法庭上发表质证意见基本很难达到效果，往往是说说就过了。需要引起法庭重视甚至在法律文书中绕不过去的话，应该使用一些强化措施，如书面申请要求核实见证人身份及其与侦查机关的关系，申请见证人或侦查人员出庭作证，申请启动非法证据排除。

笔者曾遇到过一个比较极端的案例，某海关缉私分局在侦办一起涉嫌走私毒品的案件中。当其第一次对当事人的车辆进行检查时，（据称）发现该车尾箱中有三个饮料瓶，瓶中装有不明液体。由于当事人供称这只是洗玻璃水，侦查人员便没有提取和扣押三瓶液体，也没有做记录，只提取了 70 多发步枪子弹。过了20余天以后，侦查人员又重新回到车内从该液体中提取了样品送检，然后就发现这三瓶“水”均是含有冰毒的液体。如此侦查人员便又将此液体提取（没有搜查扣押提取笔录，也没有照片和录像）后直接送看守所让当事人指认及签署称量、取样、鉴定的结论。但此时车辆已被侦查部门扣押控制20余天，当事人也已在看守所羁押了 20 余天。

最后的结果就是，法庭采纳了辩护人的意见，认为因无法判定上述三瓶毒品溶液的来源及同一性，因此没有认定其与被告人此次犯罪行为有关。

三、毒品的封装与解封

封装也叫封存，是一种证据保全的手段，目的是证明毒品在保管链条中的同一性和未受污染性。物证（毒品）是否能够作为证据使用发挥相应的证明作用，完全有赖于两个环节——物证的提取和物证的保管。前者用来证明物证的来源，后者用来证明物证在保管链条中的同一性和未受污染。

以毒品为例，侦查机关为了保证其同一性和未受污染，使用的手段有四种：一为文字描述，二为拍照录像，三为编号，四为封装。《办理毒品犯罪案件提取、扣押、称量、取样和送检程序若干问题的规定》明确规定：对查获的毒品应当按其独立最小包装逐一编号或者命名，并将毒品的编号、名称、数量、查获位置以及包装、颜色、形态等外观特征记录在笔录或者扣押清单中。在毒品的称量、取样、送检等环节，毒品的编号、名称以及对毒品外观特征的描述应当与笔录和扣押清单保持一致；不一致的，应当作出书面说明。

（一）封装的意义

上述四种措施中，封装措施被用于毒品物证还未被固定的情况下，也就是还没有按法定的程序称量重量、提取检材以前的时间段内，此时封装具有无可替代的作用。《办理毒品犯罪案件提取、扣押、称量、取样和送检程序若干问题的规定》第 12 条规定，称量应当在查获现场进行；第 21 条规定，毒品的取样（检材提取）应当在查获现场或办案场所进行。但我们知道，往往很多时候在查获现场根本就不具备称量、取样的条件，必须要换个地点、换个时间进行。这个时候，为了能够确保毒品在证据效力上能与查获时一致，就需要对毒品进行封装保管。

（二）封装的方法与要求

《办理毒品犯罪案件提取、扣押、称量、取样和送检程序若干问题的规定》

等司法解释并没有对封装的具体做法作过明确的规定。但这种方法古已有之，在民事诉讼中也有使用（最常见的就是医疗纠纷中病历封存），而且其作用完全一致，因此方法也应完全一样，即用一定的包装物将查获的毒品装起来，贴上封条，封条上由侦查人员、当事人和见证人签字，然后贴于包装物封口上。到地方后，又当着当事人的面，当面拆封。

1. 需要封装的情形：在两种情形之下需要封装，一是在查获毒品的现场无法称量和取样，而需要带回办案场所称量和取样的。二是称量后（无论在哪里称量）需要将毒品送至鉴定机构取样的。

2. 对封装的具体要求：

（1）侦查人员二人以上。《办理毒品犯罪案件提取、扣押、称量、取样和送检程序若干问题的规定》第 9 条规定：现场提取、扣押等工作完成后，一般应当由两名以上侦查人员对提取、扣押的毒品及包装物进行现场封装，并记录在笔录中。

（2）当面进行。封装应当在有犯罪嫌疑人在场并有见证人的情况下进行。

（3）方法、编号、签名。应当使用封装袋封装毒品并加密封口，或者使用封条贴封包装，作好标记和编号，由侦查人员、犯罪嫌疑人和见证人在封口处、贴封处或者指定位置签名并签署封装日期。犯罪嫌疑人拒绝签名的，侦查人员应当注明。

（4）替代做法。确因情况紧急、现场环境复杂等客观原因无法在现场实施封装的，经公安机关办案部门负责人批准，可以及时将毒品带至公安机关办案场所或者其他适当的场所进行封装，并对毒品移动前后的状态进行拍照固定，作出书面说明。

（5）禁止混同。封装时，不得将不同包装内的毒品混合。对不同组的毒品，应当分别独立封装，封装后可以统一签名。

（6）证据补强：必要时，侦查人员应当对提取、扣押和封装的主要过程进行拍照或者录像。照片和录像资料应当反映提取、扣押和封装活动的主要过程以及毒品的原始位置、存放状态和变动情况。照片应当附有相应的文字说明，文字说明应当与照片反映的情况相对应。

（7）违法后果及辩护方法：从《办理毒品犯罪案件提取、扣押、称量、取样和送检程序若干问题的规定》的条文内容中多使用“一般”“一般应当”等表述就可以明显地看出来，对毒品异地转移过程中要使用封存措施，以及封存过程中的“两名侦查人员、当面、见证人”等均不是强制性规定。这也就是说，单纯地以证据瑕疵或者取证程序违法来进行辩护通常效果不明显，因此要结合真实性进行辩护才会有效果。如果能在存在上述瑕疵的同时发现对毒品的同一性存在重大怀疑，则说服法庭不采信的概率会大大增加。

笔者在 2016 年时办理过一个案件：侦查人员在设卡检查过程中查获骑摩托车的两名运毒人员，当场查获毒品海洛因。在现场提取和现场指认的时候，照片显示有 12 块，笔录记录的也是 12 块。等赶回到办案场所进行再次指认及称量、取样的时候，照片显示只有 11 块，笔录也变成“当场查获毒品 11 块”。在另一本卷宗里，又出现了另一块毒品，侦查机关并没有说明来源，只是又针对这份毒品进行了一次称量和取样，时间已是上一次称量的十多天以后了。直到案件退侦阶段，才在补充卷中出现了一份侦查机关的情况说明，说当时查获毒品的时候，连毒品带人一起用一辆警车押着回办案单位。装毒品的纸箱就放在后排座位前面的脚下，情况说明说因该车中途被指派办理其他案件，就换了一辆车将本案的毒品和被抓获人员押回。然后过了 6 天以后，才在原来那辆车前排副驾驶座位下面发现了一块毒品，应为押运毒品过程中，装毒品的纸箱翻倒，掉出一块毒品，当时未能发现。

笔者当时的辩护主张是，第一，因为违反了规定没有在现场称量和取样，也没有对毒品进行封装。这一严重的过错导致毒品前后不一致，无法证明其同一性。第二，重新发现毒品的时候也没有依法进行提取、辨认工作，更没有通知见证人到场见证。实际上这块毒品是不是从这辆车上来的无法查明，这块毒品的来源不明。第三，这辆车还中途办理过别的案件，更增加了其不确定性。第四，由于毒品前后（查获现场和办案场所称量时）不一致（分别是 11 块和 12 块），导致最后用来指控的毒品是不是查获的那批毒品都是存疑的。

第八讲　称量与鉴定

——提取、扣押、保管、称量、鉴定的有效质证（二）

一、毒品称量

毒品数量是量刑的第一参考要素。据笔者所知，之前曾有某会议纪要为避免审判实务中完全以毒品数量为定罪依据，而突出强调毒品数量“不是唯一要素”；同时毒品数量还是非法持有毒品罪等罪名的定罪要素。故毒品数量的相关证据就显得非常重要。

1. 身份及人数：一是要求必须是侦查人员，二是要求人数为二人及以上。

2. 地点：通常要求是查获现场进行，不具备现场称量条件的，应当按规定对毒品及包装物封装后，带至公安机关办案场所或者其他适当的场所进行称量。

3. 印证与补强措施：简言之，即“当面、见证人和拍照”措施。具体为，称量应当在有犯罪嫌疑人在场并有见证人的情况下进行；对已经封装的毒品进行称量前，应当在有犯罪嫌疑人在场并有见证人的情况下拆封，并记录在称量笔录中。

4. 证据载体：笔录加照片（或录像）。称量的过程及结果应当制作称量笔录，并由称量人、犯罪嫌疑人和见证人签名。犯罪嫌疑人拒绝签名的，应在笔录中注明。另外，侦查人员应当对称量的主要过程进行拍照或录像。照片和录像资料应当清晰显示毒品的外观特征、衡器示数及犯罪嫌疑人对称量结果的指认情况。

5. 对称量工具（衡器）的要求包括两个方面：一是对衡器精度的要求。称量的毒品质量不足 100 克的，衡器的分度值应当达到 0.01 克；100 克以上且不足 1000 克的，分度值应当达到 0.1 克；1 千克以上且不足 10 千克的，分度值应当达到 1 克；10 千克以上且不足 100 千克的，分度值应当达到 10 克；100 千克以上且不足 1 吨的，分度值应当达到 100 克；1 吨以上的，分度值应当达到 1 千克。二是对衡器状态的要求。首先，称量所使用的衡器应当经过法定计量检定机构检定并在有效期内，法定计量检定机构出具的计量检定证书复印件应当归入证据材料卷，并随案移送。其次，称量前称量人应当将衡器示数归零，并确保其处于正常的工作状态。

6. 称量具体过程中的要求：可以称之为不同包装分开称量的原则。具体为：

（1）对两个以上包装的毒品，应当分别称量，并统一制作称量笔录。不得混合后称量。

（2）对同一组内的多个包装的毒品，可以采取“毛重减毛等于净重”的方法进行称量。全部毒品及包装物总质量减去包装物质量的方式确定毒品的净质量；称量时，不同包装物内的毒品不得混合。

（3）对体内藏毒的案件，应当将犯罪嫌疑人排出体外的毒品逐一称量，统一制作称量笔录。犯罪嫌疑人供述所排出的毒品系同一批次或者毒品及包装物的外观特征相似的，可以按照（2）的方法进行称量。

（4）对液态和固液混合态毒品的称量：对同一容器内的液态毒品或者固液混合状态毒品，应当采用拍照或者录像等方式对其原始状态进行固定，再统一称量。必要时，可以对其原始状态固定后，再进行固液分离并分别称量。

（5）对制剂类毒品的称量方法：按照法律规定，在通常情况下毒品数量是不以纯度来折算的。但涉及一些新型的混合型毒品（或是麻醉品和精神药品）可按含量折算数量。这些类型的毒品如果是包装完好、标识清晰完整的麻醉药品、精神药品制剂的，也可以按照其包装、标识或者说明书上标注的麻醉药品、精神药品成分的含量计算全部毒品的质量，或者从相同批号的药品制剂中随机抽取三个包装进行称量后，根据麻醉药品、精神药品成分的含量计算全部毒品的质量。

二、取样

（一）要求

检材提取（取样）是鉴定的前提和基础，这也是我们在进行证据审查时的重点审查对象。据笔者所知，在一起醉酒驾驶机动车的案件中，法庭最终否定了法医对被告人的血液酒精含量检验，并最终宣告被告人无罪，而这仅仅是因为法医在采血的时候使用了碘酒来消毒采血点的皮肤。当然关于物证、检材提取的鉴定，最为经典的例子莫过于美国辛普森案，有兴趣的读者可另外查阅。

按有关规定，毒品案件中检材提取程序的证据审查，可从以下几个方面进行：

1. 取样主体：按照《办理毒品犯罪案件提取、扣押、称量、取样和送检程序若干问题的规定》，毒品检材的取样主体一般是侦查人员，可以指派或者聘请具有专门知识的人进行取样。

2. 取样时间与地点：毒品的取样一般应当在称量工作完成后，由两名以上侦查人员在查获毒品的现场或者公安机关办案场所完成。在现场或者公安机关办案场所不具备取样条件的，应当对毒品及包装物进行封装后，将其送至鉴定机构并委托鉴定机构进行取样。

3. 当面取样与见证人见证：在查获毒品的现场或者公安机关办案场所取样的，应当在有犯罪嫌疑人在场并有见证人的情况下进行。对已经封装的毒品进行取样前，应当在有犯罪嫌疑人在场并有见证人的情况下拆封，并记录在取样笔录中。

4. 取样笔录与拍照录像：取样的过程应当记录在笔录中，取样笔录应当由取样人、犯罪嫌疑人和见证人签名。犯罪嫌疑人拒绝签名的，应当在取样笔录中注明。必要时，侦查人员应当对拆封和取样的主要过程进行拍照或者录像。委托鉴定机构进行取样的，对毒品的取样方法、过程、结果等情况应当制作取样笔录，鉴定意见包含取样方法的除外。

5. 取样数量：

（1）对单个包装、物理形态不同的毒品，应当按照下列方法选取或者随机抽取检材。一是粉状。应将毒品混合均匀，并随机抽取约 1 克作为检材，不足 1 克的全部取作检材。二是颗粒状、块状。应随机选择三个以上不同的部位，各抽取一部分混合作为检材，混合后的检材质量不少于 1 克，不足 1 克的全部取作检材。三是膏状、胶状。应随机选择三个以上不同的部位，各抽取一部分混合作为检材，混合后的检材质量不少于 3 克，不足 3 克的全部取作检材。四是胶囊状、片剂状。应先根据形状、颜色、大小、标识等外观特征进行分组，对于外观特征相似的一组，从中随机抽取三粒作为检材，不足 3 粒的全部取作检材。五是液态。应将毒品混合均匀，并随机抽取约 20 毫升作为检材，不足 20 毫升的全部取作检材。六是固液混合状态。按照本款以上各项规定的方法，分别对固态毒品和液态毒品取样；能够混合均匀成溶液的，可以将其混合均匀后按照本款第五项规定的方法取样。对其他形态毒品的取样，参照前款规定的取样方法进行。

（2）对同一组内两个以上包装的毒品，应当按照下列标准确定选取或者随机抽取独立最小包装的数量：少于10个包装的，应当选取所有的包装；10个以上包装且少于100个包装的，应当随机抽取其中的10个包装；100个以上包装的，应当随机抽取与包装总数的平方根数值最接近的整数个包装。

（3）制剂的取样。多个包装的毒品系包装完好、标识清晰完整的麻醉药品、精神药品制剂的，可以从相同批号的药品制剂中随机抽取3个包装，再从单个包装中选取或者随机抽取检材。

6. 检材（样本）的保管。按照规定，如果是在查获毒品的现场或者公安机关办案场所取样的，应当使用封装袋封装检材并加密封口，作好标记和编号，由取样人、犯罪嫌疑人和见证人在封口处或者指定位置签名并签署封装日期。犯罪嫌疑人拒绝签名的，侦查人员应当注明。

（二）取样的常见程序瑕疵

（1）取样地点或封装程序不合法。即在异地取样的时候，未对毒品事先进行封装，或者未对封装及启封的过程进行证据固定（“当面”、见证、记录、照片或录像），造成毒品的来源及同一性存疑。

（2）单份样品的数量不足1克，或对不足1克的单份毒品，未全部取样。对多份毒品需要抽取多份样品的，每一份样品也需要达到至少1克。最为常见的情况是，在甲基苯丙胺片剂（麻古）取样时，每一份样品只提取1片或者两片（11片才约等于1克）。样品不足数，可能带来的结果是鉴定结论的偏差过大甚至无法进行有效的鉴定，使鉴定结论的客观性存疑。

（3）对多份毒品取样的份数不足。最极端的情况是，无论是10包、50包，还是甚至超过100包的毒品，都只提取一份样本。

（4）对样本的封装程序有瑕疵。例如，没有加密封口（封条）、没有编号以及没有取样人及当事人在封口纸上签字及注明封装日期（后两项存在概率非常大）。这种情况下，样本来源便无可确定，由此可对样本是否来源于它案提出合理怀疑。须知鉴定机构一天可能接受数件甚至是数十件的委托，若不对样本编号，便难以区分案件彼此。

（5）将从不同包装中选取或者抽取的检材混合。

（6）没有对取样后剩余的毒品及包装物品交库房由专人保管，或没有送交和保管的记录（这一点存在概率亦十分之大）。这一点主要会对重新鉴定产生重大影响，详述请见本书最后一节。

三、定性鉴定

（一）概述

我国目前适用的毒品检测方法中，对海洛因、冰毒、氯胺酮三种毒品疑似物的检测方法适用国家标准（以下简称国标）。其中海洛因国际检测方法是《疑似毒品中海洛因的气相色谱、气相色谱－质谱检验方法》，标准代码为GB/T 29635—2013；冰毒的国标检测方法是《疑似毒品中甲基苯丙胺的气相色谱、高效液相色谱和气相色谱－质谱检验方法》，标准代码为GB/T 29636—2013；氯胺酮的国标检测方法是《疑似毒品中氯胺酮的气相色谱、气相色谱－质谱检验方法》，标准代码为GB/T29637—2013。在鉴定意见书中，GC代表气相色谱检验方法，MS表示气相质谱检验方法，GC–MS指气相色谱－质谱检验方法，HPLC表示高效液相色谱检验方法。

对于国标的适用范围上而言，首先，气相色谱－质谱检验方法（GC–MS）适用于上述三种毒品的定性检验（成分检验）；而定量检验时，海洛因和氯胺酮采用的是气相色谱检验方法（GC），甲基苯丙胺采用的是高效液相色谱检验方法（HPLC）。其次，无论是定性还是定量，上述国标都只适用于固体毒品疑似物的检测，不适用于液体，也不适用于膏状物。上述三种检验方法所使用的检测设备名称为气相色谱仪、气相质谱仪、气相色谱－质谱联用仪、高效液相色谱仪。目前国内普遍使用的上述设备都是从美国或德国进口的仪器。

这里有一些可能的误区需要说明：第一，虽然国标只是针对三种毒品疑似物的检验，但实际上气相色谱（GC）、气相色谱－质谱（GC–MS）以及高效液相色谱（HPLC）是当前最为广泛适用的毒品检验方法，可适用于非常多种类毒品的检验。第二，三个国标均注明了只适用于固体毒品疑似物的检验，但并非上述三种方法只适用于固体类毒品疑似物的检验，而是说三个国标规定的流程、方法只适用于对固体类毒品疑似物的检验。实际上，上述气相色谱（GC）、气相色谱－质谱（GC–MS）法同样可用于毛发、人体组织、体液中毒品物质的检验。第三，除了上述方法外，毒品检测的方法主要有外观检测、化学法、免疫法、薄层色谱法（TLC）、液相色谱－质谱联用法（LC/MS）。以上几种方法适用于毒品的预检，而对于毒品的确证检验，则更多使用气相色谱－质谱法（GC/MS）和液相色谱－质谱法（LC/MS）。

（二）含量鉴定

我国对毒品的含量鉴定经历了一个逐渐完善的过程：从最开始的明确规定毒品不以纯度折算，到 2007 年 12 月最高人民法院、最高人民检察院、公安部颁布的《办理毒品犯罪案件适用法律若干问题的意见》规定了对于可能判处死刑的案件，应当作毒品含量鉴定。2008 年的《大连会议纪要》又进一步规定可能判处死刑、涉案的毒品可能大量掺假，以及成分复杂的新类型毒品均要作毒品的含量鉴定。2016 年 7 月 1 日实施的《办理毒品犯罪案件提取、扣押、称量、取样和送检程序若干问题的规定》进一步完善和细化，规定了具有下列情形之一的，公安机关应当委托鉴定机构对查获的毒品进行含量鉴定：（一）犯罪嫌疑人、被告人可能被判处死刑的；（二）查获的毒品系液态、固液混合物或者系毒品半成品的；（三）查获的毒品可能大量掺假的；（四）查获的毒品系成分复杂的新类型毒品，且犯罪嫌疑人、被告人可能被判处七年以上有期徒刑的；（五）人民检察院、人民法院认为含量鉴定对定罪量刑有重大影响而书面要求进行含量鉴定的。进行含量鉴定的检材应当与进行成分鉴定的检材来源一致，且一一对应。

（三）方法和流程

1. 鉴定前要将待检毒品研磨，越精细，定量检测结果越好。这是整个毒品理化检测最关键的一道关口，决定着案件的走向。

2. 研磨好的待检毒品要添加各种化学试剂，试剂是用于溶解检材的液体。检验每一种毒品，所使用的试剂并不相同。海洛因的“外标”检测试剂是比例为 9 ：1 甲烷配氯仿，冰毒的“外标”检测试剂是甲醇，“内标”检测还要添加正十烷。

3. 配制好的液状待检物被快速送上气色谱 – 质谱联用仪进行分析，不明毒品要筛查种类，直至确认。实验用的气体为氦气。

4. 温度。初始温度：海洛因 60°，冰毒 80°；加温：海洛因每分钟 15°，升至 280°；冰毒每分钟 10° 升至 200°，然后以每分钟 40° 升至 280°。检测过程都要保持 3 分钟，同时需将传输管和离心泵温度分别保持在 260° 和 230°。（不同品牌的仪器对温度的要求有所不同）

5. 定性结果评价。《公安机关物证鉴定规则》第 38 条规定：使用仪器设备分析检测鉴定检材的，应当进行相应的样本对照检测，当检材和样本对照检测结果一致后才能出具检验结论。毒品的定性鉴定也是这个原理，即如果样品出峰时间与标准物质保留时间一致，且质谱特征峰及其丰度比与标准物质一致，则能得出肯定的定性结论。

6. 外标法定量分析：（1）在用外标法预分析之前先要进行含量范围预分析，

目的在于对样品中的毒品含量进行初测，尽可能保证样品溶液中目标物浓度与标准工作液浓度接近。（2）准确定量“称量质量”，称样6份，加入有机溶剂，离心后提取上清液，用GC分析。（3）在用外标法定量时，可能会存在一个异常值，要综合6份样品测定含量的平均值综合检验，如果存在异常值，则数据无效。

7. 内标法定量分析：（1）按照浓度的不同绘制成标准工作曲线，并予以监测，然后称取2份样品，溶解、离心后用GC分析。（2）在内标法定量分析时，也要对含量结果的有效性进行测定，相对相差不能超过10%且应以2份样品测定含量的平均值作为含量结果。

8. 定量结果评价：定量的结果是通过一个复杂的数学计算公式计算得出的（详见国标），由于其是溶解于试剂中的，因此两者的量的比例以结果影响巨大，国标要求使用分析天平从关检的检材中称量，精确到十万分之一克。

（四）对毒品定性、定量鉴定的审查

《刑事诉讼法解释》第85条列出了九种情形，只要具备其中之一的，鉴定意见就不得作为定案的根据。这九种情形包括鉴定机构不具备法定资质，或者鉴定事项超出该鉴定机构业务范围、技术条件；鉴定人不具备法定资质，不具有相关专业技术或者职称，或者违反回避规定；送检材料、样本来源不明，或者因污染不具备鉴定条件；鉴定对象与送检材料、样本不一致；鉴定程序违反规定；鉴定过程和方法不符合相关专业的规范要求；鉴定文书缺少签名、盖章；鉴定意见与案件待证事实没有关联；以及违反有关规定的其他情形。所以在审查鉴定意见的时候，可以逐条对照进行审查。

1. 关于主体。司法解释对毒品原植物及其种子、幼苗的鉴定作了适当放宽的规定。其规定在当地没有具备相应资质的鉴定机构的情况下，可以委托侦办案件的公安机关所在地的县级以上农牧、林业行政主管部门，或者设立农林

相关专业的普通高等学校、科研院所出具检验报告。

2. 关于鉴定方法。根据《司法鉴定程序通则》第 23 条：司法鉴定人进行鉴定，应当依下列顺序遵守和采用该专业领域的技术标准、技术规范和技术方法：（一）国家标准；（二）行业标准和技术规范；（三）该专业领域多数专家认可的技术方法。故在有国家标准的情况下，鉴定人应当优先使用国家标准，如果使用行业标准和技术规范，则属于鉴定方法错误。

3. 关于鉴定过程与方法。为了直观表达，我们先看两份有关毒品定性、定量鉴定的司法鉴定意见书实物：

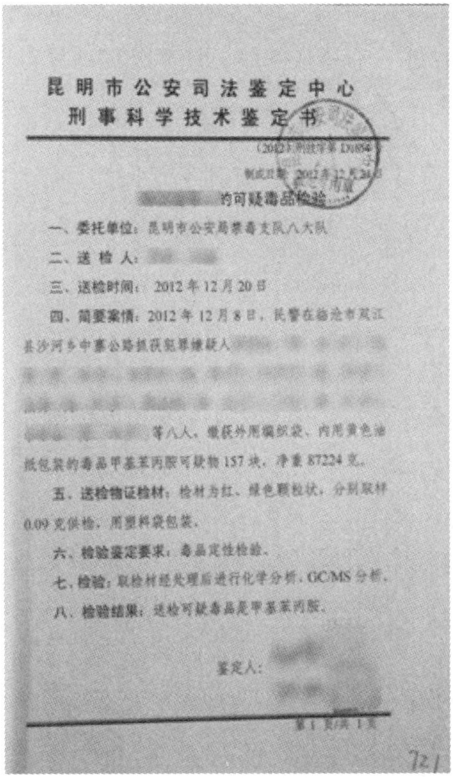
昆明市公安司法鉴定中心
刑事科学技术鉴定书

[redacted]的可疑毒品检验

一、委托单位：昆明市公安局禁毒支队八大队

二、送检人：[redacted]

三、送检时间：2012 年 12 月 20 日

四、简要案情：2012 年 12 月 8 日，民警在临沧市双江县沙河乡中寨公路抓获犯罪嫌疑人[redacted]等八人，缴获外用编织袋、内用黄色油纸包装的毒品甲基苯丙胺可疑物 157 块，净重 87224 克。

五、送检物证检材：检材为红、绿色颗粒状，分别取样 0.09 克供检，用塑料袋包装。

六、检验鉴定要求：毒品定性检验。

七、检验：取检材经处理后进行化学分析、GC/MS 分析。

八、检验结果：送检可疑毒品是甲基苯丙胺。

鉴定人：[redacted]

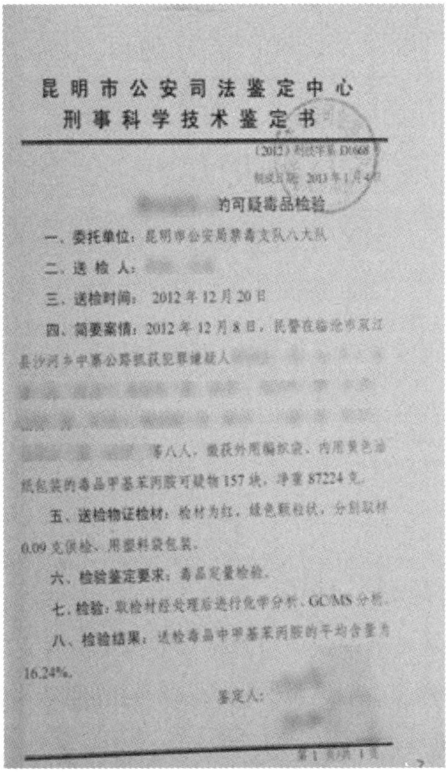
昆明市公安司法鉴定中心
刑事科学技术鉴定书

[redacted]的可疑毒品检验

一、委托单位：昆明市公安局禁毒支队八大队

二、送检人：[redacted]

三、送检时间：2012 年 12 月 20 日

四、简要案情：2012 年 12 月 8 日，民警在临沧市双江县沙河乡中寨公路抓获犯罪嫌疑人[redacted]等八人，缴获外用编织袋、内用黄色油纸包装的毒品甲基苯丙胺可疑物 157 块，净重 87224 克。

五、送检物证检材：检材为红、绿色颗粒状，分别取样 0.09 克供检、用塑料袋包装。

六、检验鉴定要求：毒品定量检验。

七、检验：取检材经处理后进行化学分析、GC/MS 分析。

八、检验结果：送检毒品中甲基苯丙胺的平均含量为 16.24%。

鉴定人：[redacted]

可以说，以上两份司法鉴定意见书具有相当的代表性和普遍性。以此为样本，笔者认为以下几点也是我们审查毒品定性和定量鉴定时应重点审查和提出意见的地方：

（1）样本不足。即单份样本的数量不足或样本的份数不足。

（2）混合为一份样本。须要查明数量众多的毒品中是否存在部分是假毒品或含量极低的情况，因为这两种情况在量刑上是有较大影响的。如果鉴定报告针对关检的多份样本，只给出一个结果，如表述为“所送检材中均检出海洛因成分，其含量为：47.6%”。这种鉴定方法就完全失去了分别取样，取多份样品的意义了，也与实验室理化检验的操作规程不符，结论也不客观。

（3）没有关于鉴定方法和过程的描述。首先，《公安机关物证鉴定规则》第 36 条有明确规定：“鉴定人应当全面、客观、准确地记录鉴定的过程、方法和结果。”第 47 条还规定了鉴定文书中应当有对检材和样本的描述、鉴定过程和检验方法、必要的论证等内容。其次， 2012 年《刑事诉讼法》已将司法鉴定结论修改为司法鉴定意见。更加强调了法庭对其过程与结论要进行三性审查进而决定是否采信，而这种审查就一定需要针对它的过程、数据和依据来进行。如果一份鉴定意见没有关于过程的描述，依据的展示，法庭根本无从审查，只能不采信。

（4）没有附图谱、数据等参数依据和附件。《公安机关物证鉴定规则》第 45 条规定，鉴定书的附件包括与鉴定有关的照片、图谱、图表或者复印件等说明材料。图谱由计算机系统自动生成，从图谱中可以看出鉴定人的检测顺序、添加检材的时间，是验证鉴定人检验过程是否规范的重要材料。在现实中往往案件中的检测报告都没有图表，这样的检测报告是无法定的证明效力，理由见（3）。

四、证据的辩护方式探新

（一）传统方式的局限

以上论述阐明了发现证据问题的方法，接下来我们讨论如何让法庭接受我们的意见，进而影响判决，而这也是真正困难的地方。

我们经常遇到的情况是，公诉人举证完毕，辩护人发表完质证意见以后，法庭不置可否，便安排公诉人继续举证，而质证的意见被法官听进去了多少，就很难说了。很多“同行”认为，这是因为律师的意见没说到点上。但根据个人观察，笔者认为不完全如此。这其中的原因很复杂，有司法官员观念的问题，如或多或少地有罪推定观念、打击犯罪本位观念，等等。在这种观念下，证据有些小瑕疵都是可以容忍的，只要结果没错就行了，此其一。

其二，结果本位主义，即有一些证据一旦被排除，整个案件的证明体系就散架了，这是上上下下都不能接受的。这就是司法实践中会出现定罪证据在现实中会变成为量刑证据的原因。过多的原因不再罗列，但所有这些原因表现在庭审中，就出现一种习惯性忽视的现象，就是不管你说什么，他们都习惯性忽视。在律师想尽办法不让法庭忽视自己的观点的斗争中，产生了一种很有效的且让法庭非常头疼的方法——死磕。无论“江湖中人”怎么评价，有一个现象是无可争议的，那就是高水平的死磕派律师的无罪辩护成功率要明显高于平均值。还有一个现象，大律师的辩护效果为什么会比普通律师好？（可能很多律师并不同意这个观点）笔者认为其中一个重要原因就在于司法官员很难忽视知名律师们提出的观点和意见，从而采信率就增加了。

本讲举以上两个例子，是想说明一个问题，其实辩护成功的关键因素之一，在于如何想办法让你的观点被法庭采信，而不单单只是法官个人的认可。而对于绝大部分的年轻律师来说，笔者也不提倡大家动辄使用“死磕”的方法来达到辩护目的。

当下，立法机关和最高司法机关也注意到了“形式审判”的种种弊端，并已着手改进。那就是从新刑事诉讼法出台时强调证人出庭制度，以及当前司法体制改革中强调庭前会议、强调非法证据排除。仔细分析，这些制度的提出是有明确意义的，其意义就是要解决当下这种习惯性忽视、形式审判的现状。因此利用好这些规则就是提高辩护效果的方法。

回到本章所提到的搜查、检查、勘验、提取、指认、封存、称量、取样、鉴定等侦查手段所取得的证据（笔录、照片、清单、鉴定意见等），我们不应当仅仅只停留在法庭上提出质证意见，而是要利用法庭赋予我们的一切合法手段，如通过申请如开庭前会、通过申请排除非法证据、通过申请证人（包括鉴定人）出庭作证、通过申请补充调查取证等，使得我们“打掉”某些证据的目标最大限度地得以实现。

（二）申请重新鉴定的意义

为方便切入，笔者先举例，再讲解其中缘由。2017 年，被告人范某某因涉嫌运输毒品海洛因 20 余千克，一审被云南省德宏州人民法院判处死刑。被告人上诉后该案被云南省高级人民法院以一审程序违法撤销原判，发回重审，笔者就是在重审阶段进入担任其辩护人的。介入以后，笔者经向原一审、二审辩护律师、承办法官和检察官了解，发现这个案之所以被发回重审的所谓程序违法理由仅仅是因为一审过程中存在实习律师担任辩护人的情况。交流中法官和公诉人均反复声称二审法庭和他们的意见都认为本案除了这个问题之外其他方面（当然指的是事实认定和结果）均没有任何问题。其实在司法实践中，仅仅因程序违法而发回重审的案件要想在结果上出现突破本来就特别难，因为法庭本来就会有意的强调“原来的结果没有错”，仅仅是弥补一下程序的补丁而已，所以这个案件要想突破其实是非常难的。

笔者发现的所有辩点，原来的律师也已表达过了，如果再表述一遍，无论你在内容上有什么过人之处，其效果也是可想而知的。其中一个辩点，就是侦查人员对毒品的称量、鉴定的证据瑕疵问题，大致如下：一是查获的毒品未在现场当场称量和取样，也未封存。二是在称量及取样前将不同包括的毒品进行了混合（40块毒品分别装了16袋进行称量及取样）。三是毒品的净重不准确，未去皮。四是毒品检材提取方法不当。40块块状毒品，只取一份0.5克的样品，明显违反《云南省高级人民法院、云南省人民检察院、云南省公安厅、云南省司法厅关于走私、贩卖、运输、制造毒品刑事案件证据若干问题的会议纪要》的规定及联合国麻醉品实验室受理毒品鉴定的取样规则的规定。五是所取样品（检材）没有编号，违反操作规范，致使样品在流转过程中容易丧失同一性。六是聘请的机构与《称量、提取笔录》中记载的鉴定机构不一致。七是检材经过了19天的保管，但是谁保管的、如何保管的，没有记录，其检材来源和同一性更无法保证。八是鉴定意见书中缺乏鉴定的过程、方法，不符合鉴定文书的规范要求，也无法证明与证伪其过程与结果是否合法。

虽然有那么多问题，但笔者还是认为如果仅仅在法庭质证中提出来的话，法庭多半是不会真正去关注的。况且这是已经被审过一次的案子了。所以笔者采用的方法是坚持向法庭和公诉人提出重新称量、重新鉴定的申请，非法证据排除的申请等，并反复要求反复提。

经过反复沟通，笔者在庭前得到了法庭透露可以考虑，但要看庭审情况的答复。为此，笔者单独就这部分质证意见单独作了非常充分的准备（前面八点就是笔者从质证意见中现挑出来的）。

在法庭上，当笔者发表完对这部分证据的质证意见后，又当庭要求进行重新称量和重新鉴定。然后法庭依例询问公诉人的意见，公诉人虽然强调证据都是合法取得的，但同时其也同意，可以进行重新鉴定（但不同意重新称量，因为其认为经过了几个月，重量一定会发生变化的）。公诉人发表完答辩意见后，审判长宣布休庭，但其还不忘强调一遍“法庭本来是认为没有重新鉴定的必要，但是因为公诉人同意，法庭也就同意双方的意见，重新鉴定”。走到此时，笔者判断本案改判的概率已从原有的20%，提高到了65%了。

大概一个月后，法庭提前两天通知继续开庭，笔者专门提前一天到达法院复制了补充的全部案卷材料——其实就只有取样笔录和鉴定意见。笔者对这些材料进行了充分的研究，并写了对补充鉴定意见的专门质证意见。经过辩护，法庭的态度最后还是发生了根本性的转变，没有再判处被告人死刑。根据这个案件以及大量其他进行重新鉴定的案件所反映出来的现状，笔者整理出对此类补充证据的审查和质证意见：

第一，审查毒品入库、出库的台账记录。《公安机关缴获毒品管理规定》（公安部“公禁毒〔2001〕218号”，2001-8-23发布并执行）[1] 第3章第10条、第11条明确规定“毒品保管仓库应当设立毒品保管账册”“毒品入库前要逐案核对，并进行复称、鉴定”“对入库毒品应当开列清单一式三份，一份留库备查，一份交办案移交或上交毒品的单位，一份作为附条粘贴在毒品的外包装上”“对入库毒品应当登记造册、编号。登记时应当详细注明毒品的种类、重量、外包装及送交时间、破案或送交单位、人员、简要案情、有无破损等情况，登记情况需由送交人、接受人、监交人共同签名后存档”。侦查机关往往没有提供这些材料，这样一来，重新鉴定毒品的来源还是无法证明。

第二，审查毒品出库的审批手续。《公安机关缴获毒品管理规定》第13条明确规定，毒品出库应当严格履行审批程序。毒品出库，无论数量多少，必须报经县级以上公安机关批准，并报省级公安机关禁毒部门备案。因侦查办案需使用库存毒品的，应当报省级公安机关禁毒部门批准。第14条规定，毒品出库要由毒品仓库保管人员按规定核对批文，严格办理毒品出库手续。对办案单位归还入库的毒品要复称重量、检查包装及进行毒品检验鉴定。也就是说，本案的侦查部门必须持有批文才能将毒品提取出来进行鉴定，而批文也是证明毒品来源及同一性的重要材料。

[1] 该规定于2016年7月1日重新进行了修订，但本案适用的是修订前的旧规定，因此本质证意见引用的为原来的规定，但新规定仍然有相同的要求。

第三，审查用于鉴定的毒品在保管过程中其包装上是否有编号、封条、粘贴单等库房保管的标记。《公安机关缴获毒品管理规定》第 11 条第 3 款明确规定“对入库毒品应当登记造册、编号”，第一款更是规定对入库毒品应当开列清单一式三份，其中一份是要“作为附条粘贴在毒品的外包装上”的。通常应当在笔录和照片就可以看出来。

第四，从重新称量、取样鉴定的毒品的包装、外观、数量、鉴定结论上审查其是否与原来查获的毒品属同一批次毒品，有没有发生与其他案件毒品及案内不同包装毒品的混同。

第五，新的取样及鉴定程序仍然没有改变原来导致重新鉴定的各种瑕疵，那新的鉴定结论的法律效力和原来还是一样。而原来的鉴定结论自从法庭宣布重新鉴定的时候，就相当于是被法庭否定了的。

在上述案例中，侦查机关只是拿了 6 袋毒品，当着当事人的面进行了取样并送检，既没有称重以确定其是否和之前毒品一致，也没有通过出示台账、审批、编号等方式证明其就是原批毒品。因此二者的来源和同一性根本没法确定。

从以上的案例我们得出一个认识，由于侦查程序的不够严密，导致重新鉴定后取得的证据会存在比原来的鉴定结论更大的缺陷，对证明案件造成更大的困难，而原来的鉴定结论法庭又不可能重新启用，这就为律师辩护带来很大空间。

第九讲　视听资料和电子数据

——视听资料和电子数据在毒品犯罪案件辩护中的应用

一、证据概述

（一）视听资料

视听资料，是指以录音带、录像带以及相关电子设备如数码相机、数码摄像机、录音笔等记载的声音、图像、活动画面材料。在毒品案件中，这类证据比较普遍，比如酒店或街道上的监控视频、侦查人员的侦查过程中秘密录下的行为人活动甚至交易的录像、卡口监控画面、电话监控录音等。

讯问全程同步录音录像是不是视听资料？这个问题在现实案件的处理中非常矛盾，一方面，法庭和公诉机关常常以同步录音录像不属于证据为由，不同意律师复制、查阅。另一方面，当律师在法庭上对侦查机关所记的笔录提出客观性质疑，或当事人主张之前的供述不自愿时，公诉人又会以此为证据进行反驳。笔者认为，准确的认识应当为：同步录音录像当作为证据使用时，其当然属于视听资料，只不过在大多数时候，公诉人并有将其作为指控证据使用。当然，其既然具有证据的属性，能够证明案件事实，无论是公诉方还是辩护方，抑或法庭均可以要求出示该份证据。同步录音录像作为一种调查记录，它的主要目的是证据固定、证据保全，也就是说，其平时不常用来作为证明当事人有罪无罪的证据，而是用于证明取证过程合法与否的证据。但它仍可用于证明当事人有罪或无罪，毕竟检察院创设同步录音录像的初衷就是用于解决当事人翻供问题的。

（二）电子数据

电子数据是指以电子计算机、互联网络、移动电话等电子设备所记载的与案件事实有关的数据资料。根据最高人民法院《刑事诉讼法解释》《关于办理刑事案件收集提取和审查判断电子数据若干问题的规定》等相关司法解释的规定，电子证据主要包括电子邮件、电子数据交换、网上聊天记录、网络博客、微博客、手机短信、电子签名或域名等多种证据形式，其在毒品案件中最常见的为通信记录（电话记录、短信记录、微信QQ聊天记录等）、银行交易记录（转账记录、账户交易记录等）和活动轨迹记录（乘机、卡口、住宿记录等）。

用电脑做的笔录是不是电子数据？按照《关于办理刑事案件收集提取和审查判断电子数据若干问题的规定》第1条第3款的规定，以数字化形式记载的证人证言、被害人陈述以及犯罪嫌疑人、被告人供述和辩解等证据，不属于电子数据。确有必要的，对相关证据的收集、提取、移送、审查，可以参照适用本规定。

由上可见，虽然电子数据与视听资料是两种独立的证据，但这种独立性是相对的，这两种证据存在很多交叉的部分。具体来说，电子数据中的很大一部分可以表现为照片、视频和声音。当前绝大部分的视听资料也并不是以传统的胶片为存储载体，而是存储于电子设备和互联网空间中，体现为一种电子数据。

二、取证要求

与物证、书证等其他实物证据一样，对电子数据和视听资料进行证据审查的两大重点是证据的来源和保管过程，证据的来源包括证据载体的来源和证据的来源。通常的取证手段有：扣押、封存电子数据原始存储介质；计算电子数据完整性校验值；制作、封存电子数据备份；冻结电子数据；对收集、提取电子数据的相关活动进行录像，等等。对电子数据及视听资料的取证要求如下：

1. 取证主体：需由两名以上侦查人员进行。

2. 原物收集：收集、提取电子数据，能够扣押电子数据原始存储介质的，应当扣押、封存原始存储介质，并制作笔录，记录原始存储介质的封存状态。

3. 封存的要求：电子数据与普通实物证据相比，其存在一个特性就是更加易于编辑修改和删除。因此对封存电子数据的要求是应当保证在不解除封存状态的情况下，无法增加、删除、修改电子数据。封存前后应当拍摄被封存原始存储介质的照片，清晰反映封口或者张贴封条处的状况。封存手机等具有无线通信功能的存储介质，应当采取信号屏蔽、信号阻断或者切断电源等措施。

4. 对于特殊证据的变通要求：对于原始存储介质不便封存，计算机内存数据、网络传输数据等不是存储在存储介质上的电子数据，以及原始存储介质位于境外等无法扣押原始存储介质的情形，可以提取子数据，但应当在笔录中注明不能扣押原始存储介质的原因、原始存储介质的存放地点或者电子数据的来源等情况，并计算电子数据的完整性校验值。

对于原始存储介质位于境外或者远程计算机信息系统上的电子数据，可以通过网络在线提取、网络远程勘验等变通方法来实现对证据的收集、固定和提取；也可以采取打印、拍照或录像等方式固定相关证据，并在笔录中说明原因；还可以通过恢复、破解、统计、关联、比对等方式进行检查；必要时可以进行侦查实验。对电子数据涉及的专门性问题难以确定的，由司法鉴定机构出具鉴定意见，或者由公安部指定的机构出具报告。

5. 对其他方面的要求如见证人、笔录、录像、审批，等等，与物证收集的程序要求一致。

三、证据审查

（一）真实性审查

应当着重审查是否移送原始存储介质，或在无法封存、不便移动时，有无说明原因并注明收集、提取过程及原始存储介质的存放地点或者电子数据来源等情况。还应审查电子数据是否具有数字签名、数字证书等特殊标识；电子数据的收集、提取过程是否可以重现，电子数据如有增加、删除、修改等情形的，是否附有说明；电子数据的完整性是否可以保证。

（二）合法性审查

应当着重审查以下内容：是否由两名以上侦查人员进行，取证方法是否符合相关技术标准；收集、提取电子数据，是否附有笔录、清单，并经侦查人员、电子数据持有人（提供人）、见证人签名或者盖章；没有持有人（提供人）签名或者盖章的，是否注明原因；对电子数据的类别、文件格式等是否注明清楚；是否依照有关规定由符合条件的人员担任见证人，是否对相关活动进行录像；电子数据检查是否将电子数据存储介质通过写保护设备接入到检查设备；有条件的，是否制作电子数据备份，并对备份进行检查；无法制作备份且无法使用写保护设备的，是否附有录像。

四、电子数据和视听资料的“排非”

与其他实物证据一样，对电子数据和视听资料的“排非”有两个标准，即直接强制排除和可补正排除。

（一）直接强制排除的情形

简言之，电子数据和视听资料被作为非法证据强制排除的原因只有一个，就是真伪难辨。具体情形有三种，一是电子数据系篡改、伪造或者无法确定真伪的；二是电子数据有增加、删除、修改等情形，影响电子数据真实性的；三是其他无法保证电子数据真实性的情形。

（二）可补正的排除

电子数据的收集、提取程序有下列瑕疵，经补正或者作出合理解释的，可以采用；不能补正或者作出合理解释的，不得作为定案的根据：一是未以封存状态移送的；二是笔录或者清单上没有侦查人员、电子数据持有人（提供人）及见证人签名或者盖章的；三是对电子数据的名称、类别、格式等注明不清的；四是有其他瑕疵的。

五、视听资料和电子数据在辩护中的应用

（一）视听资料和电子数据的证明原理

视听资料和电子数据均属于实物证据和客观证据的范畴，因此他们的客观性极强，其证明的事实通常很难否定，这是其第一个属性。其第二个属性是，除少数监听监拍的证据以外，电子数据在大多数时候又是间接证据，其并不能直接证明案间事实，而是用于辅助证明如供述和证人证言等言词证据的真实性。

因此，视听资料和电子数据的证明原理为：一是直接证明案件事实，如短信、QQ 聊天记录中直接谈论与毒品交易有关的内容，或者通过技术侦查手段监听到的有关毒品交易的内容即属于此类。二是用于证明言词证据的真实性，或者作为言词证据的辅助证明手段。

（二）视听资料和电子数据的主要证明对象

近年来，由于侦查中现代技术手段的越发先进，以及毒品案件的隐蔽性特征，电子数据和视听资料在毒品案件中的证明作用越来越受到重视，应用也越来越普遍。

归纳起来，电子数据和视听资料在毒品案件中主要用来证明两个方面的事实和情节：一是直接用以证明某涉案当事人是否参与了毒品犯罪行为；二是可以从通话的双方反映出团伙的层级关系和亲疏关系。首先是通话记录反映的层级关系，如团伙中最高层级的毒贩通常只跟第二层级的人联系，再由第二层级将犯罪的指示传达给第三层级。因此这样的联络关系就能比较清楚地体现出整个团伙的层级关系和各成员轻重排序。而资金往来记录通常是案件中的毒资和运费报酬，因此从资金流向上也能证明各笔资金属于购毒资金还是运费报酬。

根据以上判断，我们能进一步确定团伙中谁是出资购毒者。谁是运费报酬的支付者，谁是运费的中转分发者。进而能够较清楚地确定团伙各成员的作用和地位。活动轨迹材料能直观地反映团伙各成员在什么时间到过什么地方，结合言词证据，便能推断出各人的行为性质，如邀约同伙、前往商谈买卖毒品、支付毒资、交接毒品、探路、运输，等等。

以下案例是利用上述客观证据证明主从关系的良好例证：

案例

2014 年 7 月 25 日。云南省曲靖市公安局禁毒支队通过情报了解到有一安徽籍人员在边境活动，并从境外购买了大量毒品欲运输回安徽。于是便派民警在韩某某所途经的公路上设卡检查，并于当日在云南省临沧市漫湾镇路段抓获了正驾车前往安徽的韩某某及同伙罗某某（云南省临沧市人），且当场从其驾驶的汽车内查获毒品海洛因 40 块，净重 20 余千克。

韩某某被抓获后，第一时间供认了该批毒品是其同村张某某向缅甸人购买，然后以承诺给付 20 万元报酬的方式雇佣韩某某来云南接取毒品并运输回安徽，后韩又雇请云南当地人罗某某协助其实施运输行为。韩某某还详细交代了其与张某某约定的接货时间、地点和方式，并表示愿意主动配合公安人员引诱张某某，接货以便公安人员对张某某实施抓捕。后公安机关在韩某某的配合下，顺利抓获了张某某。

此案中笔者是韩某某的辩护人。由于韩张两人事前的策划非常严密，一路上的交流全部使用暗语。如韩某某引诱张某某前来接取毒品时所使用的话术是："晚上一起喝酒？""我帮你带了一点鱼饵，你来拿一下嘛？""我19：40左右到高速公路出口那里，你在那里等着，我拿给你"。

张某某到案后拒不认罪，坚持说他没有参与，当天韩只是让他去拿鱼饲料。同案的罗某某也不知道韩与张的关系，甚至不知道张的存在。只有韩某某一人的供述，定罪都比较困难（因为无法排除韩某某为了保命陷害他的可能），更无法确定张某某是否为真实主犯（出资购毒者，雇佣者）。因此该案在起诉到法院的时候张某某只排在最后一名，韩某某仍然排在第一位。

本案现实的困难是，首先，本案涉案的毒品海洛因20余千克，属特别巨大，早已远远超过了实际掌握的死刑标准。其次，韩某某5年前刚因包庇犯罪被判处了有期徒刑，本次犯罪系累犯，依法应从重处罚。因此其虽有立功表现但还是会因与累犯情节相互抵消而难以实际从轻，或者虽有从轻情节但法庭不予从轻。最后，更为严重的是如果张某某无罪则韩某某的立功表现都会不被认定。因此韩某某可谓命悬一线，要想不判处死刑其实有相当大的难度。

后在阅卷过程中，笔者利用查询银行交易记录和通话记录的网站，查询到接收张某某转款的三个银行账号，且它们的归属地同为云南临沧市，即本次毒品的起运地。张某某向这几个账户转过几十万元钱，而且转款时间恰好和韩某某所说张转款购毒日期相吻合。后笔者又以相同方式查到与张某某通话十次左右的五六个电话号码，且它们的归属地皆为临沧。且这几个号码与张某某的通话呈现毒品交易的典型特征，即一个号码只用几次，然后弃之不用，同时又办理了新号码并继续通话。这也与韩交代的“缅甸上家很狡猾，总是一张新电话卡打几次就换掉”的说法相吻合。

庭审发问环节时，张某某供称其是做家具生意的，但从来没有与云南省临沧市及缅甸果敢特区的人有过任何生意及经济往来，在该地区也没有认识的人。举证环节，笔者把其查询的情况截图打印出来作为证据提交给法庭。并找来证据来证明本案提供毒品的上家所在地——缅甸掸邦第四特区（果敢地区）所使用的电话卡全是中国电信、中国移动，区号和归属地就是云南临沧市。银行也全是中国各银行在临沧的分支行所开设的。所以我们查到的归属地为临沧的电话号码便极有可能是缅甸的，张某某却否认其与这一地区的人有任何往来，显然是在说谎。上述证据与韩某某的供述皆能相互印证。

当然，笔者也向法庭表明，由于律师调查只有通过网站进行查询和截图，真实性有待核实，因此我建议法庭及公诉机关让侦查机关再行核实。十几日后，补充调查结果出来了，结果显示补充调查结果与之前笔者的调查结果完全一致。最后，这个排在最后一位的张某某被提到第一被告人的位置判了死刑（上诉发回重审后改判了死缓），而原本排在第一位命悬一线的当事人韩某某获得了无期徒刑的判决结果。

对视听资料和电子数据在案件中最为经典的运用，是笔者在“多人犯罪中的‘作用与地位’之辩”一讲中提到的某优秀检察官的案例。众多案件反映出，一些传统上认为是小、偏、次要的证据，在案件证明中往往能发挥强大作用。

第十讲　重新认识“非法证据排除”

非法证据排除是一个极为重要的制度，也是本次司法制度改革的重点部分。该项制度的内容涉及多个方面，因相关的规定及理论研究文章已经阐述得比较完备，本讲不再重述。本讲仅选取一个实务中被误解最多的方面进行阐述——我国非法证据排除规则的定位和实际操作问题。

一、现状

关于非法证据排除的辩护，有人称其为案件中的案件，有人称其为进攻型的辩护，甚至有人引用德肖维茨的著作，称其为最好的辩护。但是，非法证据在司法实务中如何排除以及排除后到底该如何处理，我国目前理论界和实务界都存在相当大的误解和分歧。

非法证据排除制度是舶来品，其主要有英美法系和大陆法系的两种不同形式。故要说清此问题，须先介绍国外做法，再以此为切入点来理解我国法律中此项制度的本质。

关于美国的非法证据排除规则，有一个电视剧情节能够很好地解释。美剧《傲骨贤妻》中有这样一段剧情：经过若干天的审理后，一个案件的被告人出人意料地被陪审团裁决为有罪。为什么说出人意料？因为主持庭审的法官也表现出对裁判结果的质疑，但按照美国的法律，法官是必须要服从陪审团裁决结果的。因此该法官只能以一系列的举动表达其支持辩护律师找理由来推翻裁决，从而顺利启动上诉程序。

按照该州的法律，只有找出案件审理过程中存在程序违法的情况法官才能撤销该裁决，使案件进入二审程序。辩护律师在寻找庭审程序违法的过程当中发现，有人将一份已经被法庭裁定为非法证据的文件故意扔在供陪审员活动通道的椅子上。因为被排除的非法证据是不能被陪审团成员接触到的，他们一旦接触到这类材料，其中的内容可能会对陪审员的判断产生误导。这样一来，要求撤销的理由就成立了。这就是英美法系设置非法证据排除规则的目的。他们认为，陪审团成员都是不懂法律的“普通老百姓”（称为业余法官），没法判断证据合法性这样的专业问题。而一些非法证据中对当事人极为不利的内容，如当事人自己承认犯罪，会对陪审员在投票时产生不利的影响。因此，被排除的非法证据不能让陪审团成员接触到。

在美国的刑事证据规则中，证据的可采性是指证据被允许出现在审判程序之中，进而作为法庭审判对象的准入资格。换言之，只有当证据具备可采性时，它才有可能被允许出现在法庭面前，成为控辩双方质证和辩论的对象。只有当证据具备可采性或者对方当事人对证据的可采性没有异议时，它的证明力问题才可以成为事实裁判者考虑的对象。如果证据不具备可采性，那么它不仅不能成为裁判的根据，它也不被允许出现在事实裁判者的面前。

在审判之前或法庭审判过程中，如果一方当事人提出了不具备可采性的证据，那么对方当事人有权向法官提出异议，要求法官禁止该当事人向法庭提交该证据。因此有学者归纳认为，美国排除非法证据的法律后果有两个：一个是直接后果，是指剥夺一方当事人提交的证据进入法庭从而成为控辩双方予以质证和辩论的资格；另一个是间接后果，就是一方当事人提交的证据因为丧失进入法庭的资格而最终无法成为事实裁判者认定案件事实的根据。从这个角度而言，美国刑事证据排除规则也可以看作是对自由证明制度的一种限制，即阻碍当事人在事实裁判者面前出示具有证明力的证据。[1]

我们再举一个耳熟能详的例子——周立波枪毒案。本案至关重要的证据，就是警察在周立波所驾驶的汽车内搜查到了枪和毒品。我们知道这份证据是被法庭认定为非法证据而排除掉的，而排除的过程和结论是在陪审团进行正式审理之前作出的。我们可以想象，如果这组证据被陪审团成员——那些不懂法律的普通公民看到，他们的判断会和我们中国的老百姓一样。他们会说："虽然周立波当时没有同意搜查车辆，但这有什么呢？枪和毒品在他的车里搜到是不争的事实啊，还有什么好狡辩的，这都不能认定那还有什么是能够认定的？"因此他们一旦看到了这份"非法的证据"，就极有可能会作出有罪的裁决，但这样的裁决是与法律精神相违背的，所以法官要将其排除在法庭之外。

在美国，这个过程是由预审法官来进行审理的，如果将此制度套用在我们国家的刑事诉讼过程中，我们就要专门设置一个类似于预审法庭的组织来召开庭前会议。那么被庭前会议排除掉的证据，正式庭审的法官就看不到了。

由于我国的"非法证据排除"这一名称就是来源于美国，加上我国有关非法证据排除具体操作的规定不甚明确，再者，我们国家刑事诉讼法、刑事证据法的理论研究一直存在"言必称英美法系"的现象，这就造成我国理论界和实务界大多数人都以英美法系的规则来理解我们自己的非法证据排除规则。具体体现在对于非法证据的定位上，几乎所有的法律人都认定其是"不具有证据资格"的"证据"。正是应为受到了英美法系做法的影响，很大一部分理论及实务界的人士都认为排除非法证据就是排除其进入法庭的资格，并认为这就是非法证据与不具备合法性的证据的区别。

中南财经政法大学的陈虎副教授将"证据"的身份作过递进式的划分：

[1] 王超：《刑事证据排除的两种模式》，载《现代法学》2013 年第 4 期。

广义证据的定义是随着案件的推进，由“自然物品”变为“证据材料”，再到“证据”，最后成为“定案根据”的。这个观点非常有助于我们理解这个问题。申言之，某物品在尚未被收集到的时候，只能称其为自然物品。如果该物品被侦查人员提取后附在侦查卷宗材料中，并打算向法庭移交作为证据使用，这时，直至法庭开庭前，它都只能被称为证据材料。而一旦法庭接纳该证据可以作为法庭审理的对象，即组织举证质证时，它才能被称为证据。如果该证据的三性最终为法庭所认可，并被采纳为认定案件的根据并写入判决书时，它的地位就变成了“定案根据”。

按照这一区分来理解，很多人认为排除非法证据就是阻止“证据材料”转化为“证据”的过程，而证据三性中的合法性抗辩是阻止证据转化为定案根据的过程。甚至有人进一步认为，所谓排除非法证据，其根本目的是阻止审判案件的法官看到这一份“证据”从而产生对当事人不利的心证。基于这个原理，在法律规定不完备的年代，曾有律师在法庭上坚持要求法庭就某些证据是否排除要提前给出裁定，而不能在判决书中一并阐述。也有学者指出当前非法证据排除规则的不完善，认为应当设置“预审法庭”来处理包括非法证据排除在内的庭前事务，这样才能彻底隔绝审判法官见到非法的证据。

这一理解，道理、逻辑全通，因此构成了我们大部分人的认知。但是，对照规定就会发现似乎不对，现实的规定与我们的上述理解是矛盾的。通过研究我国涉及非法证据排除的相关司法解释等文件——《刑事诉讼法解释》《关于办理死刑案件审查判断证据若干问题的规定》《关于办理刑事案件排除非法证据若干问题的规定》，我们从中发现两点与上述认知完全不同的表述：

第一，对于非法证据排除的后果，所用的表述有两种，一种是“应当予以排除”，另一种是“不得作为定案的根据”，包括“不得作为提请批准逮捕、移送审查起诉的根据”，却从来没有规定过“不得作为证据”。不但如此，甚至还直接规定“被排除的非法证据应当随案移送，并写明为依法排除的非法证据”。

第二，没有任何一个文件规定被庭前排除的非法证据不得进入审判法庭，不得被法官看到。或是要求将已被排除的非法证据从卷宗中拿走、封存、隔绝。实践中，即便是检察机关审查起诉阶段就被排除的非法证据照样放在卷宗里，公诉人只是不作为证据进行举证而已。

二、我国非法证据排除的本质

由于我国的现有法律规定中没有明确非法证据排除的定位，我们还是从国外的制度中寻找一些理解我国这一制度的既有经验。事实上，有关非法证据排除的制度，主要分为大陆法系与英美法系两种规则。前面已经介绍过英美法系的非法证据排除规则，在此简要介绍大陆法系的规则，并与我国的规定作比较。

包括德国在内的大陆法系国家的非法证据排除（证据禁止）制度中，对案件事实的审理和对非法证据排除的审理是由同一个法官进行的。这就意味着非法证据无论是在哪一个阶段被排除，审理案件的法官都已经知悉该非法证据了。因此所谓的非法证据排除，并不是排除该证据进入法庭的资格，而排除其作为定案根据的资格。同时，其还规定了三种模式：一是强制排除模式，要求原则上在侦查活动中用非法手段收集的一切证据都要排除；二是裁量排除模式，是给法官授予充分的自由裁量权，法官综合各方面的情况，本着公平正义的原则进行裁量，从而决定被认定为非法的证据能否予以适用或排除；三是强制排除与裁量排除相辅相成的双重适用模式。这一模式规定了在某些情况下必须适用非法证据排除规则，但同时又授权给法官一定的自由裁量权，允许法官在一些情况下自由裁量决定是否应当适用非法证据排除规则。

以上制度和我国的规定基本是一致的。说明我国最高人民法院在制定我国非法证据排除规则时主要借鉴的是大陆法系国家的做法。另外，我国确立的非法证据排除规则比较类似于上述第三种，即根据我国的法律法规和司法解释对于非法证据排除规则进行了详尽的规定和解释，确保在实践中有法可依，严格执法。

关于我国非法证据排除制度的合理性解释。前文提到，英美法系非法证据排除程序中的一个核心是隔绝案件的事实裁判者——陪审团成员与非法证据见面，原因是陪审团成员并非法律专业人士，一旦接触到非法证据，便会受到不当的影响。而大陆法系国家的理论认为其审理案件的法官是职业法官，是法律专家，能够避免非法证据对其心证造成不当影响。因此即使需要排除那些没有证据能力的证据，也是法官经过法庭审判之后才加以考虑的事情，而不能在法庭审判之前就对可能没有证据能力的证据提前进行隔离处理。

基于本书的目的不在于学术讨论而在于整理融汇，以便于实务人士了解和掌握，因此对于我国的非法证据排除制度是否合理以及是否存在缺陷不是本讲要加以讨论的内容。通过以上内容的归纳整理，我们发现事实上我国的非法证据排除规则审查的对象，虽然也被学者认为是证据的资格（证据能力）而非证明力，但其与证明力的否认其实也并没有本质的区别，甚至有学者直接认为我国的非法证据排除规则审查的就是证据的证明力问题。

从这一点上来说，辩护时提出的非法证据排除申请与在庭审过程中发表的证据三性之合法性意见并无本质上的区别。那为什么还要专门设置此项制度呢？我们注意到此项制度并不是由立法机关规定，而是由最高人民法院制定的，其背景是本轮“庭审实质化”的改革举措，因此我们可以理解为，最高人民法院设立这项举措是为了改变以往“形式审判”的积弊。

在之前的审理中经常会出现这样的情景：当辩护律师在法庭质证过程中

指出某项证据的种种违法及不可采信理由后，法庭不作任何表示，庭审继续进行。虽有些法官会声称“待合议庭评议后认定”，但却在判决书中有意绕开，只用一句话“辩护人的质证意见与查明的事实不符”来盖过，对律师的意见不作任何正面的回应和解释。在本轮庭审实质化的改革中，最高人民法院力求通过这一制度的设置使得让法庭尽可能地正视律师的意见，使庭审更加的“实质化”而非“形式化”。

因此，作为辩护律师，我们也应看到，利用传统辩护方式在庭审中发表质证意见的效果十分微弱。故我们应该充分利用规则赋予我们的权利，以丰富多元的辩护手段来使法庭正视和采信我们的意见，其中，要求启动非法证据排除程序就是一件有力武器。

第十一讲　瑕疵证据何以“补正”与“合理解释”？

一、现状

如前所述，相关司法解释等规范性文件对数类证据确立了一种“可补正的排除规则”，规定对存在某些瑕疵的证据可以采用补正、合理解释的方式赋予其完全的证据资格。那么，“补正”是补正什么，需要补正到什么程度才能具有证据能力。“合理解释”又是解释什么，需要如何解释？现实中大量存在的“情况说明”在什么情况下可以达到赋予其证据资格程度，什么情况下又不能，具体标准是什么。也就是说，在司法实践中，法官究竟如何判断瑕疵证据是否已经补正或做出合理解释？补正需要达到何种程度？何种解释方能被接受为“合理”从而得以修复其瑕疵。[1]

据悉，可补正的排除规则系我国特有的一项制度，没有先例也没有成熟的可供借鉴的理论研究成果,因此这项制度从创立之始即产生了非常大的争议。其中比较有代表性的反对观点引用“瑕疵治愈”学说，认为补正和解释仅能针对证据的真实性来加以补强。而合法性问题是不可能存在可补正的条件的。[2]也有学者提出的反对理由是担心这会导致证据排除规则受到消解、办案人员为

[1] 赵星、周婷：《刑事诉讼瑕疵证据的合法性转化》，载《甘肃社会科学》2014 年第 4 期。
[2] 孙远：《论“补正”与“合理解释”——从“瑕疵治愈说”到“法规范目的说”》，载《中国刑事法杂志》2015 年第 1 期。

补正瑕疵而弄虚作假。[1]

另外，司法工作人员的态度却走向另一个极端。由于这一制度的理论研究稍显滞后，法律条文规定得非常原则化、毫无可操作性。在缺乏理论指导和条文指导的情况下，司法人员普遍都不能准确掌握“补正”是补什么，“合理解释”又是解释什么，需要达到什么样的程度才能采信，什么情况下又不能采信等实际问题。因此在实践中，甚至存在“不管什么，只要有解释、有说明，就都采信”的做法。所以这是一个极需要厘清的现实、重要的问题。

二、应补救及可补救的原因

前述问题，笔者归纳为“补正”的标准及“合理解释”的标准，即达到此标准的证据，可以通过法庭审查，作为定案依据，否则即应排除在法庭之外。要弄清楚“补正”与“合理解释”的标准在哪里，我们得要先弄清楚为什么要补正和为什么要解释，即“瑕疵证据”的问题原理是什么。

有学者将补正和解释合并起来称为补正，笔者认为不甚合理。但此处为方便表述，本书此处采用另一些学者的做法，将“补正”及“解释”合称为“补救”，以便与“补正”相区别。

根据规定，法院在对物证、书证、电子数据与视听资料、证人证言、被告人供述、勘验检查笔录、辨认笔录等证据的审查判断过程中，对于那些在收集过程中存在轻微违反法律程序情形的，可以将其视为瑕疵证据并适用可补正的排除规则。结合《刑诉法司法解释》《关于办理死刑案件审查判断证据若干问题的规定》《关于办理刑事案件排除非法证据若干问题的规定》《关于办理刑事案件收集提取和审查判断电子数据若干问题的规定》等规定中的相关条文进一步梳理，瑕疵证据具体可分为如下几类：

[1] 龙宗智：《两个证据规定的规范与执行若干问题研究》，载《中国法学》2010年第6期。

（一）签名缺失或签名显示证据可能违法

1.实物证据类：勘验、检查、搜查、提取笔录或者扣押清单上没有侦查人员、物品持有人、见证人签名；物证的照片、录像、复制品，书证的副本、复制件无被收集、调取人签名、盖章的；物证的照片、录像、复制品，书证的副本、复制件中，关于制作过程和原物、原件存放地点的说明中无签名的；物证的照片、录像、复制品，书证的副本、复制件在与原件核对无异以及关于复制时间的记载中，无被收集、调取人签名、盖章的；视听资料、电子数据的笔录或者清单上没有侦查人员、电子数据持有人（提供人）、见证人签名或者盖章的；辨认笔录没有侦查人员、辨认人、见证人的签名或者盖章的。

2.言词证据类：证人证言询问笔录反映出在同一时段，同一询问人员询问不同证人的；讯问笔录中讯问人没有签名的。

（二）重要的特征要素记载缺失

1.实物证据类：勘验、检查、搜查、提取笔录或者扣押清单上对物品的名称、特征、数量、质量等注明不详的；物证的照片、录像、复制品，书证的副本、复制件没有制作人关于制作过程和原物、原件存放地点的说明的；物证的照片、录像、复制品，书证的副本、复制件未注明与原件核对无异，无复制时间；电子数据的名称、类别、格式等注明不清的。辨认笔录中主持辨认的侦查人员少于二人，没有向辨认人详细询问辨认对象的具体特征的，对辨认经过和结果没有制作专门的、规范的辨认笔录，辨认记录过于简单，只有结果没有过程的；视听资料、电子数据：未以封存状态移送的。

2.言词证据类：证人询问笔录没有填写询问人、记录人、法定代理人姓名以及询问的起止时间、地点，或询问地点不符合规定的；证人询问笔录没有记录告知证人有关作证的权利义务和法律责任的；讯问笔录填写的讯问时间、讯问人、记录人、法定代理人等有误或者存在矛盾的；首次讯问笔录没有记录告知被讯问人相关权利和法律规定的；辨认笔录没有附被辨认对象的照片、录像等资料，无法获悉辨认的真实情况的。

从以上的规定归纳中可以看出，瑕疵证据除了普遍公认的“违法性轻微”外，其实还具有另外一个特性就是“违法程度”及“真实性”处于真伪不明的状态。举例说明，一份毒品的称量笔录中没有毒品可疑物持有人的亲笔签名，则这份证据至少存在如下两种情况：第一种情况是侦查人员真实地称量了，过程基本没有问题，只是忘记让当事人签名；第二种情况是侦查人员根本没有按照法定程序称量毒品可疑物，相关笔录是侦查人员自己编造的。但显示在笔录中只是没有当事人签名，这就需要进一步补正和说明到底属于哪种情况。经补正和说明后，如果属于前者，则证据可以采用，如果属于后者，则当然应当排除。

三、补救的方式

法律和司法解释规定了两种程序补救的方式：一是补正；二是进行合理的解释或说明。但对于这两种补救的具体方式、方法和手段，则没有具体规定。对于补正，有权威学者主张应是以下两种方式：一是对证据笔录进行必要的修正，包括对笔录内容的增加、删除或者修改；二是重新实施特定的侦查行为并重新制作笔录。而所谓“作出合理解释”，是指办案人员对于原来的程序瑕疵以及进行程序补正的情况作出一定的解释，这可以分为两种情况：一是对于已经进行的程序补正情况进行必要的说明；二是对于那些实在无法补充和纠正的瑕疵证据作出一定的解释[1]。

对证据笔录进行的修正主要适用于那些在记录上遗漏重要内容或者遗漏有关人员签名的情形。办案人员通过对证据笔录作出必要的修改、增加或者删除，尽量对原有的程序瑕疵作出弥补。例如，勘验、检查笔录没有侦查人员、

[1] 陈瑞华：《论瑕疵证据补正规则》，载《法学家》2012年第2期。

见证人签名的，法院可以责令办案人员在原勘验、检查笔录上加上侦查人员、见证人的签名；询问证人笔录没有记载询问人、记录人姓名和起止时间、地点的，办案人员也可以重新填写姓名、起止时间和地点；讯问被告人笔录没有讯问人签名的，办案人员也可以增补上类似的签名。需要注意的是，对于这类在记录方面存在瑕疵的证据笔录，办案人员除了在原笔录上作出必要修改和补充之外，也需要就程序补正过程作出必要的说明和解释，以备法院对其补正情况进行审查。

重新实施侦查行为或者重新制作证据笔录的补正方法适用于证据笔录存在较大错误或者侦查活动存在明显瑕疵的情形。即侦查人员的记录错误已经影响到人们对该证据笔录真实性的信任，此时仅仅作出形式上的补充和修改已经不足以消除人们的合理怀疑。如果法院仅仅要求办案人员修改证据笔录还是不够的，则应令其重新实施有关侦查行为，以便有效地弥补原有的程序瑕疵。

对于要求办案人员作出合理的解释说明，也存在两种情况。一种是法院在责令办案人员修正证据笔录或者重新实施侦查行为的同时，对其程序补正过程给出必要的说明以供法院进行审查，并以此来说服法院采纳相关的瑕疵证据。另一种是对于某些瑕疵证据已经无法补正的情况，如不可能再把物品放回原地重新搜查一遍，只能通过情况说明的方式尽量弥补或加以解释。

四、补救的标准

所谓补救的标准，就是指在侦查人员对瑕疵证据进行了补救以后，达到什么样的“度”时即达到了对证据的补正目的，否则视为瑕疵没有被弥补。根据前述对补救的目的与方法的阐述，我们可以对补救的标准归纳为：

（一）补正的标准

1. 如果证据只是存在记录上的技术性缺失，则在说明原因以后进行文字上的修正即可，方法可以是在原文件上增添文字、另做修正文件等。

2. 如果并非仅仅是文字记录的缺失，而是侦查取证行为本身缺失了某些必要的环节，则应当在有可能的情况下重新实施原取证行为，并重新制作取证文书。

3. 如果已经不可能再重新实施一遍原来的取证行为，则只能收集其他证据来使得原证据瑕疵可能带来的法律风险得以消除。例如，在对特定证人的询问中未给其安排翻译，这时可以提供证据证明其能使用中文交流不需要翻译。

（二）“合理解释”的补救标准

在司法实务中，所谓的解释说明，通常都是表现为侦查机关的一份或多份《情况说明》。相比于补正，合理解释该如何解释，解释什么内容，达到什么条件可以算是“合理”，都是一个更大的司法难题。对辩护人如此，对侦查人员、公诉人和审判员也同样如此。

在现实中，我们发现侦查人员的《情况说明》内容大致可以分为以下几种：

1. 万事皆是笔误型。即都强调侦查过程没有过错，只是记录失误。时间不对是笔误，没写地点是笔误，没有签名是笔误，只有一人询问也是笔误。

2. 简单申明型。类似自我证明但显然没有证明的作用，如“办理过程中不存在违法违规行为”。

3. 客观找原因型。如“当时因警力较少，因此未进行……”“因证据较多，当场无法……”

4. 认错检讨型。如“确因办案人员的工作失误，没有进行……”有的还要强调“但证据合法有效……”

面对这样那样的“情况说明”，该如何判断其证据补救的效力呢？根据对相关专家观点的整理，具有如下情形的，可以认定为能够赋予原证据以采信效力的“合理解释”：

1. 办案人员作出合理的解释和说明，足以证明原有的程序瑕疵属于一种无害错误，也就是说不会导致错误认定事实的技术性违规。说白了，就是虽有记录错误、遗漏记录、遗漏签名、操作违规等程序瑕疵，但证据反映的事实的真实的。如办案人员证明询问笔录中对告知证人义务和责任问题的疏于记录、讯问笔录遗漏记录告知被告人诉讼权利的环节，并没有对证人如实作证和被告人自愿供述造成实质上的影响（申明型）。

2. 办案人员经过必要的解释和说明，足以证明原来的程序瑕疵只属于一种疏忽大意的过失，侦查人员违反法律程序的主观恶性并不是很强。

五、证据补救后的法律后果

这个问题其实和一种补救措施——“解释说明”有关，我们前面说过，有一些“瑕疵证据”只是暂定为瑕疵，原因在于这些证据处于真伪和合法性不明的情况。如某一份扣押毒品的扣押笔录及扣押清单上没有见证人签名，法庭要求补证和解释的首要目的是想弄清楚：第一，是真的没有见证人还是只是忘记了签名；第二，如果真的没有见证人，那有没有替代的措施如同步录音录像；第三，如果前两者都没有，有没有别的方法证明扣押过程的客观真实性；第四，如果前三者都没有，那现在有没有什么措施来补救。回答完前面四个问题以后，再来审查侦查机关提供的“补证”证据。从这个例子可以看出，补救以后，或者应该说是解释说明了以后，该份证据是否属于可补正的证据就已经很明了了。它面临两种法律后果——进入补证环节或直接排除。这就进入了本部分要讨论的内容：补救后该排除还是该采纳，理由是什么。而这个问题，其实就是非法证据和瑕疵证据的区分标准。归纳梳理理论界的观点，区分标准如下：

1. 看取证手段是否侵犯了重大的权益。通过深入分析非法证据与瑕疵证据的情形，就可以发现规则背后的一个规律，即取证手段是否存在严重的侵权行为可以成为区分非法证据和瑕疵证据的一项标准。准确地说，相对于非法证据而言，瑕疵证据不存在明显的侵权问题，最多存在技术层面上的违规问题。而非法证据则程度不同地存在明显的侵权问题。

2. 取证手段是否违反了实质性程序规范。两种证据都存在侦查人员违反法律程序的问题。但是不同的法律程序在重要程度上存在差异。重要的法律程序可称为实质性程序,而不重要的法律程序视为技术性程序或者形式上的手续。违反前者即可认定为非法证据，违反后者的应认定为瑕疵证据。一般而言，可从以下三个方面的特征判断是否属于实质性规范:一是体现了重要的司法制度、诉讼理念和程序原则；二是保护特定当事人的人身权利和诉讼权利；三是以禁止性规范或者义务性规范的形式，对侦查人员提出了明确的程序要求，并设立了专门的程序性法律后果。

3. 是否违背程序正义。

4. 是否影响案件的真实性。在笔者看来，无论理论界如何力争和主张，但在司法实务界，证据的真实性才是最为重要的评判指标。如侦查人员在没有获得批准的情况下进行了搜查，并且取获重要的物证。只要搜查和取获的过程能够认定为真实的（排除栽赃的可能性），法庭基本上不会排除该份搜查笔录以及获取的物证。

在现实情况中，除了法律明文规定的那几类证据适用可补证的排除规则外，在现实中对证据的补证及解释说明非常普遍。以上四点是证据补正后对其“命运”判断的标准，也是侦查机关对证据补证后辩护人质证的参考依据。

第十二讲　毒品的“定性”与“定量”

——从不同情况下毒品定性与定量的要求及其对量刑的影响展开

一、辩点概述

为防混淆，本讲并不讨论有关毒品的称量、鉴定相关证据可采性的问题，该内容将在另外的章节中讨论。本篇讨论如下几个方面的内容：什么是刑法意义上的“毒品”；常规情况下毒品含量与定罪量刑的关系是什么；法律对新型毒品和混合型毒品定性与定量的特殊要求；不以常规形态存在的毒品如何定性与定量。

1. 毒品的数量和性质是在影响涉案当事人罪行轻重的因素中，最为重要的一个。在其他情节相同的情况下，贩卖100克毒品与贩卖1000克同种毒品的量刑是截然不同的；而100克鸦片与100克海洛因的量刑之间更有天壤之别，这无需过多解释。

2. 某些情况下涉案毒品的数量和种类决定着当事人是否构成犯罪。如《刑法》第348条规定的非法持有毒品罪，非法持有的数量须达到海洛因10克以上或者鸦片 200 克以上才能构成本罪。[1] 在实践中，若没有证据能够证实嫌疑人有贩卖、运输毒品行为，但却在其身上或住处查获的 100 克毒品可疑物，如果最终经过鉴定确定查获的毒品是海洛因或甲基苯丙胺（冰毒），则嫌疑人无疑构成非法持有毒品罪；若经鉴定，查获的毒品可疑物是鸦片或氯胺酮，则由于法律对该类毒品的定罪数量标准不同，查获的毒品数量还达不到入罪的标准，该当事人的行为就不能构成非法持有毒品罪。

3. 某些特定情形对涉案毒品的定性定量证据有特殊要求。例如，判处死刑的案件按要求须有毒品含量鉴定，新型混合型毒品也需要作含量鉴定。因此案件中如果存在缺少含量鉴定的情况，就会导致案件证据不足。

4. 如果无法查明用于呈堂指控的毒品就是案发时侦查机关查获的毒品，或者毒品称量、鉴定的结论被推翻，则指控被告人犯罪的证据就出现了根本性缺失，被告人无法被认定为有罪。

5. 如果查明毒品数量和性质的相关侦查程序存在重大瑕疵，导致证据的客观性存在重大怀疑且无法查清的，则相关利益应当归于被告人。最终导致的结果可能是被告人不能被判处死刑，或者获得更轻的刑罚，从而取得死刑辩护的成功。

二、辩点梳理

（一）刑法中所指的毒品是什么？

按照我国刑法的规定，毒品是指鸦片、海洛因、甲基苯丙胺（冰毒）、吗啡、大麻、可卡因以及国家规定管制的其他能够使人形成瘾癖的麻醉药品和精神药

[1]《中华人民共和国刑法》第 348 条规定："非法持有鸦片一千克以上、海洛因或者甲基苯丙胺五十克以上或者其他毒品数量大的，处七年以上有期徒刑或者无期徒刑，并处罚金；非法持有鸦片二百克以上不满一千克、海洛因或者甲基苯丙胺十克以上不满五十克或者其他毒品数量较大的，处三年以下有期徒刑、拘役或者管制，并处罚金；情节严重的，处三年以上七年以下有期徒刑，并处罚金。"

品。有人作了学理性的归纳，认为毒品须具有违法性、毒害性等。但笔者认为，最为简单明了的归纳就是：凡是规定在刑法条文中，以及列入《麻醉药品品种目录》和《精神药品品种目录》的，就是毒品；没有列入的就不是刑法意义上的毒品。目前，我国的《麻醉药品品种目录》和《精神药品品种目录》（2013年版）共列明了121种麻醉药品和130种精神药品。由于这两个目录是在变动中的，因而在相关药品被列入两个《目录》之前，行为人所实施的走私、贩卖、运输、制造、持有该药品的行为，就不能认定为走私、贩卖、运输、制造等毒品犯罪。仅有可能构成非法经营、生产销售假药罪等其他罪名，这一点应无争议。

（二）常规情况下毒品含量与定罪量刑的关系

1. 毒品含量与定罪的关系

通常情况下，我们都接受了毒品的含量多少与定罪是没有关系的这一结论，但如果深入思考的话，刑法中所称的“毒品”真的不需要有含量的下限边界吗？恐怕也不是。一方面，随着毒品检测仪器的不断更新换代，即使含量再低的毒品也可能被检测出毒品成分。另一方面，法律规定走私、贩卖、运输、制造毒品罪中，“无论数量多少，都要追究刑事责任”，而且“毒品不以纯度折算”。但我们知道在现实中这两句话是不能作平义解释的。

曾经有一位教授说：“如果把一千克毒品倒入滇池，能认定为整个滇池的水都是毒品吗？”也有律师在辩护词中质疑：“如果所有毒品都不论纯度的话，那是不是可口可乐及很多治疗感冒的药品也应当算是毒品？”由此看来，刑法中所说的“毒品”，其含量的下限肯定是应当有边界的，但这个边界到底在哪里？

很惭愧，笔者查阅了大量的资料，仍然无法回答这个问题。有人曾主张含量在0.1%以下的毒品对人体是不具有危害性的，不能称为传统意义上的毒品，因此也就不再具有社会危害性，不应受到刑事处罚。可惜这个观点没有任何具有法律效力的依据支撑，也不为司法实务界所认同。在最高人民法院的指导案例中，目前只有“赵廷贵贩卖毒品”一案，在毒品含量仅为0.064%（折算后海洛因的数量仅为0.205克）的情况下，不但被定了罪，最终还被判处15年有期徒刑。因此，当前这个问题目前还没有答案，只能留给读者思考。按照现有的规定，凡是能鉴定出毒品成分并同时满足其他犯罪要件的，都要追究刑事责任。

我国《刑法》第348条规定：非法持有鸦片200克以上不满1000克、海洛因或者甲基苯丙胺10克以上不满50克或者其他毒品数量较大的，处3年以下有期徒刑、拘役或者管制，并处罚金。以海洛因为例，非法持有10~50克，其法定刑幅度为3年以下有期徒刑、拘役或者管制，非法持有海洛因10克以下则不入罪。按照“唯数量论”的处理方式，非法持有10克含量为10%的海洛因，其自由刑的刑罚应为3年以下有期徒刑、拘役或者管制；而持有5克含量为20%的海洛因却不入罪。基于立法技术考虑，根据毒品的数量来衡量其社会危害性有一定的实践依据。非法持有毒品罪作为兜底性罪名，对那些客观上非法持有了一定数量的毒品，但却无法证明行为人要利用该毒品实施或将要实施其他犯罪提供了刑事追责的法律依据。通过毒品空间上的转换，从而对社会管理秩序造成威胁，其社会危害性是潜在的。以持有毒品的多寡来衡量社会危害性，携带的毒品越多，其社会危害性就越大，对应的刑罚就越重，这符合司法实践现状；但携带毒品的多寡仅以其重量作为标准是不全面的。10克含量为10%的海洛因和5克含量为20%的海洛因实质上是一样的，两者含有的毒性危害物质是相同的，区别仅仅是其载体重量的体现，处理结果却是罪与非罪的差别。故单以毒品数量为标准来衡量持有毒品的多寡，这显然严重影响了司法公正性。笔者认为，衡量持有毒品的多寡不仅要看数量，更要看毒品纯度，而后者，便直接影响涉毒行为的定性。

2. 毒品含量与量刑的关系

法律虽然规定毒品不以纯度折算，但在酌定量刑的层面，尤其是当毒品可能大量掺杂掺假，以及可能含量极低的情况下是需要考虑毒品含量的。

有关在毒品含量极低情况下如何处理的问题，我国较早的规定见于1994年最高人民法院颁布的《最高人民法院关于适用〈全国人民代表大会常务委员会关于禁毒的决定〉的若干问题的解释》（法发〔1994〕30号）（以下简称《1994年司法解释》）。其间规定，“海洛因的含量在25%以上的，可视为《决定》和本解释中所指的海洛因。含量不够25%的，应当折合成含量为25%的海洛因计算数量”。后来到了1997年的《刑法》第357条第2款又规定：“毒品的数量以查证属实的走私、贩卖、运输、制造、非法持有毒品的数量计算，不以纯度折算。”

但最高人民法院发布的指导案例“李惠元贩卖毒品案”中又主张：“对于查获的毒品有证据证明大量掺假，经鉴定查明毒品含量极少，确有大量掺假成分的，在处刑时应酌情考虑。特别是掺假之后毒品数量才达到判处死刑的标准的，对被告人可不判处死刑立即执行。”另一个指导案例“刘玉堂、李永生贩卖毒品案”中也表明在毒品犯罪死刑复核案件中，对于毒品大量掺假的情况，在量刑时应酌情考虑。2000年4月4日最高人民法院发布了《南宁会议纪要》中首次对毒品含量进行说明，“对于查获的毒品有证据证明大量掺假，经鉴定查明毒品含量极少，确有大量掺假成分的，在处刑时应酌情考虑”。2008年的《大连会议纪要》第5条也曾明确规定：“对涉案毒品可能大量掺假的，应当作出毒品含量鉴定。”

由于上述《1994年司法解释》及《南宁会议纪要》均已失效，因此2015年5月28日《武汉会议纪要》再次重申了“涉案毒品纯度明显低于同类毒品的正常纯度的，量刑时可以酌情考虑”的裁判规则。

所以当前对于毒品含量的裁判规则是：办理毒品犯罪案件，无论毒品纯度高低，一般均应将查证属实的毒品数量认定为毒品犯罪的数量，并据此确定适用的法定刑幅度。涉案毒品纯度明显低于同类毒品的正常纯度的，量刑时可以酌情考虑。归纳起来就是三点：第一，毒品存在异常的情况，如有证据证明大量掺杂、掺假，需做含量鉴定。第二，即便做了含量鉴定，也不以纯度折算，而是以实际查获的毒品数量确定法定刑幅度。第三，如果经鉴定确定含量低于同类毒品的正常纯度的，数量上虽不折算，但在量刑时要予以酌情考虑。

3. 毒品含量与死刑的关系

1991 年 12 月 17 日，最高人民法院在《关于十二省、自治区法院审理毒品犯罪案件工作会议纪要》中谈及毒品鉴定问题时，就曾明确提出："近年来，假毒品、掺假毒品的犯罪案件越来越多……因此，对毒品犯罪案件中查获的毒品进行鉴定，确定毒品的种类和含量是办理毒品犯罪案件中的一个十分重要的问题。在目前条件下，对于拟判死刑的案件应该对所查获的毒品进行定性定量鉴定……以后要逐步做到使毒品的鉴定结论如同其他刑事案件中的刑事技术鉴定一样，成为确定犯罪事实的一项必不可少的证据内容。"

1994 年 12 月 20 日，最高人民法院在《关于执行〈全国人民代表大会常务委员会关于禁毒的决定〉的若干问题的解释》中进一步对毒品定量问题作出了明确规定，甚至用了"必须"的字眼。其第 19 条就规定："对毒品犯罪案件中查获的毒品，应当鉴定，并作出鉴定结论。对被告人可能被判处死刑的案件必须对查获的毒品做定性、定量鉴定。"

2008 年《大连会议纪要》第 5 条"毒品含量鉴定和混合型、新类型毒品案件处理问题"中规定："鉴于大量掺假毒品和成分复杂的新类型毒品不断出现，为做到罪刑相当、罚当其罪，保证毒品案件的审判质量，并考虑目前毒品鉴定的条件和现状，对可能判处被告人死刑的毒品犯罪案件，应当根据最高人民法院、最高人民检察院、公安部2007年11月颁布的《办理毒品犯罪案件适用法律若干问题的意见》，作出毒品含量鉴定。”按照这一规定，我们可以认为：如果没有毒品含量鉴定的，原则上是不能判处当事人死刑的。同时，含量过低的毒品判处死刑的数量要求更高，如《武汉会议纪要》就规定，“甲基苯丙胺片剂（俗称‘麻古’等）是以甲基苯丙胺为主要毒品成分的混合型毒品，其甲基苯丙胺含量相对较低，危害性亦有所不同。为体现罚当其罪，甲基苯丙胺片剂的死刑数量标准一般可以按照甲基苯丙胺（冰毒）的2倍左右掌握，具体可以根据当地的毒品犯罪形势和涉案毒品含量等因素确定”。

总结一下，有两条规则：其一，涉及可能判处死刑的毒品案件需要作含量鉴定，这意味着如果没有做或者没有条件作含量鉴定的，通常不会判处死刑。其二，如果经鉴定涉案毒品纯度明显低于同类毒品的正常纯度的，量刑时可以酌情考虑。至于究竟低于何种程度才会予以考虑，原云南省高级人民法院的周岸崇法官认为上述1994年的规定提到，25%是国际上的通行做法，在司法实践中仍然具有参考意义。[1]当然具体会考虑到什么程度，需要结合毒品数量、作用地位以及其他量刑情节来综合评价。

（三）新型毒品与混合型毒品的定性与定量规则

新型毒品是相对鸦片、海洛因等传统毒品而言，主要指人工化学合成的致幻剂、兴奋剂类毒品，是由国际禁毒公约和我国法律法规规定管制的、直接作用于人的中枢神经系统，使人兴奋或抑制，连续使用能使人产生依赖性的精神药品。本部分所述规则适用的是新型的混合型毒品，并不是新型毒品和混合型毒品两类。为什么这样表述？

首先，最高人民法院先后多次规定了许多如度冷丁（杜冷丁）、盐酸二

[1]何功荣、杨俭、周岸崇：《毒品类死刑案件的有效辩护》，中国政法大学出版社2017年版，第62页。

氢埃托啡、曲马多、γ－羟丁酸、可待因、丁丙诺啡、三唑仑、安眠酮、阿普唑仑、恰特草、咖啡因、传统意义之外的毒品，这些毒品都可以称为新型毒品。对于这些毒品，最高人民法院要么已经规定了其量刑的数量标准，要么已经规定了其与海洛因的折算比例，要么规定了折算的依据及原则，并不需要适用复杂的规则认定其种类。因此除了折算外，单一种类的新型毒品并不适用下文所梳理的相关规则。

其次，混合型毒品中有的毒品并不“新型”。其中最典型的就是“麻古”，即甲基苯丙胺片剂。因其已经有确定的量刑规则，也不需要按本部分的规则要求作含量的鉴定（可能判处死刑的需要作含量鉴定，但其适用的是另外的规则而不是本部分的规则）。因此，本部分规则使用的概念均为新型混合型毒品。指的是含有新型毒品成分，或者新“配方”的混合型毒品。这类毒品主要有“开心水、神仙水、跳跳糖”等，而且可以预见会不断地出现新的种类。也正因如此，才会需要一个可以普遍适用的规则，以适用于不断出现的新类型、混合型毒品。以下是具体的规则：

1. 新型、混合型毒品均需要作含量鉴定

《大连会议纪要》第5条“毒品含量鉴定和混合型、新类型毒品案件处理问题”中规定：“对涉案毒品可能大量掺假或者系成分复杂的新类型毒品的，亦应当作出毒品含量鉴定。”“对于含有二种以上毒品成分的毒品混合物，应进一步作成分鉴定，确定所含的不同毒品成分及比例。”

2. 新型混合型毒品的定性规则和定量规则

规定新型毒品量刑标准的司法解释有：最高人民法院刑一庭《关于审理若干新型毒品案件定罪量刑的指导意见》（2006年8月）；最高人民法院、最高人民检察院、公安部《办理毒品犯罪案件适用法律若干问题的意见》；最高人民法院、最高人民检察院、公安部《关于规范毒品名称表述若干问题的意见》（法〔2014〕224号）；《大连会议纪要》；《武汉会议纪要》；最高人民法院《关于审理毒品犯罪案件适用法律若干问题的解释》（法释〔2016〕8号）等。

《大连会议纪要》确立了以毒性大小确定混合型毒品种类的标准："对于毒品中含有海洛因、甲基苯丙胺的，应以海洛因、甲基苯丙胺分别确定其毒品种类；不含海洛因、甲基苯丙胺的，应以其中毒性较大的毒品成分确定其毒品种类；如果毒性相当或者难以确定毒性大小的，以其中比例较大的毒品成分确定其毒品种类，并在量刑时综合考虑其他毒品成分、含量和全案所涉毒品数量。"

对于折算问题，《大连会议纪要》规定，"对于刑法、司法解释等已规定了量刑数量标准的毒品，按照刑法、司法解释等规定适用刑罚；对于刑法、司法解释等没有规定量刑数量标准的毒品，有条件折算为海洛因的，参照国家食品药品监督管理局制定的《非法药物折算表》，折算成海洛因的数量后适用刑罚……对于国家管制的精神药品和麻醉药品，刑法、司法解释等尚未明确规定量刑数量标准，也不具备折算条件的，应由有关专业部门确定涉案毒品毒效的大小、有毒成分的多少、吸毒者对该毒品的依赖程度，综合考虑其致瘾癖性、戒断性、社会危害性等依法量刑。因条件限制不能确定的，可以参考涉案毒品非法交易的价格因素等，决定对被告人适用的刑罚，但一般不宜判处死刑立即执行"。

最高人民法院、最高人民检察院、公安部出台《关于规范毒品名称表述若干问题的意见》，对《大连会议纪要》作了一定的补充和修改。其规定如果"海洛因、甲基苯丙胺的含量极低的，可以根据其中定罪量刑数量标准较低且所占比例较大的毒品成分确定其毒品种类"。该意见其实是确定了通常情况下以处罚更重的毒品成分确定混合型毒品的种类。

在上述司法解释后面出台的《武汉会议纪要》没有再对上述规定作出调整，只是补充规定了对于未查获毒品实物情况下的处理规则："对于未查获毒品实物的甲基苯丙胺片剂（俗称"麻古"等）、MDMA 片剂（俗称"摇头丸"）等混合型毒品，可以根据在案证据证明的毒品粒数，参考本案或者本地区查获的同类毒品的平均重量计算出毒品数量。在裁判文书中，应当客观表述根据在案证据认定的毒品粒数。"

《大连会议纪要》形成于 2008 年，是法院系统关于毒品方面的研讨会的纪要，对司法实践起着参照适用的作用。虽然实践中都在适用毒品会议纪要的内容，但其效力不如司法解释。最高人民法院、最高人民检察院、公安部《关于规范毒品名称表述若干问题的意见》颁布于 2014 年，在内容上规定了"应当根据其主要毒品成分和具体形态认定毒品种类、确定名称"。这实际上已经是对大连会议纪要内容的修改，其效力等同司法解释。上述"意见"是最高人民法院、最高人民检察院和公安部共同制定的司法解释，相比会议纪要应当优先适用。

归纳小结：首先，对以上规定的整理可以看出，在定性规则上，如果其中含有海洛因、甲基苯丙胺成分的，通常直接认定为海洛因或甲基苯丙胺；如果不含海洛因、甲基苯丙胺，则按其中毒性大的毒品来确定新型混合型毒品的种类；如果新型混合型毒品中海洛因、甲基苯丙胺或其他毒性大的毒品含量极低的，可以根据其中定罪量刑数量标准较低，但所占比例较大的毒品成分确定其毒品种类。最后一种情况，可以理解为按照折算以后量刑重的毒品来确定该混合型毒品的种类。其次，折算的标准按适用的先后顺序依次是：司法解释、其他规范性文件、《非法药物折算表》；以上依据均没有的，根据有关专业人员的意见综合考虑。

（四）不以常规形态存在毒品的定性与定量问题

所谓不以常规形态存在的毒品，是指查获的“毒品”与我们所知的该种毒品的通常形态不同，但其又不是一种新型毒品或混合型毒品。例如，我们知道海洛因的通常形态为白色块状和粉末状形态，但有的贩毒者为了逃避侦查，将毒品溶于不同的溶剂中，如将毒品溶于水中，还有更为典型的将毒品溶液吸附于衣服上然后烘干，待到达运输地点后又将其浸出。因此，不以常规形态存在的毒品通常只是犯罪分子为了掩饰犯罪、逃避打击而采取的临时改变毒品形态的做法所造成的。如果是为了满足特定人群的特殊吸食方式而加工配制改变毒品形态的，则另当别论。对于不以常规形态存在的毒品的处理规则，归纳下来有以下三点：

1. 在定性上，不能直接将其完全等同于毒品。根据最高人民法院、最高人民检察院、公安部《关于规范毒品名称表述若干问题的意见》的规定，类似情形应当表述为含有海洛因成分的液体（粉末）等，而不能直接表述为液体（液态）海洛因。

2. 不以常规形态存在的毒品应当要作含量鉴定。按照最高人民法院第430号指导案例“王某贩卖毒品案”所确定的规则，由于该“毒品”的存在形态异于常规，因此我们需要确定其是不是新型毒品、混合型毒品还是不以常规形态存在的毒品，因此需要对其作成分及含量的鉴定。

3. 部分不以常规形态存在的毒品需要进行折算。《武汉会议纪要》规定：“办理毒品犯罪案件，无论毒品纯度高低，一般均应将查证属实的毒品数量认定为毒品犯罪的数量，并据此确定适用的法定刑幅度，但司法解释另有规定或者为了隐蔽运输而临时改变毒品常规形态的除外。”此处的“司法解释另有规定”具体有什么样的除外规定？是否意味着除外就是要折算？

（1）“司法解释另有规定”有哪些？

就目前来说，司法解释明确规定要按含量折算的数量认定为毒品数量的情形有两个：

第一个是最高人民法院《关于审理毒品犯罪案件适用法律若干问题的解释》（法释〔2016〕8号）所规定的“国家定点生产企业按照标准规格生产的麻醉药品或者精神药品被用于毒品犯罪的，根据药品中毒品成分的含量认定涉案毒品数量”。第二个是2000年4月20日最高人民法院《关于审理毒品案件定罪量刑标准有关问题的解释》（法释〔2000〕13号）规定的杜冷丁、盐酸二氢埃托啡的针剂和片剂。

第二个规定其实是一个非常隐蔽的规定，其原文并没有直接规定杜冷丁和盐酸二氢埃托啡的针剂和片剂以含量折算后确定数量。而是表述为“度冷丁（杜冷丁）二百五十克以上（针剂100mg/支规格的二千五百支以上，50mg/支规格的五千支以上；片剂25mg/片规格的一万片以上，50mg/片规格的五千片以上）；盐酸二氢埃托啡十毫克以上（针剂或者片剂20μg/支、片规格的五百支、片以上）”（注：100mg／支不是指每支制剂的重量为100mg，而是指每支制剂中含有100mg杜冷丁成分）可见其是按含量折算为数量的。

后最高人民法院发布的一个涉案毒品与杜冷丁和盐酸二氢埃托啡无关的指导案例——第638号指导案例“傅伟光走私毒品案”，解释了该条文如此规定的原因在于：

第一，毒品案件中度冷丁和盐酸二氢埃托啡绝大部分是从药品生产、使用单位流入非法渠道的针剂和片剂，而针剂、片剂中度冷丁或盐酸二氢埃托啡的含量很小，总重量中其他成分（如淀粉、蒸馏水）及针剂的容器占了相当的比重，因此，如果规定以总重量为毒品数量，势必同度冷丁和盐酸二氢埃托啡的实际数量有明显差距。

第二，在生产度冷丁和盐酸二氢埃托啡的针剂、片剂时，这两种物质的含量是有严格标准的，对其他成分的量则没有严格的要求。司法实践中可能出现总重量相同而毒品含量不同，或是总重量不同而含量相同的情况。如以查获毒品的总重量作为数量标准，则无论出现上述任何一种情况都可能造成量刑失衡。

第三，对这两种毒品规定以含量为毒品数量，并不会涉及毒品的鉴定问题，因而也就不会给司法实践带来操作上的困难。由于度冷丁和盐酸二氢埃托啡的规格是确定的，根据规格很容易计算出度冷丁和盐酸二氢埃托啡的含量。

需要说明的是，并非所有含量确定的制剂都可以参照上述规定进行折算。在第 638 号指导案例“傅伟光走私毒品案”即明确了这一规则。该案的裁判观点中提到了《关于审理毒品案件定罪量刑标准有关问题的解释》的规定，但同时明确“美沙酮片剂不能参照执行度冷丁（杜冷丁）、盐酸二氢埃托啡的针剂和片剂以含量折算后确定数量的特殊规则”。其理由是：虽然本案中美沙酮药片的规格和含量是确定的，但是并非所有美沙酮制剂的规格和含量都是固定的，而是不同的美沙酮制剂有着不同的规格和含量，与度冷丁和盐酸二氢埃托啡的以上三种特殊情况并不相同。而且司法解释对美沙酮毒品犯罪的量刑规定了明确的标准。最高人民法院、最高人民检察院、公安部2007年12月18日印发的《办理毒品犯罪案件适用法律若干问题的意见》（以下简称《意见》）第 3 条第 2 项规定美沙酮 200 克以上不满 1 千克属“毒品数量较大”，第 4 项规定“上述毒品品种包括盐和制剂”。可见，司法解释明确规定，对美沙酮片剂的数量是不以含量折算的。被告人傅伟光走私的毒品美沙酮片剂虽然规格和含量固定，而且根据规格计算含量为 3.33%，含量较低，但不能以含量折算毒品数量。

第三个可查的“其他规定”是最高人民法院、最高人民检察院、公安部于 2012 年 6 月 18 日共同发布的最高人民法院、最高人民检察院、公安部《关于办理走私、非法买卖麻黄碱类复方制剂等刑事案件适用法律若干问题的意见》（法发〔2012〕12号）规定："实施本意见规定的行为，以走私制毒物品罪、非法买卖制毒物品罪定罪处罚的，应当以涉案麻黄碱复方制剂中麻黄碱类物质的含量作为涉案制毒物品的数量。实施本意见规定的行为，以制造毒品罪定罪处罚的，应当将涉案麻黄碱类复方制剂所含的麻黄碱类物质可以制成的毒品数量作为量刑情节考虑。"

（2）裁判规则

事实上，除了上述两个对复方制剂的规定外，笔者再未检索到与上述《武汉会议纪要》不一致的除外规定了。而相反的依据，有最高人民法院发布的第430号指导案例"王某贩卖毒品案"。该案虽然作了毒品的含量鉴定，但最终并没有按此含量折算毒品的数量，只是在量刑的时候考虑到了其含量极低的情况，给予被告人酌情从轻处罚决定。

那是不是可以得出这样的结论：到目前为止的处理规则全部都是不折算毒品数量呢？肯定也不是，如本讲开头所说的将毒品溶液浸入到衣服里进行运输的案例，显然不应当将整件衣服都计算成毒品的重量。

我们再举一个例子：假定甲、乙、丙三人受雇各自运输10克海洛因。甲是直接将10克毒品带在身上运输；乙则将其溶至100毫升的半瓶矿泉水中运输，丙则将毒品溶解到1500毫升的大瓶矿泉水中运输。如果均不折算的话，则会出现甲判8年、乙15年、丙为死缓的结果。同样行为，三人命运天差地别。但是如果折算的话又会造成一个反向的不公平，因为我们知道毒品的纯度都不可能是100%的。再以此案为例，假如该10克海洛因在常规形态下的纯度40%，则变成甲运输的是10克，乙、丙经折算以后都变成了4克。变成甲判8年，乙、丙为4年，再次违背量刑均衡的原则。

在司法实践中，其实存在两种比较常见的做法，一是不折算，仅在量刑时予以考虑；二是将溶液蒸馏得到纯度较高的毒品数量作为量刑的依据。不折算的处理方式较为主流。这其中最为典型的案例是最高人民法院第500号指导案例“赵廷贵贩卖毒品案”（判决发生的日期为2007年）。在该案中，被告人赵廷贵贩卖的毒品海洛因针剂为318克，海洛因含量仅为0.064%，如果以纯度折算的话仅有0.205克。但最终的判决结果是认定为贩卖海洛因318克，判处有期徒刑15年。体现的裁判观点很明确，“既不能以纯度折算后认定被告人赵廷贵贩卖的毒品数量，也不能对其在法定刑以下减轻处罚，但量刑时可考虑毒品含量极低的情节，酌情从轻处罚”。

尽管如此，在现实中其实也不乏折算后计算毒品数量的案例。笔者在2012年也办理过一起由昆明海关某缉私分局侦办的号称海关“液体冰毒第一案”的案件（具体案情在中国海关总署的网站上可以查到）。本案查获的其中一部分毒品是用三个饮料瓶装的冰毒溶液共计3831.8克。该案在移送审查起诉的时候，侦查机关也是按此数量（加上查获的甲基苯丙胺片剂1990余克，毒品总数为5800余克）制作的起诉意见书。但是在检察院审查起诉阶段，公诉人采信了律师的辩护意见，要求侦查机关对该部分毒品补充鉴定含量，并最终按折算后的毒品数量（180余克）起诉。[1]

（五）毒品无法通过科学手段进行定性与定量时对定罪与量刑的处理

没有查获毒品的案件，意味着无法通过称量、鉴定的方法来确定毒品的种类和数量，更不可能有成分、含量的数据。但是，根据《大连会议纪要》的精神，这类案件并非不能定罪处罚。《大连会议纪要》规定：“有些毒品犯罪案件，往往由于毒品、毒资等证据已不存在，导致审查证据和认定事实困难。在处理这类案件时，只有被告人的口供与同案其他被告人供述吻合，并且完全

[1] 该案由于侦查机关对此部分毒品的搜查和提取存在严重瑕疵，最终法院对整个液体冰毒部分均未认定，具体案例在本书的相应部分有提及。

排除诱供、逼供、串供等情形，被告人的口供与同案被告人的供述才可以作为定案的证据。仅有被告人口供与同案被告人供述作为定案证据的，对被告人判处死刑立即执行要特别慎重。”

这是对该类案件整体证据要求的规定，可以归纳为三点：其一，没有查获毒品或毒资的，仍然可以定罪处罚。其二，没有查获毒品或毒资的案件，对言词证据的要求更高。只有在被告人的口供与同案其他被告人供述吻合，而且完全排除诱供、逼供、串供等情形的情况下，被告人的口供与同案被告人的供述才可以作为定案的证据。其三，判处死刑立即执行需特别慎重，但并非绝对不能判处死刑。笔者就见过两件没有查获毒品和毒资，但仍然判处死刑立即执行，并且最高人民法院最终还核准了的案件。

此类案件对毒品的数量如何认定？最高人民法院于2015年出台的《武汉会议纪要》规定：“对于未查获毒品实物的甲基苯丙胺片剂（俗称“麻古”等）、MDMA片剂（俗称“摇头丸”）等混合型毒品，可以根据在案证据证明的毒品粒数，参考本案或者本地区查获的同类毒品的平均重量计算出毒品数量。在裁判文书中，应当客观表述根据在案证据认定的毒品粒数。”此规定可以作为认定的参考依据，且在大多数情况下适用也较为方便。例如，在包装完好的情况下，一块海洛因的重量约为350克，而甲基苯丙胺片剂（麻古）的重量大致是每12片约为1克。

三、辩点的发现与论证

根据上述梳理，笔者建议，当我们拿到一个毒品案件后，除了需要重点审查有关毒品的搜查、扣押、提取、封存、称量、取样、鉴定等相关证据外，对于毒品本身也是审查的重点。具体有如下几个方面：

第一，不管其毒害性有多大，没有列到《麻醉药品品种目录》和《精神药品品种目录》中的都不是刑法意义上的毒品，可作罪名辩护，如主张构成非法经营罪、生产销售假药罪等。

第二，通常情况下对涉案毒品可疑物只需要作成分鉴定不需要含量鉴定，但以下四种情形除外：一是可能判处死刑案件，二是毒品可能大量掺杂掺假的，三是不以常规形态存在的毒品，四是新型的混合型毒品。碰到上述四种情况，可要求做毒品含量鉴定。

第三，毒品不以纯度折算，但含量极低本身 也是一个量刑情节辩点，有大量的规定和指导案例提供支持，其主要在免死辩护、降档量刑辩护中发挥作用，但不会降到法定刑以下。

第四，新型混合型毒品需要作含量鉴定，但需要同时满足新和混合两个要求。

第五，不以常规形态存在的毒品可要求折算，同时主张含量极低的辩护主张。

第六，未查获毒品也可以定罪处罚，但对其他在案证据的要求更高，辩护空间增大。

第七，杜冷丁、盐酸二氢埃托啡以及与此类似的“国家定点生产企业按照标准规格生产的麻醉药品或者精神药品被用于毒品犯罪的，应根据药品中毒品成分的含量认定涉案毒品数量”。

第十三讲　毒品犯罪的未遂认定

——理论与实务间的距离有多远？

犯罪未遂、犯罪中止、犯罪预备，这三种情形称为犯罪的未完成形态。在其他很多犯罪中，犯罪未遂是一个不需要过多分析的常规知识问题，但毒品犯罪案件却不同。

首先，截至目前，关于毒品犯罪案件未完成形态的理论研究非常缺乏，观点无法形成体系。其次，学界的研究观点与司法实践脱节严重，理论界的很多观点甚至是通说观点在实务界根本得不到认同和执行。再次，司法实务界也很难形成统一认识，执行标准不一，造成同案不同判的情况时有发生，亟须通过规定来统一。最后，虽然问题很多，但至少从目前来看，仍然看不到相关规定出台的可能性。综上，从辩护的角度，研究、学习毒品犯罪案件的辩护，该类罪名的未完成形态是一个需要深入了解的方面。

鉴于在毒品犯罪案件中，犯罪未遂问题最具代表性和实际意义，因此本讲着重讨论毒品犯罪的未遂形态问题。未遂形态说通了，犯罪预备和中止自然就清楚了。

一、毒品犯罪未遂形态认定的现状

犯罪未遂是指犯罪分子已经着手实行犯罪，但是由于其意志以外的原因而未得逞的状态。

首先，犯罪未遂作为一个法定的量刑情节，对于从轻减轻处罚的作用和意义是非常大的。在最高人民法院和云南省高级人民法院的量刑指导意见中，犯罪未遂最多可以核减基准刑的50%（适用于有期徒刑以下刑罚），足可见其价值。其次，虽然法律没有明文规定，但是由于在犯罪未遂的情形下没有出现犯罪的实害结果，因此无论有多大数量的毒品案件，理论上都不可能判处死刑立即执行，所以其在免死辩护中的作用不言而喻。

在刑法理论中，通常将毒品犯罪归类为举动犯或危险犯，并在此基础上讨论犯罪的未完成状态。理论界存在的问题是缺少这方面的研究，毒品犯罪的研究是很初步的。当前法学界对毒品犯罪基本问题的认识少有定论，故对于毒品犯罪的形态也同样如此。旧的刑法理论对犯罪类型的划分（把犯罪分为行为犯与结果犯）缺陷，使既往的研究也受到否定。故理论研究的缺失使得判决认定标准的混乱。

在司法实践中，对毒品犯罪长期以来都秉持从严惩处的刑事政策，这导致实务中经常否定毒品犯罪未完成形态。或者说，毒品案件中对未完成形态的认定比普通刑事案件要难得多。最高人民法院的相关主管领导曾明确提出“对于实践中出现的极为典型的未遂案件，应按照犯罪未遂来处理。在毒品犯罪既遂与未遂的认定上，应当以有利于依法严惩犯罪为原则。具体判定时如产生争议、把握不准的，应按照从严打击犯罪的要求，认定为既遂”。[1]

实践中有两个典型的体现：一是毒品犯罪的既遂标准提前，既可以将毒品犯罪的未遂认定为既遂。二是毒品犯罪的着手标准提前，即意味着处于预备阶段的行为也被认定为实行行为。为出售而购买毒品、运输毒品刚刚出门等在司法实践中都以既遂来定罪量刑，没有未遂的存在空间。一般明确可以认定为犯罪未遂的情形只有三种，一是购买到假毒品，二是引诱犯罪，三是部分控制

[1] 张军：《在全国部分法院审理毒品犯罪案件工作座谈会上的讲话（节录）》，载《刑事审判参考》（总第67集），法律出版社2009年版，第212页。

下交付的情形。

司法实务的做法普遍受到来自学术界的质疑和批评，有学者认为，这是我国一直以来对毒品案件打击的重刑主义和功利主义的体现。

虽然司法实践中认定犯罪未完成形态十分困难，但相关的辩护意见对于进行“保命辩护”或其他从轻处罚的辩护仍然具有现实意义。当案件涉及即使是数千克甚至数十千克毒品，且理论上成立未完成形态时，就算判决书中没有直接认可当事人成立预备或未遂，也会大大降低判处死刑的可能性。也即虽然司法实践中很难认定犯罪未遂和犯罪预备，但并不代表这样辩护就没意义。恰恰相反，这是很有必要的。

二、分项罪名犯罪未遂的认定

我国理论界对于毒品犯罪的未遂认定标准存在合意说、付款说、进入交易现场说、转移占有说等几种观点。笔者认为，司法实务中的问题要复杂得多。任何一种观点均不能涵盖所有犯罪情形，甚至是同种罪名也无法被完全地合理包容。对具体问题的解决，首先要区分不同的罪名，其次需要进一步区别每一种罪名中的若干犯罪情形，并分别加以阐述。

（一）贩卖毒品罪的未遂形态

目前就贩卖毒品罪中犯罪未遂的理论学说归纳起来有达成合意说、完成交易说、控制说、进入交易说、实行行为说等多种，以下逐一分析，以找出合理的部分。

1. 达成合意说：又名成交说或契约说。该说认为，只要交易双方达成交易毒品的合意，即成立贩卖毒品罪的既遂。而至于是否已经交货或者已经交费在所不计。

2. 完成交易说：也称为转移占有说。该说认为应当以毒品是否卖出并移交为既遂标准。至于是否得到钱财，是否发货，或者尚在运输中，因毒品交易行为已经完成，都不影响既遂的成立。反过来说，如果毒品未转移给买方，则就算双方已达成买卖合意、已经付款，都不应认定为既遂。其中，张明楷教授所著的《刑法学》教材即采用这一观点。

3. 控制说：这种观点主要用来解决行为人为了贩卖毒品而先行买进毒品的情形。该说认为，对于为卖而买的买方而言，只要将毒品买到手和实际已控制该毒品，即为既遂。如果完成交接后双方的行为人被现场抓获，则双方均构成既遂。

4. 进入交易说：主张以毒品是否进入交易为准，至于是否已实际成交、是否获利，不影响既遂之成立。笔者查询了大量资料后发现，大量类似的文章都提及该学说，也都是如此表述的。但进入交易具体是指毒品进入空间上的交易（等同于进入交易现场），还是时间上的交易（或类似于毒品已经准备好），又或是进入观念上的“交易”，则都语焉不详。有学者指出同样的问题，认为将毒品实际进入具体交易环节作为犯罪既遂的标准，是一个相当的进步。但在“交易环节”的界定上却不甚清楚。例如，双方达成毒品买卖契约的行为、卖方邮寄毒品的行为、卖方前往交易地点的行为、买卖双方在交易地点商议价格的行为，是否属于进入到交易环节？“交易环节”的界定应该以时间还是空间为准？该观点对这些问题都难以作答，观点本身的模糊性直接导致了既遂界定问题上的不确定性。

5. 进入交易现场说：如前所述，由于“进入交易”说本身表述的模糊不清，直接导致了既遂界定问题上的不确定性。因此学术界和实务界作了进一步的细化和限缩，提出“进入交易现场”说，并在实务中较多采用。该说即指双方进行毒品交易现场（笔者认为更准确的称呼应为“交接现场”），视为既遂。

6. 实行行为说：主张只要实施了贩卖毒品这一实行行为，就应视为完成犯罪过程即既遂。但认为以下情况属于未遂：（1）行为人购买毒品未到手就被查获的；（2）以买进以外的手段获得的毒品，着手实施卖毒行为，尚未卖出就被查获的；（3）误假为真贩卖的。

上述学说观点在一定的情况下都有其合理之处，但都不能解决毒品犯罪的全部问题。后文中笔者会尽可能多地将毒品交易、交接方式列举出来，此时我们会发现：首先，在解决现实问题上我们真正需要的是在各种复杂情况下认定既遂与未遂的“节点”。而上述的这些观点要么在“节点”的分析上语焉不详，定位模糊；要么各种观点的文字表述本身就很模糊，区分不出此观点与彼观点的明确区分点在哪里。其次，上述任何一种观点都无法涵盖哪怕是同一个罪名下的所有交易模式。因为在现实情况下，毒品案件的案情是非常复杂的。毒品的购买方和出售方、各种不同的交易方式（直接交付、邮寄托运、先钱后毒、同时钱货、先毒后钱，等等）、卖方的毒品来源（捡拾得到还是买到）、贩卖的犯意何时产生，等等，都会对毒品犯罪既遂的节点产生非常大的影响。分述如下：

1. 对于贩卖毒品罪的卖方，司法实践中通常采用的是达成交易说，即双方就买卖毒品达成合意，即成立既遂。但从学理上考察，这样的认定是违背基本原理的，我们结合实际作如下论述：

（1）为贩卖而制造毒品的：最高人民检察院、公安部《关于公安机关管辖的刑事案件立案追诉标准的规定（三）》第 1 条规定，本条规定的“贩卖”是指明知是毒品而非法销售或者以贩卖为目的而非法收买的行为。按此规定：首先，为了贩卖（有将来贩卖的想法）而制造毒品的，如果将来想要拿来贩卖只是停留在想法阶段，只应认定为制造毒品罪即可，没必要认定为制造、贩卖毒品罪。当然也不存在需要考虑贩卖是否未遂或预备的问题。其次，如果卖方与买方就买卖毒品达成了交易的合意，则应认定为制造、贩卖毒品罪的既遂。

最后，如果毒品因意志以外的原因未制造成功，此时对于贩卖来说肯定不能适用达成交易说来认定。而是即便双方达成了交易的合意，甚至买方已经付了款，都不可能认定为既遂，而只能认定为制造、贩卖毒品罪的未遂。

（2）为贩卖而购买毒品的情形，适用于买方，见后“2.”。

（3）对于合法持有毒品过程中起意贩卖的情形。合法持有毒品不常见，但并非没有。这通常是指特定的司法人员、科研人员或医护人员临时持有、利用毒品的情形。最常见的是警察查获毒品后押运回办案单位或鉴定机构在鉴定过程中临时性地占有毒品。综合学术界比较普遍的观点，已经合法持有毒品或可以合法得到毒品的人起意贩卖毒品的，应适用“进入交易现场”说。即只有行为人将毒品付诸交付并进入交易现场时才能成立既遂。只与买方达成买卖毒品的合意以及在进入交接现场前被查获的，应成立贩卖毒品罪的未遂。

这一论述的依据我们可以换个角度来理解。例如，某民警欲将其查获的尚未交公的毒品（合法持有阶段）卖给购买毒品者。双方达成合意后至交付前（包括已将毒品交给雇佣人员付诸运输过程中），其反悔而收回毒品并将毒品依法上交的，应成立犯罪中止。哪怕对方已经支付了全部的购毒款，也不能据此认定为犯罪既遂。这是比较容易理解的。只有当双方已经进入交易毒品的现场（如该警察所在的酒店房间），此时被抓，便应认定为既遂状态。这就说明应当采用进入交易现场说。

（4）对于非法持有毒品：其一，如果非法持有毒品的目的就是为了贩卖，那么就算其还未去寻找买家，或者尚未找到买家，也已经构成贩卖毒品罪的既遂。（如前所述，已构成制造毒品罪和运输毒品罪的除外）其二，如果制造、运输及非法持有毒品后另起犯意想要倒卖其持有的毒品的；或者因盗抢、捡拾、受赠、受继承等以买进以外的手段获得毒品后另起犯意贩卖的，亦应适用进入交易现场说。理由同第（3）点。

（5）对于误将假毒品当真毒品以予贩卖的，在达成合意之后的任何阶段均构成未遂。当然这一观点是传统“四要件”理论的观点，也是司法解释和指导案例确定的裁判观点。如果按“三阶层”理论中结果无价值的观点，应认定为无罪。

2. 对买方而言。首先，因购买毒品行为而构成贩卖毒品罪的情况只有一种，就是为了出卖毒品而购买。即必须要有贩卖目的。

最高人民检察院、公安部《关于公安机关管辖的刑事案件立案追诉标准的规定（三）》第 1 条规定：“本条规定的‘贩卖’是指明知是毒品而非法销售或者以贩卖为目的而非法收买的行为。”而且，我国的理论通说和司法实务均认为，为了贩卖而购买毒品的，其在购买环节就已经成立贩卖毒品罪的既遂。但是仅仅论证到这一层面，其实对于纷繁复杂的案件的解决意义不大。

同时，买方在购买毒品时进行到什么程度，才达到既遂的标准？就此，理论界同样存在交易达成说、进入交易说、实际控制说、付款说等观点，而且各种观点的争议非常大。如果再进一步，如实行行为说中的“如果购买者未到手就被查获的，构成未遂”，其中“到手”指的又是什么。

为卖而买中的“为了卖”其实有四种状态：第一，买时只为将来出售，尚未实际寻找买家；第二，已经物色买家，或有贩卖前科；第三，已与买家达成买卖合意；第四，不但与买家达成交易合意，而且已经收取了下家所支付的全部或部分购毒款。这个为卖而买的买家（第二层级）应该在什么情况下成立贩卖毒品罪的犯罪既遂，存在的观点有达成交易说、进入交易现场说、交易完成说、实际控制说，等等。

奇怪的是，对于为卖而买的行为人，理论界大多主张以实际控制（实际取得毒品或实际完成了对毒品的控制）作为其成立贩卖毒品罪既遂的时间节点。但实务界通常都在案件具有“达成合意、付款、进入交易”等情节的情况下，便不再认定其未遂状态，可见双方认识相去甚远。而这一争议最大的问题，却也是在实物中最为常见的问题。现实中，大量案件的侦破，都是在双方正在交接毒品的过程中被人赃俱获的。这个时候买卖双方人已进入交易现场，但毒品还没有完成交接，仍然还在卖方一方人员的手中。在这种时候，实务界中基本都采用进入交易现场说，也即几乎没有认定买方为犯罪未遂的。而理论界中的主流观点主张采用控制说，认为这是犯罪未遂。

本书认同的观点是进入交易现场说[1]，但对于进入交易现场指的是毒品进入交易现场还是毒品与接收毒品的人（买方及其指派的人）都进入现场存有一定的不同认识。结合“进入交易说”的观点，进入交易现场说似乎应仅指毒品进入交易现场，但笔者认为，如果仅仅只是毒品进入交易现场，而买方因为出了交通事故未能到达现场，或其因为害怕而放弃前往接收毒品，最后毒品因交易失败而最终留在卖方手中，此时的买方也应视为既遂吗？笔者认为，应区别不同的交易模式来分别讨论。在现实中，毒品交接的模式通常存在两种：一是双方当面交接（包括由双方的运毒人同完成交接）。二是利用邮寄、快递或其他现代物流方式完成运输和交接。

对于第一种买卖双方直接当面交接及一方或双方指派雇用“马仔”进行交接的情形，我们假定一种情形，假如身在湖北武汉的毒犯商谈后向位于云南西双版纳的毒犯“进货”。双方约定的交易地点为昆明的某酒店。我们假定三种情形：

其一，卖方的运毒人员在将毒品运输至酒店等候时被查获了。后警方在距离酒店 30 公里的机场抓获了前来接货刚下飞机的买方。此时买方算未遂还是既遂？

其二，我们同样假定卖方的运毒人员在将毒品运输至酒店等候，而买方

[1] 对此问题，我团队的陈欢律师主张的是实际控制说，可见观点的统一之难。

压根就没有从武汉起程前往接货。买方因为害怕被抓而放弃了，此时其还能认定既遂吗？

其三，我们再次假定卖方的运毒人员已将毒品运输至酒店等候对方接货，但双方因细节问题谈崩。卖方将毒品又拉回了，或者卖给了别人。总之就是双方最后根本就没有交易，此时能算既遂吗？

应当说，这三种情形认定买方已经既遂都是比较荒谬的。而只有双方已达成合意并进入实际履行阶段，然后买方的人员和卖方的毒品均已进入交易现场，并且进入现场的目的就是进行毒品交接，此时认定为犯罪既遂才是勉强可以接受的。如果双方进入现场只是为了“验货”，验完后另定时间和数量交接，则也不能算为既遂。

这里还有一个难点是“现场”的界定，通常应当指的是其在物理空间上或观念上的一个独立空间区域。如交货地点定在一个酒店 10 楼的某个房间，那么买方刚进入酒店的一楼大堂显然不能算进入了交易现场。而只有当其进入交易的房间才能视为进入了交易现场。当然这种“区域”单纯从物理空间上判断并不能解决所有的问题，有时候还需要从人们的观念中来判断，这一点与盗窃罪（区分盗窃与拾得遗失物的区别）应当是一致的。

如果双方采用的是人货分离的方式交接毒品，如毒品存放于另一地点的房间、车辆等第二现场。双方现场交接的是车钥匙、房间钥匙或者仅仅是一个指示地点的信息，此种交接并不能算是真正意义上的毒品交接现场？笔者认为，只有当买方的接货人员进入房间或车辆停放场所才能视为交接现场。

第二类常见的交接方式是通过邮寄、快递、托运等方式进行交接。如果按照民法有关货物买卖合同的观念，卖家将毒品完成投递即视为已经交付，即便买方没有收到毒品也不能视为卖方未遂。而对于买家来说则应采用“进入交易现场说”。但再进一步讨论的话，此时的“交易现场”应如何界定？

我们知道采用现代化物流方式邮寄毒品进行贩卖需要更多的交易环节。一般包括毒品卖方出发前往寄件、前往物流营业点途中、到达物流营业点、签字确认寄件。物流公司需要验货、发货、运货、到达目的地、通知收件人等。现实当中物流行业的派件方式主要分为通知收货人到物流营业点签收和送货上门签收两种方式。而送货上门签收的方式在实际操作中不仅仅局限收件人直接签收，还包括快递代收点（包括快递投放箱、小区物业、专业快递代收点）签收、他人代收等情形。

对此，重庆市高级人民法院和重庆市第二中级人民法院的陈峰、吴诗翔、田丹三位法官均主张其既遂的认定应采取进入交易地点区域说。[1] 即只要行为人明知毒品已到达并进入与派件员约定的实际收货地点区域即构成既遂。具体可以分为以下四种情况：第一，到物流营业点签收的情形。行为人只要明知毒品已到达并进入营业点区域即构成既遂。第二，物流送货上门毒品买家亲自签收的情形，毒品买家进入其与快递员约定的地点区域即构成既遂。第三，快递代收点直接代收的情形，通常在快递员完成投递以后，快递员会打电话或系统自动发送信息告知收件人，此时应该以行为人明知毒品到达为既遂时间点。第四，毒品买家委托他人代收的情形。只要代收人进入物流营业点区域或其他约定的实际收货地点区域，行为人均构成贩卖毒品罪既遂。至于代收人是否明知是毒品，不影响对行为人贩卖毒品罪既遂的认定。

以上是三位法官归纳的观点，其与学说观点中的“进入交易现场说”一致，仅指的是毒品进入交易现场。三位法官的观点对学说观点进行了部分的限缩，即要求对毒品进入交易地点一事还须“购买者明知”。对此限缩，笔者表示认

[1] 陈峰、吴诗翔、田丹：《为贩卖而用邮寄方式购买毒品的既遂标准》，载《人民司法》2017年第2期。

同。同时，由于以现代物流快递方式交易毒品的特殊性，如果要求主张毒品和买方均进入交易现场才为既遂也不现实。

论证归论证，观点归观点。但在辩护的时候，我们还是应当有清醒的认识。即在司法实务中，一旦存在双方已达成合意，或者付了款，法院多半是要认定为既遂的。所以辩护的时候要注意审查这些细节的证据是否充分，要加以否定，或者有条件的要进行罪名辩护，或者区分清楚未遂的原因，进行未遂与特情、技侦、控制下交付的双重辩护。在最高人民法院发布的第208号指导案例“苏永清贩卖毒品案”中，即确定了“为贩卖毒品向公安特请人员购买毒品的，应认定为贩卖毒品罪的未遂”的裁判观点。

在现实案例中，存在毒品犯罪未完成状态最常见的有两种。一是存在特情引诱、技术侦查和控制下交付的情形；二是毒品在流转中途被查获的情形。因此当出现上述情形的时候，就应当重点关注和审查。反过来，上述情形也是论证和证明案件中存在犯罪未遂或预备的手段。

案例

2009年4月初，犯罪嫌疑人陶某某（绰号“干妈”）、陈某、代某等三人，筹集了900多万元毒资，通过他人交付给缅甸籍毒犯玉某，从其手中购得毒品甲基苯丙胺82万片。并由缅甸籍犯罪嫌疑人岩某某负责将毒品从缅甸小勐拉运至中国境内的景洪市。2009年4月28日，犯罪嫌疑人岩某某在缅甸小勐拉三棵大青树接到犯罪嫌疑人玉某交付的82万片毒品甲基苯丙胺后，驾车将毒品运输到我国境内勐海县打洛镇一偏僻村庄藏匿，并准备运输到景洪市。2009年4月29日11时30分许，犯罪嫌疑人岩某某将毒品运输到勐海县打洛镇兴发宾馆停车场时被民警查获，并当场从车中查获毒品三大行李箱，总计净重74150克。

警方认为，犯罪嫌疑人陶某某伙同犯罪嫌疑人玉某、岩某、岩某某（此三人均为缅甸籍毒贩）等人境外贩毒。并幕后操纵犯罪嫌疑人陈某、代某、张某、潘某、曹某、刘某等人，从事贩运毒品的犯罪活动，形成了境外购买、路途运输、武汉贩卖“一条龙”式分工具体明确的贩毒网络和贩毒团伙。且该团伙还利用犯罪嫌疑人张某熟知挖机操作技术的优势，采用了新型毒品运输方式——挖机运毒！为将大批毒品从景洪市运回武汉，毒贩竟然多次动用大型挖掘机，将毒品藏在吊臂中，由平板拖车拉载挖掘机运输毒品。据犯罪嫌疑人称：“之前已用相同的方法得手两次，第一次运 24 公斤、第二次运 50 公斤均运抵武汉。”

案发后，负责在景洪接取毒品并打算运输回湖北的张某、潘某、曹某、刘某等人均被抓获。而被认为策划和指挥的幕后主犯陶某某却从湖北潜逃。2011 年 12 月 1 日凌晨，昆明警方在开展“清网行动”中，在陕西省西安市某小区内将整容后逃入西安躲避的陶某某抓获归案。

这个案件中，笔者是“干妈”陶某某的辩护人。本案的难点有以下几个方面：一是毒品数量太大；二是之前（已判刑）被抓获的张某平等人均指证他们是受“干妈指使前去运输毒品的”；三是先前被抓的同案犯均已被判刑，且有人被判处了死刑。张某也被判处了死缓。

这个案件唯一的机会，也是最大的辩点：陶某某的行为是否能成立犯罪未遂。理由是毒品在距离双方约定的接货地点还有五六十公里的地方就被公安人员查获了，之后是公安人员送到景洪“交易”的。但困难是，由于对于贩卖毒品罪我国的司法实践中多采用达成交易说。因此，如果陶某某的罪名还是认定为贩卖毒品罪的话，犯罪未遂基本无望。因为如果是贩卖的话，双方已经就毒品交易达成“协议”了，甚至已经付款了以及卖家已经开始交货了。而如果其罪名能变成运输毒品罪的话，希望就要大得多。而经过仔细研究案情，笔者觉得这个目标是可以实现的，原因是：

首先，这个案件中陶某某与其他同案犯的供述不一致，各方均存在把罪责推给对方的情况，难辨真假。在难辨真假的情况下，是要往有利于被告人的角度去认定的，即所谓的“疑罪从轻”。

其次，卖家老板玉某从未提及过认识陶某某，其供称向其购买毒品的人是一个在赌场认识的张姓男子，钱也是张姓男子付给她的。而陶某某、张某的供述中确实也提到过本案还有娅嫂、娅妹、火伢、大头等人。陶某某在本案中到底是什么角色，扑朔迷离。

再次，同案被告人张某等人只能证明陶某某安排他们去景洪接毒品及运输毒品，并不能直接证明毒品是哪来的，谁出资购买的，钱是如何付的，毒品运到之后交给谁，等等（如果陶说的属实则张可能是为了逃避罪责故意不说毒资及购买一事，这反倒对陶有利）。因此上述对于认定罪名性质极为重要的情节没有相应的证据证实，无法查清。

最后，付款、打款的客观证据没有呈堂，通话记录也显示陶某某确实与卖家老板玉某之间没有通话联系（准确说应该叫不能证明有通话联系）。

因此在案证据仅能证明陶某某的组织运输行为，确实无法充分证明其具有贩卖行为。（毒品是其参与购买的或其与购买毒品的货主之间存在事前通谋的共犯关系）最重要的是，如果罪名辩护能够成立，几乎不用费力陶某某的未遂情节就能认定。因为前面的张某平等三人已经认定了成立未遂犯。最后，陶某某被以运输毒品罪，判处了死缓刑。

（二）运输毒品罪的未遂形态

我国刑法理论界对运输毒品罪既遂未遂的判断标准存在目的地说、起运说、进入运输状态说等观点。目的地说主张以毒品运到目的地为既遂的标准。在运输毒品的过程中，因意志以外的原因未运到目的地，为犯罪未遂。起运说主张以毒品的起运作为犯罪既遂的标准。因意志以外的原因未起运的，为犯罪未遂。进入运输状态说认为，运输毒品以进入正式的运输状态为既遂标准，以开始搬运毒品为运输行为的着手，因意志以外原因不能或者没有进入正式运输状态为未遂。目的地说虽然在理论界中还有学者主张，但多数的学者都舍弃了这个观点，司法实务界更从未如此裁判过。

起运说与进入运输状态说看似很相似，但其区别在于起运说是以起运为着手点，后者是以“搬运”为着手点。举例而言，如果某运输者将毒品先从雇佣者的车里搬到自己住处（车就停在其门口），打算第二天再装在背包里运出去（出去打车）。则起运说认为，其背着装毒品的背包动身时为既遂点。而进入运输状态说则主张其在前一天晚上从雇主车上搬运毒品时就已经既遂。张明楷教授虽然主张运输毒品罪的搬运为“着手”，但并不赞成开始搬运即为既遂的观点。他进一步举例说明“使用交通工具运输毒品的，将毒品置入交通工具内，交通工具已经离开了原地的，即为既遂（是否意味着要驶出院子才为既遂吗？）”，可见其也采用的是起运说。[1]

司法实务也多以“起运”作为既遂的节点。例如，新疆维吾尔自治区高级人民法院改判的“塔奴杰·安马列（Ganoh Marie）运输毒品案”中，[2] 裁判要旨的表述即为“明知是毒品而起运”，可见其也采用的是起运说。

对运输毒品的行为加以梳理归纳后我们会发现，运输毒品罪行为也有送货方和收货方，运输方式上也至少存在传统运输方式及以邮寄快递物流方式运输。结合现实案例来梳理，我们发现，作为运输人员来说，其行为就是接收毒品（不管是从雇主毒贩手中接收、从上一名运输人员手中接收还是从不明知人员手中接收，并无区别），然后运输，再然后是交付毒品（同样地，不管完成

[1] 张明楷：《刑法学》（下），法律出版社 2016 年版，第 1147 页。

[2] 新疆维吾尔自治区乌鲁木齐市中级人民法院（2007）乌中刑一初字第 18 号（2007 年 3 月 11 日）二审：新疆维吾尔自治区高级人民法院（2007）刑一抗字第 3 号（2007 年 9 月 14 日）。

运输交给雇主、交给下一名运输人员、交给购买毒品者以及交付给快递物流企业，也没有区别）。他们的行为模式是一样的。因此，对于所有的运输人员均可采用“起运说”一个观点来解决和认定。

需要特别说明的是，张明楷教授《刑法学》教材中所举的例子：“行为人以邮寄方式运输毒品时，在邮件包装过程中被查获的，属于未遂；如果已经将装有毒品的邮件交付给邮局，则为既遂。”对此我们不能机械理解，因为现实情况更复杂。例如，行为人从上家（雇主、毒贩、上一名运输人员等）接到毒品后跨越了较长距离运输后交付邮局的，应当是其接收毒品并起运时为既遂；而如果其仅仅是从停在邮局门口的车上取下毒品并搬运到邮局交付的（拉运毒品的车如何到的邮局门口，这个行为属未参与），才能适用此例子的观点。

（三）制造毒品罪的未遂形态

关于制造毒品罪既遂与未遂标准的问题，学界也提出了一些主张。总结起来大概有如下两种：一是主张以毒品实际制成功与否为区分标准，制造成功的以既遂论；因原料、设备、配制、技术等意志以外的原因未制造成功即被查获的以未遂论。二是主张以生产出与毒品原料性质不同的毒品为标准，只要是制成的新毒品与毒品原料性质不同就构成犯罪既遂。经过分析可以看出，上述两个观点实际上表达的意思基本是一致的，所不同的是制造出半成品或其他类型的毒品（未制造出其目的所指的毒品）是既遂还是未遂。事实上，相比于贩卖毒品和运输毒品而言，对制造毒品罪既遂与未遂标准的争议要小得多。不论是学者相互之间还是学界与司法实务界之间均是如此，当前主流观点都是以实际制造出毒品作为既遂的认定标准。例如，张明楷教授主张，“应以实际制造出毒品为既遂标准，至于所制造出来的毒品数量多少、纯度高低等，都不影响既遂的成立。着手制造毒品后，没有实际制造出毒品的，则是制造毒品未遂”。[1] 另外，包括检察官[2] 和法官在内的司法实务人员也赞同此观点。2012 年 5 月 16 日最高人民检察院和公安部联合颁布的《关于公安机关管辖的刑事案件立案追诉标准的规定（三）》也明确规定：“为了制造毒品而采用生产、加工、提炼等方法非法制造易制毒化学品的，以制造毒品罪（预备）立案追诉。购进制造毒品的设备和原材料，开始着手制造毒品，尚未制造出毒品或者半成品的，以制造毒品罪（未遂）立案追诉。”而最高人民法院发布的第 486 号指导案例“朱海斌等制造、贩卖毒品案”中体现的裁判要旨也表达为“制造毒品失败的行为应认定为犯罪未遂”。

结合到实践中来看，制毒行为大致可概括为提炼、加工、合成三类。而方式上也可以分为用非毒品的原料制造出毒品、用粗制毒品制造成精制毒品，以及用毒品制造出另一种毒品的行为。所以再细分应该为：先制造粗制毒品再加工为精制毒品的前一过程即为既遂；如果将来源于他人的粗制毒品加工精制毒品因行为人意志以外的原因加工未成的应认定为未遂。

（四）走私毒品罪中的未遂形态

有关走私毒品未遂与既遂形态的区分标准，存在的观点如下：

张明楷教授主张按照毒品的流向先将走私毒品分为输入毒品与输出毒品。只要明确了输入毒品的既遂与未遂标准，输出毒品的既遂与未遂标准就容易解决了。对此，张明楷教授认为必须分为陆路、海路、空路三种输入方式来讨论。陆路输入应当以逾越国境线为既遂标准；关于海路、空路输入毒品的既遂，张明楷教授主张可适用国外学说中的到达说，即装载毒品的船舶到达本国港口或

[1] 张明楷：《刑法学》（下），法律出版社 2016 年版，第 1147 页。
[2] 韩强、彭艳：《试论毒品犯罪未遂的特征》，载《人民法院报》2000 年 9 月 25 日，第 3 版。

航空器到达本国领土内时为既遂，否则为未遂。[1]

有检察系统同志主张将毒品带入我国国（边）境的，以越过我国国（边）境线为界，毒品一旦越过我国国（边）境线即为既遂。正在入关办理手续时即被查获毒品的，也构成既遂。将毒品带出我国国（边）境的，只要行为人出于走私目的而买进、运输毒品的，即构成既遂，不以行为人是否已经将毒品带出我国国（边）境线为标准。其中，误认为其他物品为毒品，而实施走私、贩卖、运输行为的，按未遂处罚。[2]

还有法院系统同志主张应以毒品是否入境或出境为标志。走私的毒品已经入境或者已经出境的为犯罪既遂；反之，因行为人意志以外的原因，走私毒品入境或者出境的目的没有达到，则构成走私毒品罪未遂。至于入境或者出境的标准，则应根据行为人走私毒品的具体方式来判断。如果行为人是直接经过海关运输、邮寄或携带毒品的，以通过海关为既遂；如果行为人是通过其他方式绕过海关走私毒品的，则应以越过国(边)境线为既遂。

从实用于辩护的角度，我们照例要列出所有的情形，再结合相关的依据(学理、规定、判例)来梳理和归纳。一是类型上，存在走私输入与走私输出两类。二是运输方式上，除了前面学者提到的陆、海、空三种走私运输方式外，我们还需要考虑到邮寄运输（走私）的方式。三是走私的方式上，存在瞒关和绕关两种。四是主体方面，存在毒贩（贩卖者）的走私和运输者构成的走私（包括仅供自己吸食的走私）。相关认定标准分述如下：

[1] 对于海路及航空运输，国外的常说观点有五种：一是领海、领空说即装载毒品的船舶或航空器进入本国领海或领空时为既遂，否则为未遂。二是登陆说，即将毒品 从船舶中转移到本国领土内（不问是否保税区）时，将毒品从航空器中转移到地面时为既遂，否则为未遂。三是关税线说，即在毒品经由保税区等海关支配、管理的地域的场合，转移到保税区等之外才是既遂，否则为未遂。四是搬出可能说，即装载毒品 的船舶或航空器在本国港口停靠或在机场着陆后，出现可能将毒品转移到船舶或航空器外的状态时为 既遂，否则是未遂。五是到达说，即装载毒品的船舶到达本国港口或航空器到达本国领土内时为既遂，否则为未遂。

[2] 李少平、左振声：《关于审理毒品犯罪案件中的若干问题》，“毒品犯罪与治理对策研讨会”（2001年）交流论文。

1. 由于毒品是同时禁止输入也禁止输出的，因此进出的标准是一致的。这也就是张明楷教授认为“只要明确了输入毒品的既遂与未遂标准，输出毒品的既遂与未遂标准就容易解决了”的原因。有一个具有误导性的现象是，同一个行为的同一个状态，在一个国家可以被认定为既遂了，而在另一个国家则可能被认为是未遂。例如，假定毒品从一国经公海然后再进入我国，它是首先越过输出国国境的。这也容易理解，因为走私罪同时违反的是某一国海关监管法规，而国家间此类法规可能存在差异。

2. 陆、海、空运输结合绕关的情况就复杂得多了。绕关的典型就是偷渡。陆路偷渡当然就是以跨过国（边）境线为既遂与未遂的标准理论上没有争议。张明楷教授所主张的海、空运输的走私是在“正常”贸易的形式其实就是瞒关的情况下应当以着陆或进入港口作为既遂点。 那如果走私毒品的船舶不进港口，而是从没有港口的某个无人的角落登陆呢？航空器走私显然也是如此。这种情况应当还是以越过国（边）境线为既遂的标准，而这里的国（边）境线显然应当指的是领海或领空的线。

3. 瞒关。瞒关输入而被查获的，不论是采用陆路、海路还是空路，要么是在报关时被查，要么是在海关监管场所被查，要么在后续过程中被查。这些都是在我国的境内，此时主张因没有完成报关而成立未遂的，不能成立。否则，就会出现“履行报关程序的为既遂，而走绕关偷渡的则为未遂”的不合理现象。

4. 对于以邮寄的方式走私毒品的，司法实务中一般是以完成交寄手续为既遂。[1] 对此观点笔者并不认同，但整理出来供读者参考，思考。

5. 最后一个问题是主体身份是否会对未遂的认定造成影响。根据法律及法理可知，无论是贩卖毒品者的走私（毒贩），还是运输者（“马仔”）的走私，或是仅仅携带供自己吸食的毒品过境的行为，均构成走私毒品罪。

[1] 陈明蔚：《邮寄型走私毒品犯罪的既遂标准》，载《人民司法》2016 年第 1 期。

问题是为贩卖而购买毒品的贩毒人员自其毒品得手时，其贩卖毒品罪名就已经既遂；而走私毒品罪需要以越过国（边）境线才为既遂。这样就会出现在一个走私、贩卖、运输毒品犯罪中，贩卖、运输行为已经既遂了，而走私行为仍是未遂。所以在实务中，这种走私未达到既遂或者证据稍弱的情况下，一般都只定贩卖、运输毒品罪。

综上所述，由于我国长期以来存在从严打击毒品犯罪的刑事政策，以及我国刑法学理论从根源上对毒品犯罪分类的不统一，造成毒品犯罪中对未完成形态的认定规则缺位严重，导致现有理论与司法实务相互脱离甚至背离。本文所整理的内容不一定能为法庭所接受，但沿着上述思路进行辩护应能影响现实中大部分案件的量刑，为当事人争取到合理结果。

第十四讲　多人犯罪中的“作用与地位”之辩

一、辩点概述

（一）辩点界定

本讲所说的“作用和地位”辩护包括三种情形：一是狭义共同犯罪中的主从犯关系。二是不成立共犯的同案犯（如贩卖毒品案的上家与下家、运输毒品案中互无犯意联络的不同环节运输行为人之间等）在同一个案件中的作用与地位问题。三是上述两种人员未同案处理时对各自作用和地位的评价及由此而来的量刑平衡问题。[1]

（二）辩点价值

本讲的辩点对行为人的量刑有重要意义：

其一，从犯情节是从轻、减轻、免除处罚的法定量刑情节。

其二，虽不成立共犯，但在同一案件中一同受审的各被告人之间也存在量刑对比和量刑平衡问题。

其三，此辩点可能帮助当事人获得降档量刑的效果。相比于许多类型案件中只能获得减轻 6 个月到 3 年刑期的效果来说，这一辩点在毒品犯罪案件中

[1]《武汉会议纪要》：办理毒品犯罪案件，应当尽量将共同犯罪案件或者密切关联的上下游案件进行并案审理；因客观原因造成分案处理的，办案时应当及时了解关联案件的审理进展和处理结果，注重量刑平衡。

却可能获得降档量刑的效果。即将原本可能判处死刑立即执行的降为死缓，死缓降为无期，无期降为 15 年有期徒刑，从而使当事人获得比普通刑事案件差别大得多的量刑优待。这是因为绝大多数的涉毒犯罪案件的刑罚都处在《刑法》第 347 条第 1 款规定的量刑幅度内，即 15 年有期徒刑、无期徒刑、死缓、死刑立即执行。它们都没有范围幅度，在一个档内均是相对固定的，就连 15 年有期徒刑也是一样。这个时候如果一个辩点对量刑的影响成功，就可能产生“降档量刑”的质变效果。

其四，这一辩点在死刑案件的辩护中意义尤为重大。基于毒品犯罪案件在我国死刑判决中的比重较大，很多时候律师的辩护都是需要围绕着“免死”来进行的。而我国对于死刑判决有一个非常重要的刑事政策，是对这一辩点重要性最直接的体现。那就是在同一个案件中一般不判处两个或两个以上的被告人死刑。除非有非常特殊情况，判处三人以上死刑就更为罕见了。《武汉会议纪要》就明确规定：一般只对其中罪责最大的一名主犯判处死刑。各共同犯罪人地位作用相当，或者罪责大小难以区分的，可以不判处被告人死刑；两名主犯的罪责均很突出，且均具有法定从重处罚情节的，也要尽可能比较其主观恶性、人身危险性方面的差异，判处二人死刑要特别慎重。

在现实的案件处理中，类似“某仅出资 10 万元购买了 1 千克毒品的被告人被判处了死刑，而某出资 300 万元参与购买了 80 千克毒品的被告人却未判处死刑”的案例比比皆是。因后一个当事人的份额可能占到 15 公斤以上，故其在社会危害性及主观恶性等各方面均要远远在大于前一个当事人。两者之间判决结果的差异仅仅是因为前一个案子只有一个当事人作案或被抓，或者这个当事人在这个案件中排在了第一被告人的位置，而后一个案件的当事人仅仅是因为排在了第二或第三被告人的位置。

《武汉会议纪要》的规定是：就算二名主犯的罪责均很突出，且均具有法定从重处罚情节的，也要尽可能比较其主观恶性、人身危险性方面的差异。这就说明排名第二的被告人往往并不需要与第一被告人的作用和地位有太大或根本性的差别，有时候细微的差距就足以造成生死两重天的差别待遇了。

笔者曾经办理过这样一个案件，甲乙二人共谋对一个开黑车载客的女司机实施抢劫、强奸、杀害及抛尸的行为。在整个作案过程中两人的作用和地位基本相当，根本无法分清两人的主从关系，因此一审中两人都被判处了死刑。二审的庭审一开始就暗示了一个目标，就是两人中只判处一个死刑，另一个不判死刑。因此二审庭审就变成了找出两人区别的过程。最后，检察官甚至说出了“其中一个比另一个年龄上小一点（一岁多），阅历上少一点点（出来打工时间短一点），性格上更偏服从一点（法庭上的表现），而另一个性格更偏主动一点”之类的话语。最后生死的差别就这样产生了，由此对我国的死刑政策可见一斑。

可见，在毒品案件中如果能成功说服法庭认可同案中其他被告人的罪行比自己当事人更重哪怕一点点，当事人在起诉书或判决书中的位置哪怕只往后挪一位，对于当事人来说可能就是生与死的差别。数量巨大的毒品案件，辩护律师只要能成功将自己的当事人排到第二位及以后；数量特别巨大的毒品案件，只要能成功地将自己的当事人排在第三位及以后的位置，当事人不被判处死刑的概率就会大大增加。就算他和他的前一位当事人情节上差别特别小也是一样。

二、影响行为人作用和地位的常见情形

前已述及，根据案情的不同，作用和地位的辩点其实包括如下两类：第一类是共同犯罪中的主从犯。第二类是不具有共犯关系的同案犯之间作用和地位区分。下面分别展开讨论：

（一）共同犯罪中的主从犯

在有同案被告人的案件中，从犯是最常被辩护人提出的观点。但是，根

据笔者多年经验以及大量的裁判文书，得出的结论是这一观点被法庭采纳的并不多。笔者认为这和观点的精确性有很大的关系，在辩护中应当对传统的主从犯进行了进一步的细化，以使辩护更精准也更容易被采纳。

1. 划分主从犯的前提

通常认为，只有狭义的共同犯罪下才能成立刑法意义上的主犯与从犯。在毒品犯罪案件中，实施不同行为的人往往被科以不同的罪名。例如，出资买卖毒品的人构成的是贩卖毒品罪，受其雇佣而实施运输毒品行为的“马仔”成立的是运输毒品罪。同理，在同一案件中有人构成窝藏毒品、毒赃罪，因证据等问题也有人会被认定为非法持有毒品罪，等等。在这种情况下，虽有学者提出了部分犯罪共同说的观点,但在我国占通说地位的刑法理论以及司法实践中，仍然认为只有在罪名重合的部分才能成立共同犯罪。因此在罪名不同的情况下提出从犯观点往往不会被法庭采纳。

2. 主从犯划分的理由和标准

根据《刑法》第 26 条、第 27 条的规定，主从犯的区分的要点主要是犯意提起、地位、作用三个方面。具体到毒品犯罪，主从犯的区分主要是从犯意提起、犯意传递、具体分工、毒资筹集、毒品实际控制、相互之间的控制和指挥关系等方面来。以这样的标准来看，主犯主要包括在共同犯罪中出谋划策起主要作用的人（犯意），犯罪活动的组织者、领导者（地位），在共同犯罪中在发生危害结果起重要作用的人（作用）。认定为从犯的情形则有：一是犯意被动；或受邀约、或依别人的犯意行为事。二是地位从属于主犯。三是作用次要，即对于危害后果的发生，其所起的作用低于主犯，或仅在整个犯罪的局部起到作用。

实务中的情况要复杂得多。有的行为人在整个案件中从未直接实施犯罪行为，从未接触过毒品，但却操控着整个犯罪过程，管理控制整个犯罪集团全部人员，应当以主犯认定。有的行为人虽然从头到尾完成了运输、交货整个毒品交易过程，但其只是个被雇佣的“马仔”。一直听指挥行动，毒赃也与其没有直接关系，他只是在完成贩毒行为后获得相应报酬，由于主观恶性小，应当认定为从犯。在实务中，有论者归纳出首先将犯罪行为划分为实行前、实行中和实行后三个阶段。然后，结合行为人在共同犯罪的阶段性中的表现进行“组合结构”分析，即综合认定。此方法十分可取，分解的情况如下：

第一，犯罪实行前阶段的表现，即行为人在着手共同犯罪之前的表现。这些表现主要有：犯意是自发产生的还是在别人的唆使下产生的，是主动邀约他人犯罪还是被动接受他人的邀约参加犯罪，是否为犯罪的着手实施出谋划策等。

第二，犯罪实行阶段的表现，即行为人在犯罪着手之后犯罪完成之前的表现。这里的表现主要有：行为人是积极主动参与实施犯罪还是消极被动地参与实施犯罪，行为人实施的是犯罪的实行行为还是犯罪的帮助行为，行为人的行为是犯罪完成的主要原因还是犯罪完成的次要原因等。

在毒品案件中还存在一种精神帮助型的从犯。例如，行为人主观上明知同伴此行是到边境某地去运输毒品，但其不参与同伴的任何运输行为，仅仅是在明知的情况下陪同前往并给予一定言语和精神上的鼓励。这种情况，法院虽然在争议中一般仍然认定为有罪，但量刑明显较低，因此精神帮助型的从犯也是可以提出的辩护观点之一。

第三，犯罪实行后阶段的表现。这个阶段的主要表现有：对赃物及收益的掌管情况，分配情况。

3. 辩护方法：对主从犯的再划分

由于现实案件的复杂性，对主犯、从犯进行简单区分很难准确界定各当事人的作用和地位。过于简单的分类甚至会错误地将主犯主张为从犯，得不到法庭的采纳。从辩护的角度说，其实主犯可以进一步细分为起主要作用的主犯和起次要作用的主犯。从犯也可以分为作用较大的从犯和作用较小的从犯。甚至可以将全案的当事人按作用和地位区分为三级、四级甚至更多级。这样的辩护才更有说服力，也更有效果。《武汉会议纪要》也明确“依法应当适用死刑的，要尽量区分主犯间的罪责大小；各共同犯罪人地位作用相当，或者罪责大小难以区分的，可以不判处被告人死刑；两名主犯的罪责均很突出，且均具有法定从重处罚情节的，也要尽可能比较其主观恶性、人身危险性方面的差异”。

（二）不成立共犯关系的各当事人作用与地位

这个辩点主要指的两种情形：一是对向犯（毒品卖方与买方、上家与下家）中的各方当事人之间的作用与地位的对比辩护。二是在同一案件中因分工不同而成立不同罪名的当事人之间的作用和地位评价。包括受指使和雇佣的单纯运输行为、不能排除受雇佣运输的可能性辩护，以及行为性质的分类（居间介绍、代购代卖还是居中倒卖），从行为人的行为性质定性为切入口来论证当事人的作用与地位等。

1. 常规型：对向犯和平行犯

首先，如前所述，犯意提起、犯意传递、具体分工、毒资筹集、毒品实际控制、相互之间的控制和指挥关系等方面是区分主从犯的主要依据。其实，相处于同一案件中但因罪名不同、分工不同、相互无意思联络等情形而不构成共犯关系的各当事人之间，在考虑其作用地位大小及量刑均衡问题时，上述标准也同样适用。其认定理由、事实、证据也基本相同，因此可参照前述主从犯部分的内容进行判断和论证。

其次，在毒品买卖的上下家之间，法庭一般考虑的是先提起犯意者（可以理解为毒品买卖合同的要约方）主观恶性及作用地位要较高于接受犯意方（可以理解为毒品买卖合同的承诺方）。同时会重点考虑情节是对于整个毒品交易促成（或完成）哪方的积极主动性更高以及掌控力更高。再考虑实施行为的多少。《武汉会议纪要》规定：“对于贩卖毒品案件中的上下家，要结合其贩毒数量、次数及对象范围，犯罪的主动性，对促成交易所发挥的作用，犯罪行为的危害后果等因素，综合考虑其主观恶性和人身危险性，慎重、稳妥地决定死刑适用。对于买卖同宗毒品的上下家，涉案毒品数量刚超过实际掌握的死刑数量标准的，一般不能同时判处死刑；上家主动联络销售毒品，积极促成毒品交易的，通常可以判处上家死刑；下家积极筹资，主动向上家约购毒品，对促成毒品交易起更大作用的，可以考虑判处下家死刑。”

最后，根据《大连会议纪要》的精神，作对比性辩护的时候还可以从是否为毒枭、职业毒犯、再犯、累犯、惯犯，主观恶性是否深，人身危险性谁更大，危害谁更严重，谁具有将毒品走私入境，是否为多次、大量或者向多人贩卖，是否诱使多人吸毒、武装掩护、暴力抗拒检查拘留或者逮捕，或者是否参与有组织的国际贩毒活动等情节进行。

2. 特型一：受指使和雇佣的单纯运输行为

《大连会议纪要》中，明确肯定了单纯的运输毒品行为具有从属性、辅助性特点。部分涉案人员系受指使、雇佣，只是为了赚取少量运费而为他人运输毒品。他们不是毒品的所有者、买家或者卖家，与幕后的组织、指使、雇佣者相比，在整个毒品犯罪环节中处于从属、辅助和被支配地位，所起作用和主观恶性相对较小，社会危害性也相对较小。因此，对于运输毒品犯罪中的这部分人员，在量刑标准的把握上，应当与走私、贩卖、制造毒品和前述具有严重情节的运输毒品犯罪分子有所区别，不应单纯以涉案毒品数量的大小决定刑罚适用的轻重。

另外，量刑上，确定的受雇佣受指使运输毒品与因证据不足不得以而认定为运输毒品罪，在量刑上也是有区别的。《大连会议纪要》就明确“涉嫌为贩卖而自行运输毒品，由于认定贩卖毒品的证据不足，因而认定为运输毒品罪的，不同于单纯的受指使为他人运输毒品行为，其量刑标准应当与单纯的运输毒品行为有所区别”。

3. 特型二：居间介绍型贩卖

在贩卖毒品犯罪中，有的是买进卖出赚取差价的转卖行为（居中倒卖），有是收取少量“劳务费”的代买代卖行为，有的是在上下家之间实施居间介绍、牵线搭桥的行为。这三种行为同为贩卖毒品罪，甚至表面上看起来他们都处于买卖的中间环节。但显然，他们之间的作用地位差别是非常大的，其量刑差别也很大。因此在进行当事人作用地位辩护的时候，应当注意区分当事人的行为到底属于何种情形，并在类似的案件中以此作为一个切入点。

在进行主观恶性的辩护时，遇到自己当事人起到联络上下家的作用时，应先分清楚其行为的性质是居中倒卖型还是居间介绍型、这样辩护取得的效果会比一般的犯罪情节辩护要好很多。关于两者的区分要点，《武汉会议纪要》规定得比较明确。其规定“居间介绍者在毒品交易中处于中间人地位，发挥介绍联络作用，通常与交易一方构成共同犯罪，但不以牟利为要件；居中倒卖者属于毒品交易主体，与前后环节的交易对象是上下家关系，直接参与毒品交易并从中获利。居间介绍者受贩毒者委托，为其介绍联络购毒者的，与贩毒者构成贩卖毒品罪的共同犯罪；明知购毒者以贩卖为目的购买毒品，受委托为其介绍联络贩毒者的，与购毒者构成贩卖毒品罪的共同犯罪；受以吸食为目的的购毒者委托，为其介绍联络贩毒者，毒品数量达到《刑法》第 348 条规定的最低数量标准的，一般与购毒者构成非法持有毒品罪的共同犯罪；同时与贩毒者、购毒者共谋，联络促成双方交易的，通常认定与贩毒者构成贩卖毒品罪的共同犯罪”。

关于居间介绍型犯罪的作用地位认定原则，《武汉会议纪要》规定得也很明确："居间介绍者实施为毒品交易主体提供交易信息、介绍交易对象等帮助行为，对促成交易起次要、辅助作用的，应当认定为从犯；对于以居间介绍者的身份介入毒品交易，但在交易中超出居间介绍者的地位，对交易的发起和达成起重要作用的被告人，可以认定为主犯。"

（1）居间介绍买卖毒品行为的界定

居间介绍买卖毒品，通常是指行为人为毒品交易双方提供交易信息、介绍交易对象、协调交易价格、数量，或者提供其他帮助，促成毒品交易的行为。具体包括，为贩毒者介绍联络购毒者的行为，为购毒者介绍联络贩毒者的行为，以及同时为毒品买卖双方牵线搭桥促成毒品交易的行为。

《武汉会议纪要》区分不同情况，对该问题作了较为详细的规定，主要可以从以下几方面来理解：

第一，原则上，居间介绍者受哪一方交易主体委托，与哪一方存在犯罪共谋，就认定其与哪一方构成共同犯罪。居间介绍者受贩毒者委托，为其介绍联络购毒者的，与贩毒者构成贩卖毒品罪的共同犯罪。居间介绍者明知购毒者以贩卖为目的购买毒品，受委托为其介绍联络贩毒者的，与购毒者构成贩卖毒品罪的共同犯罪。

第二，对于同时受贩毒者、购毒者双方委托，为双方联络、促成交易，与双方关系都非常密切的，如被购毒者、贩毒者双方信任，多次受托为双方联络促成交易的，或者此次虽受购毒者委托，但此前多次帮助贩毒者介绍贩卖毒品的，一般认定与贩毒者构成共同犯罪。但为了从严惩处毒品犯罪，如果居间介绍者与以贩卖毒品为目的的购毒者关系更为紧密，且购毒者对促成毒品交易起到更大作用的，可以认定居间介绍者与该购毒者构成共犯。

（2）居间介绍买卖毒品行为的辩护理由

第一，居间介绍者的犯罪地位具有从属性。居间介绍者通常是受毒品交易的某一方或双方的请托而提供信息转达或起到牵线搭桥作用的。通常按照毒品交易一方的共犯处理，其作用和地位从属和依附于其帮助的交易方。而且其一般的关系紧密的帮助犯相比还有其特殊性。因为在实际的毒品交易过程中，居间介绍者与交易双方的地位均有差别。其既不是毒品交易的一方主体（我们可以理解为他不是交易方的“马仔”或助手），也不是交易一方的代理人（类似民法中居间合同与代理合同的区别），而是处于中间人的地位，发挥着沟通媒介的作用，因此其往往比一般意义上的从犯作用和地位还低。

第二，居间介绍买卖毒品的犯罪方式决定了其行为具有辅助性。居间介绍者有的仅帮助毒品交易双方牵线搭桥，有的帮助商谈价格、约定交易，还有的与买卖双方共同参与交易，但其实施的都是促成交易的帮助行为。也就是说，居间介绍者仅帮助他人买卖毒品，但其本人既不是毒品的所有者，也无意购买或者出售毒品。其并没有买入或者售出毒品的行为，其只能是毒品买方或卖方或同时为买卖双方的帮助犯。

除了上述，248 号“马盛坚案”、366 号“黄德全案”也都体现了相同的裁判要旨。获得的报酬也不是通过“吃差价”来实现，而是来自交易一方或者双方支付的酬劳。

4. 特型三：代购代卖型贩卖毒品行为

在《大连会议纪要》中，将代购代卖毒品的行为区分为三种情形来分别认定处理。第一种情形为“不以牟利为目的，为他人代购仅用于吸食的毒品的，按非法持有毒品罪定罪处罚”。此处涉及定性问题，而不是作用地位对比问题，故在此不讨论。第二种情形是“代购者从中牟利，变相加价贩卖毒品的，应以贩卖毒品罪定罪处罚”。第三种情形是明知他人实施毒品犯罪而为其实施代购代卖的，无论是否牟利，都应以相关毒品犯罪的共犯论处。其实可以明确一下，既然是代购代卖，所涉罪名通常只可能是贩卖毒品罪。

在司法实践中，前述第二、三种情形下构成共犯关系的，其一般也是属于帮助犯，因此在作关于作用与地位（包括从犯）辩护的时候，这是一种增加说服力的辩点。

（1）代购代卖的认定

如果说介绍购买是一种居间介绍行为的话，代购代卖就是一种代理行为，是指表面上看行为虽然实施了比较重要的寻找货源、商谈买卖、支付毒资、接取毒品等全部或部分行为。但实质上其并非该案的第一主犯，而是受毒品出资购买者或出售者的委托行事，毒品贩卖行为的非法利益也归属于毒品交易委托人（卖方或买方）。在具体的认定上有以下几点值得注意的地方：

第一，代购代卖者与幕后毒犯之间是一种松散、临时、单次组建的普通共犯关系。这一点与毒犯的“手下”相区别，如果用民事的区别方法来看待，毒贩的手下的行为类似是一种“职务行为”，而代购代卖者则是一种单次的代理人角色。相应的，在通常情况下，其罪责也应低于毒犯的主要手下。

第二，代购代卖者获取的非法利益系从“委托人”处获得的报酬。而非从毒品交易本身获利。

（2）代购代卖毒品与居中倒卖行为的区分

这两者的区分其实就是一句话，代购者从中牟利的，属于变相加价贩卖毒品，以贩卖毒品罪定罪处罚。

（3）居间介绍买卖毒品与代购代卖毒品行为的区分

一是行为表现不同。居间介绍买卖毒品主要是为毒品交易双方提供交易信息，介绍交易对象，协调交易价格、数量或者提供其他帮助。因此，居间介绍者中除了部分直接参与交易者之外，通常不会直接持有毒品，也不会帮助运输毒品。而代购代卖毒品，顾名思义，是代理购毒者购买毒品或者代理贩毒者出售毒品。由行为方式决定，代购代卖者必然直接持有毒品，而且往往伴随着帮助运输毒品的行为。

二是在交易中发挥的作用不同。居间介绍买卖毒品的，居间介绍者是为贩毒者和购毒者提供交易机会和媒介服务的一方主体。故其不是一方交易主体，而是中间人，真正的交易主体是贩毒者与购毒者。代购代卖毒品的，代购者或者代卖者起到的是交易一方代理人的作用，是实际参与毒品交易的一方主体，委托代购代卖者并不具体参与交易。

（4）代购代卖行为的作用地位分析

首先，如前所述，代购代卖是一种类似民事上代理的行为，因此，代理行为中的代理人通常是依据被代理者（真正的毒品买方或卖方）的指示行事的。其次，代理的利益及法律后果都是归于被代理人的。因此在通常情况下，代购代卖行为只是一种帮助犯的行为，行为人的作用和地位也具有明显的从属性。

从前述区别可以看出，代购代卖行为的社会危害性高于居间介绍，低于居中倒卖。

（三）共同犯罪人未到案情形下的处理规则及辩护方法

1. 裁判规则

《大连会议纪要》规定，对有证据证明被告人确属受人指使、雇佣参与运输毒品犯罪，又系初犯、偶犯的，一是可以从轻处罚，二是即使毒品数量超过实际掌握的死刑数量标准，也可以不判处死刑立即执行。

《武汉会议纪要》规定："对于部分共同犯罪人未到案的案件，在案被告人与未到案共同犯罪人均属罪行极其严重，即使共同犯罪人到案也不影响对在案被告人适用死刑的，可以依法判处在案被告人死刑；在案被告人的罪行不足以判处死刑，或者共同犯罪人归案后全案只宜判处其一人死刑的，不能因为共同犯罪人未到案而对在案被告人适用死刑；在案被告人与未到案共同犯罪人的罪责大小难以准确认定，进而影响准确适用死刑的，不应对在案被告人判处死刑。”此段文字虽然是关于判与不判处死刑的，但也可窥见其裁判观点。

2. 辩护方法

可见，对于部分被告人未到案的情况，裁判观点是明确的。在考虑对某被告人量刑时应对全案当事人作整体评价，包括未到案的当事人也要考虑在内，以此做到量刑均衡。但在司法实践中，情况会复杂一些，其中最为常见的一种情况是，有一定线索甚至是证据指向被告人背后还有更多涉案当事人，甚至更主要的主犯。但并不能达到“能证明”的程度。这种情况是律师在辩护中经常遇到的一个问题，辩护的效果也有好有差。对于这种情况的辩护理由及依据，本讲稍做整理如下：

首先，《大连会议纪要》中有明文规定，“不能证明”被告人系受人指使、雇佣参与运输毒品犯罪的，可以依法判处重刑直至死刑。似乎应该由辩方承担举证责任，但要证明到什么程度呢？对此，我们看一个指导案例的裁判观点。

在最高人民法院第405号指导案例，“宋光军运输毒品案”中 法官在其裁判观点中作了如下论述：“在运输毒品行为中，宋光军、叶红军及杨波的地位、作用如何，是本案量刑的关键问题。叶红军供述杨波是毒品的所有人，其与宋光军均受雇于杨波。由于杨波在逃，三人在共同运输毒品中的地位和作用，难以查清。宋光军虽是携毒者，但不能因为毒品在谁包里就推定谁的地位更重要、作用更大。判断共犯所处的地位和作用，必须全面分析。据叶红军供述，叶是受杨波指令监视宋光军的。从监视与被监视的关系看，叶红军的地位有可能高于宋光军。但这方面的证据不足，仅有叶红军一人的供述。因此，宋光军、叶红军在共同犯罪中的地位与作用，根据现有证据尚不足以认定。在叶红军已被判处死缓且裁判已经生效的情况下，一、二审法院对被告人宋光军判处死刑立即执行，在两被告人之间很可能出现量刑失衡问题。宋光军虽系累犯，但因其所犯前罪为犯罪未遂，且不属毒品犯罪再犯，根据本案的具体情节，对宋光军判处死刑，可不立即执行。据此，最高人民法院改判宋光军死缓，既与本案事实、证据相符合，也与叶红军的量刑相平衡。”[1]

从该指导案例的裁判观点中，可以看出至少要有一些基础事实。如在本案中，至少知道了杨波这个人是存在的，而且还有杨波在逃的事实。同理，只有宋光军一人供述叶红军是主犯的，证据不足，无法查证。也就是说，如果本案中没有杨波涉案其中的任何证据和线索，也没有叶红军的存在，而是只有宋光军一个涉案的情况下，即便有宋光军的供述，也不能考虑其供述中是否有他人情节更重的供述。所以在辩护中，至少得要寻找和向法庭提交一些证据以证明被告人供述的幕后还有更大的毒犯的情况并非空穴来风，而是不能排除。

三、作用与地位辩点的证明与论证

（一）作用与地位辩点的证据及其证明原理

涉及各当事人作用和地位情节的证据，通常有各被告人的口供、有关证人证言、通信记录材料、资金往来记录、活动轨迹等。这些证据材料中，最为重要的当然是各当事人供述了，因为它最全面、包含的信息量最大，也因为它最直接。当然它的弱点也很明显，就是真实性和客观性太差，稳定性也很弱，常常变化不断。

在涉及各当事人作用与地位的问题上，上述问题表现得更加突出，因为各当事人常常会表现出一种将罪责尽量往别人身上“推”的倾向。单纯看各被告人的供述，其真实性很难判断。在此辩护时不论是利用当事人供述的内容还是反驳其他当事人的供述内容时，都一定要再从其他证据上下功夫，寻找尽可能多能印证自己观点的线索。这就涉及相关证据的证明原理，例如：

1. 通话记录：通话记录通常包括手机通话清单、短信聊天记录、微信聊

[1] 最高人民法院刑事审判第一至五庭编：《刑事审判参考》（2006年第4集），法律出版社2006年版，第33~37页。

天记录、QQ 聊天记录等。除了有具体交流内容的可直接反映案情外，从通话的双方可以反映出团伙的层级关系和亲疏关系。因为贩毒团伙为了尽可能地隐避和逃避侦查，团伙成员总是只跟团伙中的个别人保持单线联系，而这种联络双体现出明显的层级性。

2. 资金往来记录：毒品案件中的资金通常只会有两种——毒资和运费报酬。除了直接的言词证据能够证明它们的区分外，从资金的金额流向上也能证明各笔资金属于购毒资金还是运费报酬。有了这样的判断以后，就能进一步确定团伙中谁是出资购毒者，谁是运费报酬的支付者，谁是运费的中转分发者，进而能够较清楚地确定团伙各成员的作用和地位。

3. 活动轨迹材料：活动轨迹能直观地反映团伙各成员在什么时间到过什么地方。结合言词证据，能反映出各人的行为，如邀约同伙、前往商谈买卖毒品、支付毒资、交接毒品、探路、运输等分工和职能。活动轨迹资料通常由三种证据资料反映出来，一是乘飞机和酒店住宿资料，二是公安的卡口资料（开车），三是通话记录中显示的基站信息。

最后提供一种具体方法的应用。前述笔者阐述了通信记录、活动轨迹证明材料对证明贩毒团伙中各成员关系的作用及具体应用。在方法上，笔者建议要以将通话通信记录、资金流转记录和活动轨迹资料反映的情况画成人物关系图，其直观性和说服力可能会非常强大。比如，通话关系图、资金流动关系图、人物接触关系图等。

以下案例是笔者所见过的有关作用地位关系论证中最为精彩的案例。这一杰作出自全国十佳公诉人的云南省检察院某检察官之手。对广大的辩护人具有非常大的启发价值。

案例

2012年12月某日，被告人郑某某驾驶一辆轿车从云南省腾冲市前往昆明，途经昆明西收费站时被公安民警查获，当场从其所驾车辆的后备箱中查获毒品海洛因2000余克。现场盘问时，郑某某承认了其伙同郭某某一起帮他人从腾冲运输毒品到昆明的事实，并提供了郭某艳在中途下车后藏匿于昆楚高速公路安丰营服务区某旅社的事实。后公安机关通过郑某某提供的线索在该旅社抓获了郭某艳。

本案除上述的抓获过程及同案郑某某的供述指证外，尚有郭某艳的两次认罪的供述（其供述了参与运输）、两人手机的通话记录及短信，以及公安机关的技侦材料与之相互应证。但是疑似在律师介入以后，郭某某即翻供，否认其明知和参与了本次的运输毒品行为,其律师也为其作了证据不足的无罪辩护。

在这个案子中，笔者是郑某某的辩护律师，郑某某从一到案之始，就主动承认犯罪行为。同时其在供述中声称此次运输毒品的主要危害行为——包括犯意的提起、与幕后毒犯（指使者）联系、接取毒品、与下家接货人联系、路上的指挥决定等，全部都是同案郭某艳所为。而郭某艳始终不认罪，声称其只是搭车到昆明玩，什么都不知道，什么都没参与。最后的判决结果，一审法院基本全盘采信了笔者的当事人郑某某的供述，以郭某某在本案中属于主犯且认罪态度不好为由，一审判处了郭某某死刑。

这个案例的一审部分笔者在本书第一讲《战略与策略》中已经讨论过，并留下伏笔。在此接着叙述二审阶段的精彩反转：

在二审中，郭某某重新承认了其与郑某某相商为了获取3万元报酬而帮助一个缅甸人运送毒品到昆明的事实，并为其一审的翻供不认罪向法庭认错。但其同时供称本次运输是缅甸毒贩联系的郑某某，郑某某来找的她。而且本次运输行为不止他们两人，还有一个叫张某某的是郑某某的表哥，此人是开大货车的司机。当天从腾冲前往昆明的路上，毒品也并没有在两人共同驾乘的轿车上，而是郑某某让张某某藏在大货车的货物中拉到昆明的。到了接近昆明的安丰营服务区两车汇合后才拿到轿车上的。不然也不可能全程就将毒品放在轿车后排座位上而没有被检查站查获。

法庭辩论阶段，律师提出本案的证据是一对一的，而且在案两个人的供述相互矛盾，互指对方为主犯自己只是协助，因此认定谁为主犯的证据都是不充分的。这是一种很常见的辩护论证方式，中规中矩，不能说有什么错误，但也没有出彩之处。这种理由即便律师不说，法官也会考虑，所以作用甚微。重要的是，同案的郑某某从到案的第一天起其供述就很稳定，态度足够好。而郭某某是到了二审才这样供述的，可采性不高，如果没有突破性的论证，其实法庭很难考虑。所以大量的事实证明，这样的辩护，其实很难动摇一审法庭的既有认定。

接下来是公诉人的发言，我们来看看其高明之处：公诉人首先表明了其希望对本案作出尽可能地事实还原以帮助法庭作出对两被告人罪刑适当的判处。然后总结了本案的证据的现状，并强调了两人认罪态度的发展变化过程。其说道："通过前面的归纳很明显的可以看出，两名上诉人中，郑某某一直稳定的供述本案的涉案毒品是由郭某某联系了上家和下家，并亲自接取到毒品后又要约郑某某帮助运输到昆明，且在运输全程都在安排和指挥郑某某。相对地，郭某某关于本次运输毒品两人仅为合伙，且整个运输过程以郑某某为主安排。郑某某根本没有用两人所驾驶的车辆将毒品拉运到昆明，而是其另外找了他开大货车的表哥张某某运毒品到昆明的。这个供述的内容郭某某之前一直没有提过，只是在庭前检察员去提讯时才第一次这样供称，今天法庭上是第二次供述。"

然后其话锋一转，说道："那是不是就如郑某某的辩护人所主张的，这是很明显有目的故事，根本不足采信呢？由于这样的供述内容公诉人是在二审庭前获知的，且与一审认定的事实完全不同。本着出现了新的证据就应当要核实的审查原则，本检察员对该供述内容作了如下的验证工作：根据上诉人郭某某的供述，郑某某是在案发前的一天才和其供称的大货车司机张某某联系的，而且案发当天从腾冲到昆明的一路上，两人有多次通话。根据这一说法，检察员认真梳理了郑某某的手机通话清单，从中找出了三个特征比较符合的可疑电话。然后检察员对上述三个电话均作了通话核实。核实的结果是，这里面尾号为 ×× 的电话机主，其自称就叫张某某，是上诉人郑某某的表哥，也确实是跑大货车运输业务的驾驶员，其所从事的运输路线就是腾冲到昆明一线……"

这些话说完的时候，其实结果就已经可以预期了，这种论证的方式确实比前面辩护律师的说理要强得多得多，而且，这是我们绝大多数人都缺乏的。

（二）涉及本讲辩点的一种辩护策略——对比辩护

从前面的原理出发，笔者归纳出一种专门的辩护思路，将其称为“对比辩护”。即存在多人涉案的毒品案件中，在作量刑情节辩护的时候，不要就情节论情节，而是要时时将量刑情节放在各当事人在进行对比，并在某些情节中对同案当事人进行带有指控或反驳性质的进攻性辩护。在最后总结性陈述中，结合量刑指导意见等材料，将用于对比的当事人与自身当事人的所有量刑情节及应处刑罚作一个总结归纳，以尽量达到使自己的当事人排名靠后，最终实现不判处死刑或获得轻判的目的。

第十五讲　毒品犯罪之“自首”

自首本是刑事案件中的常规辩点，是每个刑辩人都掌握的基础知识，本无新意可言。但是在毒品犯罪案件中稍稍有些特殊之处，笔者作一点归纳整理，便于读者掌握与取用。

一、自首辩点的价值

（一）自首概述

除了《刑法》第67条外，有关自首的规范性法律文件主要有两个。一为1998年9月5日颁布的最高人民法院《关于处理自首和立功具体应用法律若干问题的解释》（法释〔1998〕8号，以下简称《自首立功解释》）。二为2010年12月22日发布的最高人民法院《关于处理自首和立功若干具体问题的意见》（法发〔2010〕60号，以下简称《自首立功意见》）。除此之外，还有最高人民法院发布的部分指导案例中体现着自首认定的裁判规则。

重温一下，自首分为一般自首和准自首两种。前者是指犯罪后自动投案，向公安、司法机关或其他有关机关如实供述自己的罪行的行为。后者是指被采取强制措施的犯罪嫌疑人、被告人和正在服刑的罪犯，如实供述司法机关还未掌握的本人其他罪行的，以自首论。自首作为一个法定的量刑情节，对当事人的从轻、减轻量刑意义重大。甚至可以说，自首是最为重要的量刑情节之一，其对量刑的影响一般要大于立功。[1] 首先，是我国《刑法》第 67 条明确规定对于自首的犯罪分子，可以从轻或减轻处罚；其中，犯罪较轻的可以免除处罚。其次，最高人民法院《自首立功意见》规定："类似情况下，对具有自首情节的被告人的从宽幅度要适当宽于具有立功情节的被告人。"最后，2010 年 9 月最高人民法院印发的《人民法院量刑指导意见（试行）》（法发〔2010〕36 号）规定，对于自首情节，可以减少基准刑的 40% 以下，犯罪较轻的可以减少基准刑的 40% 以上或者依法免除处罚。虽然量刑指导意见只在有期徒刑范围内适用，但笔者认为其核减的幅度具有参考价值。

（二）自首在毒品案件中的特殊意义

自首对于毒品犯罪案件的特殊意义主要体现在三个方面：

首先，由于常见毒品案件刑格设计的特殊性，故自首一旦成立，对当事人的利益会高于大多数的其他案件。我们知道，在有期徒刑范围内，自首情节的成立可能会降低 2~3 年的刑期。但由于我国《刑法》对走私、贩卖、运输、制造毒品罪设置的刑格集中在 15 年有期徒刑、无期徒刑、死刑。上述刑期设置是阶梯式的，这就会出现一种情形，即如果自首情节争取成功，量刑就会降低一档。再结合我国当前减刑制度的设置，15 年有期徒刑与无期徒刑之间会相差近一半的实际服刑刑期。

其次，会被判处有期徒刑的毒品犯罪案件都是属于"轻微"的毒品犯罪案件，要么数量很小，要么作用地位非常低。而根据我国宽严相济的刑事政策，对这一类可判处有期徒刑的案件核减幅度会大于其他很多的普通刑事案件。以在云南用体内藏毒的方式运输 350 克甲基苯丙胺为例，如果没有自首情节，起点是 15 年有期徒刑，重则无期徒刑。而如果存在自首情节，一般都会能判到 11 年左右的有期徒刑。

[1] 依据详见最高人民法院发布《〈最高人民法院关于处理自首和立功若干具体问题的意见〉的理解与适用》。

最后，自首情节对于可能判处死刑的案件当事人的意义那就更大了。除了极少数情形（如“犯罪情节特别恶劣，犯罪后果特别严重，被告人主观恶性深，人身危险性大；或者在犯罪前即为规避法律、逃避处罚而准备自首”），虽然具有自首情节也可以不从宽处罚（实质上就是要判处死刑）外。在绝大部分的情况下，只要有自首情节，基本上都能实现免死辩护的成功。在指导案例“古丽波斯坦·巴吐尔汗贩卖毒品案”中，也明确了一个裁判规则，即“司法机关查获部分毒品后，被告人主动交代了实际贩毒数量，并达到死刑数量标准的，可以不判处死刑立即执行；对毒品数量达到实际掌握的死刑数量标准的毒品再犯，并非一律判处死刑立即执行”。

二、辩点的发现与提取

如前所述，自首的成立须满足“自动投案加如实供述”两个条件，所以我们要分别来讨论这两个条件。

（一）一般自首之“自动投案”的认定

所谓“自动投案”，一般是指犯罪嫌疑人在犯罪后、被抓获前，出于本人意志而自愿将其人身置于公安机关、人民检察院、人民法院及其他有关单位和人员的控制之下，等待法律制裁的行为。自动投案的本质属性是投案的主动性和自愿性。除此之外，《自首立功解释》和《自首立功意见》两个文件还规定了 8 种视为主动投案的情形。分别是：

（1）犯罪嫌疑人向其所在单位、城乡基层组织或者其他有关负责人员投案的；（2）犯罪嫌疑人因病、伤或者为了减轻犯罪后果，委托他人先代为投案，或者先以信电投案的；（3）犯罪后逃跑，在被通缉、追捕过程中，主动投案的；（4）经查实确已准备去投案，或者正在投案途中，被公安机关捕获的；（5）并非出于犯罪嫌疑人主动，而是经亲友规劝、陪同投案的；（6）公安机关通知犯罪嫌疑人的亲友，或者亲友主动报案后，将犯罪嫌疑人送去投案的；（7）犯罪后主动报案，虽未表明自己是作案人，但没有逃离现场，在司法机关询问时交代自己罪行的；（8）明知他人报案而在现场等待，抓捕时无拒捕行为，供认犯罪事实的。

（二）准自首中自动投案的认定

通俗的理解，可以理解为人身已经在司法机关控制之下时，主动交代了司法机关尚未掌握的犯罪事实的情形。为方便理解，笔者稍不严谨地将形迹可疑型自首也归在此处一并讨论。因为他们都有两个共同的特征：一是不要求人身上的主动投案；二是要求其交代的犯罪事实不为司法机关掌握。主要有三种情况：

（1）罪行尚未被司法机关发觉，仅因形迹可疑，被有关组织或者司法机关盘问、教育后，主动交代自己的罪行的；（2）在司法机关未确定犯罪嫌疑人，尚在一般性排查询问时主动交代自己罪行的；（3）因特定违法行为被采取劳动教养、行政拘留、司法拘留、强制隔离戒毒等行政、司法强制措施期间，主动向执行机关交代尚未被掌握的犯罪行为的；

除上述 11 种情形之外，《自首立功意见》还设置了兜底条款：其他符合立法本意，也应当视为自动投案的情形。

近年来在司法实务中出现一种错误的倾向，司法人员为认定当事人是否成立自动投案设置了一个前提条件。即以侦查人员是否已经掌握了被告人的犯罪行为来判定其是否应当认定为自首。这其实是混淆了一般自首与准自首的概念和条件，在一般自首中，并不考虑此条件。即便犯罪事实或者犯罪嫌疑人已被司法机关发觉，但犯罪嫌疑人尚未受到讯问、未被采取强制措施时，主动、直接向公安机关、人民检察院或者人民法院投案也要认定为自动投案。最典型的例证是通缉在逃的人员自动投案的，仍然属于自首中的自动投案。

三、自首中的“如实交代”的认定

（一）如实交代到什么程度才达到成立自首的要求

在现实中，当事人到案后并不一定会交代全部的案件事实。或者说，当事人认为已经交代了其知道的全部案件事实，而侦查人员及公诉人却认为其并未交代出全部的案件事实。此时会再一次对是否认定自首产生争议。

按照《立功自首解释》的规定，如实交代自己的犯罪事实是指的如实交代自己的主要犯罪事实即能达到认定自首的要求。《立功自首意见》进一步明确规定，所谓如实供述自己的罪行，应包括供述主要犯罪事实和姓名、年龄、职业、住址、前科等情况。如果犯罪嫌疑人自动投案后隐瞒自己的真实身份等情况，如冒用他人姓名企图隐瞒前科情况，影响对其定罪量刑的，则不能认定为“如实供述自己的罪行”。

按照被采信为裁判规则的学术界观点，主要犯罪事实，是指对犯罪嫌疑人行为的性质认定有决定意义的事实、情节（定罪事实），以及对量刑有重大影响的事实、情节（重大量刑事实）。而所谓“对量刑有重大影响的事实、情节”，则是指决定着对犯罪嫌疑人应适用的法定刑档次是否升格的情节，以及在总体危害程度上比其他部分事实、情节更大的事实、情节。如果是多个同种罪行的，要求如实交代的犯罪情节重于未交代的犯罪情节，或者如实交代的犯罪数额多于未交代的犯罪数额,一般才能认定为如实供述自己的主要犯罪事实。在共同犯罪的场合下，犯罪嫌疑人投案后推揽罪责，隐瞒重大犯罪情节的，也不能认定为如实供述主要犯罪事实。最后，在无法区分已交代的与未交代的犯罪情节的严重程度,或者已交代的犯罪数额与未交代的犯罪数额相当的情形下，一般不认定为如实供述主要犯罪事实。

（二）同种罪行与不同种罪行的区分界定

根据《刑法》第 67 条第 2 款和《自首立功解释》 第 2 条的规定，被采取强制措施的犯罪嫌疑人、被告人和正在服刑的罪犯，如实供述司法机关尚未掌握的罪行，与司法机关已掌握的或者判决确定的罪行属不同种罪行的，以自首论。这在理论上一般称为“余罪自首”，何为“同种罪行”，何为“不同种罪行”，在毒品案件这种大量存在选择性罪名及同为“涉毒”罪名的情况下，需要明确加以区分。

对此，《自首立功意见》规定，对不同种罪行的认定，首先要以罪名区分，罪名不同的，还要考虑余罪与已掌握的犯罪是否属于选择性罪名或者在法律、事实上密切关联。罪名不同且不属选择性罪名，在法律、事实上也没有密切关联的，才能认定为不同种罪行。具体标准是：

1. 若属同一个罪名，哪怕是主动交代了侦查机关未掌握的多年前的另一犯罪事实，只要是与此次查获的属同一罪名的，均不成立自首。这一点自不待言，无须多论。

2. 毒品犯罪案件中常见的选择性罪名排斥自首的成立。如实供述的其他犯罪与司法机关已掌握的犯罪为选择性罪名，如已掌握的是走私毒品罪行，又供述了制造毒品罪行，仍属同种罪行，不认定为自首。通俗地说，即当事人如果因为运输毒品罪名被抓获，其供述的即便是与此次犯罪毫不相干的某次贩卖毒品犯罪事实，也不能成立自首。在最高人民法院指导案例“彭佳升贩卖、运输毒品案”中，即规定“因运输毒品被抓获后又如实供述司法机关未掌握的贩卖毒品罪行不构成自首”。

3. 在不同种罪名中，则以如实供述的其他犯罪与司法机关已掌握的犯罪是否“在法律、事实上存在密切关联”。如果在法律、事实上存在密切关联的，就不成立自首；反之则成立。

如果深入到可以指导辩护、解决实际问题的程度，我们需要厘清什么是“在法律、事实上存在密切关联”。有实务界的同志提出两个值得借鉴的条件：一是法律上的密切关联，要求构成要件的相近性。二是事实上的密切关联，要求犯罪行为的同源性。此两个条件需要同时具备。[1] 其认为前者一般应当以犯罪构成要件为依据，考察各罪行在犯罪主体、客体、客观行为、结果、对象等要素是否具有相近性。如因引诱他人吸毒被采取强制措施后，又交代引诱后向其贩卖毒品的行为，构成贩卖毒品罪的，应认定为同种罪行。另外，假如司法机关当场查获了犯罪嫌疑人的运输毒品犯罪行为，其又如实供述了司法机关尚未掌握的另一起（帮助另一个人）非法持有毒品的犯罪行为。此时司法机关尚未掌握的非法持有毒品罪与已经掌握的运输毒品罪在法律、事实上都没有关联性，应当认定为不同种罪行。

如果再进一步分析后者（犯罪行为具有同源性的问题），我们发现理论界有学者主张区分的准则就是罪数理论。按上述理论，想象竞合犯、继续犯、结果加重犯、情节加重犯、结合犯、集合犯、转化犯（非典型的一罪），以及连续犯、牵连犯和吸收犯（非典型数罪）都属于同种数罪，不能成立自首。同时还可以把法律拟制的情形归为法律上密切关联，包括想象竞合犯、情节加重犯、结合犯、连续犯、牵连犯和吸收犯。而在犯罪构成上具有事实的相关包括结果加重犯、继续犯、集合犯和转化犯，等等。凡是在形态上一罪的情形都可以认为存在法律事实上的密切关联，即排除自首的情形。其余情形可构成自首。

（三）“司法机关还未掌握”的认定

在认定形迹可疑型自首及准自首时，要求其供述的犯罪事实是司法机关尚未掌握的犯罪事实。但在司法实践中，控辩双方在关于“掌握”与否常常会陷入激烈的争论。主要的争议焦点问题是，一种意见认为，司法机关掌握的“罪

[1] 陈开欢、王跃明：《三方面厘清自首中“密切关联罪行”》，载《检察日报》2017年11月15日，第3版。

行”存在程度由少到多的递进变化，即掌握线索、掌握一定的证据和事实、掌握主要的证据事实。在强制措施上，对被采取强制措施期间交代被通缉、被网上追逃（录入全国公安信息网络在逃人员信息数据库）的其他罪行，能否认定为“司法机关还未掌握”？也就是说，司法机关需要掌握到什么程度才能否定自首呢？对此，另一种意见认为，如果该司法机关在通缉令发布范围之内，或者该罪行已网上追逃，就应认为已掌握。对此，《自首立功意见》明确，如果余罪已被通缉，而采取强制措施的司法机关又在通缉令发布范围之内，或者余罪已录入全国公安信息网络在逃人员信息数据库的，应视为司法机关已掌握。否则，应以该司法机关是否实际掌握该罪行为标准。

四、毒品犯罪案件中的几个自首认定规则

（一）毒品案件中常见的“形迹可疑”型自首的认定

在毒品案件中最常存在，也最存争议的案件是在持有状态下的犯罪。如在走私、贩卖、运输及非法持有毒品时，行为人自己亲自携带毒品的过程中的自首问题。其存在的自首情形多为“行迹可疑”型自首，对其是否成立自首应分以下两种情况来差别：

第一种是以较为容易查获到毒品的方式携带毒品的情形。此时按照《立功自首意见》第1条第2段的规定：“罪行未被有关部门、司法机关发觉，仅因形迹可疑被盘问、教育后，主动交代了犯罪事实的，应当视为自动投案；但有关部门、司法机关在其身上、随身携带的物品、驾乘的交通工具等处发现与犯罪有关的物品的，不能认定为自动投案。”毒品案件中若有关部门在其交代时或者交代后即在其身上、随身物品、交通工具等处搜获与犯罪有关的物品，则即便其不交代，有关部门仍可掌握犯罪证据，故此类情形下的交代对确定犯罪嫌疑人不具有实质意义，一般不能认定为自动投案。《最高人民法院自首、

立功司法解释》一书中举了一个典型的例子：公安机关设卡例行检查时发现某人神色慌张，形迹可疑，遂对其进行盘问，此人即交代了运输毒品的犯罪事实，公安人员随后在其随身携带的行李箱内查获毒品，这类情形就不能认定为自动投案。

第二种是以异常隐蔽的方式携带毒品的。如体内藏毒、将毒品藏在汽车中非常隐蔽的位置或其他非常隐蔽的场所等情形下。此时，由于侦查人员可能通过正常工作方法难以发现毒品，行为人的主动交代即应当认定为自动投案。此类情形中最具代表性的是以体内藏毒的方式运输毒品的情形。目前被广泛接受并被裁判所援引的做法是，如果当事人在进行 X 光检查前承认其体内带有毒品的，即构成自首。而如果其在做了 X 光检查并被查出体内有异物的，不能认定为自首。

上述情形在毒品犯罪案件中较为多见，需要把握的重点是主动交代犯罪事实对确定犯罪嫌疑人是否具有实质意义。如果仅因形迹可疑被盘问、教育后主动交代犯罪事实，若有关部门并未掌握其他证据，则其主动交代对确定犯罪嫌疑人具有决定性的实质意义，应认定为自动投案。这样的表述与解读看起来也很清楚，但在司法实践中的认定却是困难重重，且争议很大。最主要的原因是在很多情况下（体内藏毒除外），“容易发现毒品”和“难以发现毒品”之间的界限非常模糊。因此在司法实践中，可能辩护方认为侦查人员难以发现毒品的情形，公诉机关却可能主张在正常工作的情况下是应当容易发现毒品的。

（二）毒品案件中“余罪自首”的认定

余罪自首在“公安机关是否掌握”的认定上与前述形迹可疑型自首基本一致。但在此还需要更深入说明。在满足其他条件的情况下，如果侦查机关完全没有掌握或没有完全掌握犯罪事实及犯罪嫌疑人的情况下，认定自是没有争议。

争议发生的地方是在介于两者之间的地带，如仅掌握线索，掌握一定的证据和事实，掌握主要的证据事实等情形下该如何认定？它们的界限是什么？在毒品案件中，最常见的情形是同案或上下游犯罪的犯罪嫌疑人被抓获，从而指证我们的当事人。在这种时候，如果我们的当事人不承认犯罪，则可能定不了罪，那么此时他的认罪算不算自首？持肯定观点者认为，因为其主动认罪对最终的认定起到了至关重要的作用，理应认定为自首。但在司法实践中通常不会认定为自首的。

按照赵秉志老师的观点，还未“掌握”，包括两种情形：一是犯罪事实和犯罪人均未被发觉；二是犯罪事实已被发觉，但犯罪人尚未被发觉。[1] 其均使用的是“发觉”一词，这也是官方文件中使用的词汇。从其语意来看，上述情况也应当排除自首的成立。黄京平教授等学者也主张：所谓“掌握”，不能狭义地理解为掌握了犯罪分子全部的证据和犯罪事实，凡属线索已被掌握，并有一定证据证明该在案人可能犯有某罪时，即为罪行已被掌握。从诉讼法的角度考虑，凡侦查机关依据现有的线索和证据足以确定该人就是某案的犯罪嫌疑人时，即为罪行已被掌握。在这种情况下，即使犯罪嫌疑人、被告人、正在服刑的罪犯，向司法机关如实供述了该余罪，也不能认定为余罪自首。如果司法机关已知道犯罪发生，并已有个别线索或证据使司法机关对该人产生怀疑，但这还不足以据此将其确定为该罪行的犯罪嫌疑人。[2]

由此可知，如果司法机关仅仅发觉了值得怀疑和进一步侦查的线索，则可以肯定余罪自首。如果线索本身已是证据，哪怕其在证明力上还不能使被告人课罪，也应排除自首。但是，基于《自首立功意见》的规定，此种情形下即便不能成立自首，其也可以认定为坦白，从而从轻处罚，甚至是“一般应当从

[1]赵秉志、周加海：《论准自首的认定》，载《南都学坛》（人文社会科学学报）2003年第6期。
[2]黄京平、杜强：《余罪自首成立要件解析》，载《政法论坛》(中国政法大学学报)2003年第5期。

轻处罚”，因此这也是一个有意义的辩点。

（三）亲友送行为人投案的三种不同区别

此种投案分为三种情形，即亲友规劝其投案、陪同（送）投案及亲友捆绑押送投案。按照规定及相关解读，前二者应视为自动投案，给予从轻减轻处罚。而最后一种情形由于嫌疑人并无投案的主动性和自愿性，完全是被动归案，因此不认定为自动投案。但《最高人民法院自首、立功司法解释》一书中明确此种情形下在量刑时一般应当考虑犯罪嫌疑人亲友的意愿，即如果亲友请求从轻处罚的，参照法律对自首的有关规定酌情从轻处罚。而如果犯罪嫌疑人亲友是出于对嫌疑人的痛恨而实施“送子归案”等行为，并不要求对嫌疑人宽大处理甚至要求严处的，在量刑时一般不予从轻处罚。

（四）行为人被抓获后又失去控制，而后再主动归案的自首认定

最高人民法院第 373 号指导案例“梁国雄、周观杰等贩卖毒品案”认定的规则为：被告人归案后，在协助公安人员抓捕在逃“下家”的过程中，在公安人员对其失去控制的情况下，带着从“下家”处取回的数量巨大的海洛因回到公安机关的行为，应认定为自首。

五、毒品案件中自首辩点的证明与论证

（一）体内藏毒案件自首的证明

体内藏毒情形下适用——“仅因行迹可疑，被有关组织或者司法机关盘问、教育后，主动交代自己罪行的，应当视为自动投案”。本规则最早来源于最高人民法院发布的指导案例“杨永保等走私毒品案”所确定。经过发展，目前被广泛接受并被裁判所援引的规则是：如果当事人在进行 X 光检查前承认其体内藏有毒品的，即构成自首。而如果其在做了 X 检查并被查出体内有异物后才承认的，不能认定为自首。在实践中，有关当事人是在 X 光检查前还是检

查后承认的认定，主要判断依据为《抓获经过》、现场盘问笔录、讯问笔录等证据材料，因此在审查证据的过程中需要留意。更为复杂的问题是，在现实中往往侦查人员所写的《抓获经过》、现场盘问笔录都只是模版化的材料，并没有客观全面地记录当事人是否提前承认带毒，而笔录中当事人也没有有意识地去强调自己是何时承认的。这种时候，如果没有专业律师的帮助，当事人很可能就会白白失去一个被认定自首的机会，从而造成量刑过重。面对这样的情况，笔者建议的做法是：

第一，我们在每一个案件的第一次会见时就要详细询问当事人的到案经过，并提醒其在以后的每一次提讯中都要强调其到案的经过并要求记录在案。

第二，公诉阶段时，在复制案卷材料后要及时审查上述《抓获经过》、现场盘问笔录等材料，如果现有材料达不到足以认定自首成立证明标准的，就应当及时以书面方式向公诉人申请退侦补证。

第三，如果侦查机关不出具材料或者其出具的材料不认可自首的（这种情况很常见，有可能是侦查人员记不清楚了），可以采取两种措施：一方面是直接和侦查人员沟通，陈述过程帮助其记起；另一方面是可以通过申请调取X光检查记录、申请通知侦查人员出庭作证等方式施压。

第四，在法庭审查阶段（开庭前）重复前面的动作以强化法官的心证。

第五，在法庭发问环节一定要仔细询问其到案、排毒的详细过程，以最大限度地达到证明目的。

（二）行为人以体内藏毒之外的方式运输、贩卖毒品时，对案件中“容易发现毒品”还是“难以发现毒品”的认定争议处理

律师的工作思路是：首先，需要在审查起诉阶段多与公诉人沟通，尽可能地争取公诉人的认可。其次，此情况下要结合毒品所藏的位置、侦查人员是否进行了查找、惯常会不会搜查、会不会搜查这里、能不能搜查得到等线索，

来证明本案的毒品属于侦查人员在正常的工作中“难以发现毒品”的范畴。

（三）亲友押送“自首”的认定和证明

前文已提到，亲友押送“自首”的情况下在量刑时一般应当考虑犯罪嫌疑人亲友的意愿。即如果亲友请求从轻处罚的，参照法律对自首的有关规定酌情从轻处罚。而如果犯罪嫌疑人亲友是出于对嫌疑人的痛恨而实施“送子归案”等行为，并不要求对嫌疑人宽大处理甚至要求严处的，在量刑时一般不予从轻处罚。因此律师在工作中应注意提取亲友态度的材料，甚至需要想办法说服亲友。

总结一下，正如笔者在本书中所倡导的，在现实案例中，相比于庭上的辩护，庭前的工作往往更能起到决定性的作用，只有庭前的工作做足了，法庭上发表的意见才可能得到认可和支持。

第十六讲　毒品犯罪之“立功”

一、立功的两种分类及其范围界定

（一）被忽略的量刑立功和减刑立功区分

按照其中的一种分类方法，立功可以分为量刑制度的立功和减刑制度的立功两种。前者规定在我国《刑法》第68条中，后者规定在《刑法》第78条中。

根据我国《刑法》和最高人民法院《自首立功解释》的规定，立功的主要表现形式有：犯罪分子到案后检举、揭发他人犯罪行为并经查证属实；提供侦破其他案件的重要线索，经查证属实；阻止他人犯罪活动；协助司法机关抓捕其他犯罪嫌疑人（包括同案犯）。此外，具有其他有利于国家和社会的突出表现的，也应当认定为有立功表现。前四种行为（检举揭发、提供线索、协助抓捕、阻止犯罪）构成量刑制度上的立功没有争议。本讲的第一个问题就来讨论一下，除了上述四项外，还有哪些情形可以适用“其他有利于国家和社会的突出表现的，也应当认定为有立功表现”的规定，作为量刑制度中的立功辩点。

对于减刑制度的立功，我国《刑法》第78条列举了：阻止他人重大犯罪活动的，检举监狱内外重大犯罪活动经查证属实的，有发明创造或者重大技术革新的，在日常生产、生活中舍己救人的，在抗御自然灾害或者排除重大事故中有突出表现的，对国家和社会有其他重大贡献的。

虽然张明楷教授主张应按照同类解释规则，量刑立功仅限于第68条规定的两种有利于查获犯罪的举止，即使进行扩大解释，也只能限于与预防、查获、制裁犯罪有关的举止。[1] 但高铭暄教授则认为：我们虽然主张要区分量刑制度的立功与减刑制度的立功，那是从各自不同功能角度来说的。就立功的实质而言，量刑制度的立功与减刑制度的立功是没有区别的。所以《自首立功解释》中“具有其他有利于国家和社会的突出表现的”，可以参照78条的规定及《自首立功解释》关于立功表现的解释来理解。[2] 同时，最高人民法院《自首立功解释》也将原本规定在《刑法》第78条的“阻止他人犯罪”列举到量刑制度的立功里面，说明司法实务中也认可第78条同样可以作为量刑制度的立功。笔者趋向于高铭暄教授的观点，认为律师在辩护中应当大胆提出此主张并深入论证。

（二）老生常谈的一般立功与重大立功

另外一种最为常见的分类是将立功分为一般立功和重大立功。重大立功表现是相对于一般立功表现而言的。即犯罪分子有检举、揭发他人重大犯罪行为，经查证属实；提供侦破其他重大案件的重要线索，经查证属实；阻止他人重大犯罪活动；协助司法机关抓捕其他重大犯罪嫌疑人（包括同案犯）；对国家和社会有其他重大贡献等表现的，应当认定为有重大立功表现。这里所说的“重大犯罪”“重大案件”“重大犯罪嫌疑人”的标准，一般是指犯罪嫌疑人、被告人可能被判处无期徒刑以上刑罚或者案件在本省、自治区、直辖市或者全国范围内有较大影响等情形。准确认定“可能被判处无期徒刑以上刑罚”，应当把握以下两点：第一，“可能被判处无期徒刑以上刑罚”是指根据立功行为

[1] 张明楷：《刑法学》，法律出版社2016年版，第568页。

[2] 高铭暄、彭凤莲：《论立功的成立条件》，载《北京师范大学学报》（社会科学版）2006年第5期。

实施时就已经存在的案件的主客观事实、情节，依法可能被判处无期徒刑以上刑罚。第二，案件已经判决的，除因被判刑人在立功行为实施后，出现新的量刑情节，经依法从宽处罚后判处有期徒刑之外，应当以实际判处的刑罚为准。

二、立功情节对于量刑辩护的意义

（一）立功情节的一般价值

首先，立功是一个法定的量刑情节。我国《刑法》对此的规定是“可以从轻或者减轻处罚；有重大立功表现的，可以减轻或者免除处罚”。最高人民法院于2010年出台的《人民法院量刑指导意见（试行）》（法发〔2010〕36号）规定一般立功可以减少基准刑的20%以下；重大立功的，可以减少基准刑的20%~50%；犯罪较轻的，可以减少基准刑的50%以上或者依法免除处罚。这是有期徒刑幅度内的量刑，在毒品案件中多数时候并不能直接适用，但这个核减的幅度应当可以作为参照。

（二）立功情节在毒品案件辩护中的特殊价值

1. 立功在毒品案件中对量刑的影响

《大连会议纪要》规定，关于立功从宽处罚的把握，应以“功是否足以抵罪”为标准。在毒品共同犯罪案件中，毒枭、毒品犯罪集团首要分子、共同犯罪的主犯、职业毒犯、毒品惯犯等，由于掌握同案犯、从犯、“马仔”的犯罪情况和个人信息，被抓获后往往能协助抓捕同案犯，获得立功或者重大立功。对其是否从宽处罚以及从宽幅度的大小，应当主要看“功是否足以抵罪”，即应结合被告人罪行的严重程度、立功大小综合考虑。要充分注意毒品共同犯罪人以及上、下家之间的量刑平衡。

对于毒枭等严重毒品犯罪分子立功的，从轻或者减轻处罚应当从严掌握。如果其罪行极其严重，只有一般立功表现，功不足以抵罪的，可不予从轻处罚；

如果其检举、揭发的是其他犯罪案件中罪行同样严重的犯罪分子，或者协助抓获的是同案中的其他首要分子、主犯，功足以抵罪的，原则上可以从轻或者减轻处罚；如果协助抓获的只是同案中的从犯或者“马仔”，功不足以抵罪，或者从轻处罚后全案处刑明显失衡的，不予从轻处罚。相反，对于从犯、“马仔”立功，特别是协助抓获毒枭、首要分子、主犯的，应当从轻处罚，直至依法减轻或者免除处罚。

由此可见，虽然立功表现是从宽量刑的情节，但是，并非所有立功都要在量刑时予以从宽考虑。刑法将立功规定为从宽处罚情节的目的，在于分化瓦解犯罪分子，同时提高打击犯罪的效率，节约国家的司法成本；但不能使立功制度成为某些罪行极其严重的犯罪人逃避严惩的工具。对于从犯检举主犯的，符合立功条件时，应当从宽处罚；但对于“老板”检举“马仔”或者他人犯罪的，则不能一概而论，应该视主犯在全案中的地位、作用和立功情况，区别处理。

如果毒品数量不是很大，原则上可从宽处罚；如果数量很大，如数十公斤以上，可以不予从轻处罚；如果有重大立功，可以根据案情从轻处罚或者判处死缓。因为此类被告人罪行极其严重，且多能利用其地位形成的便利条件检举其“下家”“马仔”。否则，立功制度就会被某些被告人恶意利用，成为他们逃避严惩的“绿色通道”。同时，如果对这类被告人因其有立功表现便从轻处罚，客观上社会效果不好，不利于从源头上打击毒品犯罪。对于落网的大毒枭，要尽可能严惩，即使有法定从轻处罚情节，只要不是“应当”从轻情节，原则上都不从轻处罚。当然，如果被告人具有法定的“应当”从轻处罚情节，则应在量刑时予以体现。

2. 立功情节在涉毒案件辩护中的特殊价值

其一，我国法院对毒品案件的处理一直秉持从严惩处的政策，这一点在认定犯罪未遂、毒品含量折算等方面体现得尤为明显；但是类似立功、自首这样的案后表现并不受此影响。

其二，正如本书在自首一章中所阐述的，由于毒品犯罪案件的刑罚多集中在15年有期徒刑、无期徒刑、死刑缓期两年执行、死刑这样的固定刑种中，结合我国的减刑制度，立功的成立往往会使当事人获得更多的刑期利益。

其三，由于毒品案件侦破和审判认定的复杂性，相对于其他刑事犯罪案件，司法人员对于类似当事人互相指证这样的行为更加的欢迎和依赖，给到的量刑优待空间也会更大。

其四，毒品案件的辩护很多时候是“免死辩护”，一旦能够成立立功，当事人不被判处死刑的机会就会非常高。《大连会议纪要》即强调，对虽然已达到实际掌握的判处死刑的毒品数量标准，但是具有法定、酌定从宽处罚情节的被告人，可以不判处死刑；最高人民法院还专门发布过指导案例“金铁万、李光石贩卖毒品案”，强调对有立功表现的毒品犯罪分子可以从轻、减轻或免除处罚。

三、立功情节的认定依据

（一）认定立功的理由和依据

根据《大连会议纪要》等文件的规定，认定立功的基本要求是看被告人在公安机关抓获同案犯过程中是否确实起到协助作用。同时，共同犯罪中同案犯的基本情况，包括同案犯姓名、住址、体貌特征、联络方式等信息，属于被告人应当供述的范围，公安机关根据被告人供述抓获同案犯的，不应认定其有立功表现。第499号指导案例“吴灵玉等抢劫、盗窃、窝藏案”进一步明确：基本犯在如实供述其基本犯罪事实时一并如实供述其接受连累犯所提供的帮助的行为属于如实供述的范围，而不属于揭发“他人犯罪行为”，不能认定为立功；连累犯揭发基本犯的具体犯罪行为就超出了其如实供述的范围，属于揭发“他人犯罪行为”，应当认定为立功。此外，以下几点应认定为具有立功表现：

1. 经被告人现场指认、辨认抓获了同案犯。

2. 被告人带领公安人员抓获了同案犯。关于这一点，最高院的第438号指导案例“陈佳嵘等贩卖、运输毒品案”中，进一步确定“已归案的犯罪分子协助公安机关抓捕其他犯罪人的，无论其协助行为所起作用大小，均应认定为立功”。与此相关的还有一条裁判规则是电话劝说同案自首的，也应该认定为的立功表现。这是由最高人民法院第331号指导案例“陆骅、茅顺君、石国伟抢劫案”所确定的裁判规则。第708号“霍海龙等虚开用于抵扣税款发票案”中再次明确“劝说、陪同同案犯自首的，可认定为立功”。

3. 被告人提供了不为有关机关掌握或者有关机关按照正常工作程序无法掌握的同案犯藏匿的线索，有关机关据此抓获了同案犯。按照规定，被告人在犯罪前、犯罪中就已经掌握的同案犯（包括上下家）的电话、QQ等联系方式以及住所的，属于其本来就应当供述的内容，侦查机关据此抓获同案犯的，不成立立功。但是第27号指导案例中明确了被告人提供了司法机关在正常工作中无法找到的同案犯藏匿毒品线索的，成立立功表现。第373号指导案例“梁国雄、周观杰等贩卖毒品案”中还确定了一种情形：被告人归案后及时提供下家的住处和活动情况，使公安机关从其住处查获数量巨大的毒品，应认定为重大立功。

从上述看似矛盾的裁判规则中梳理其区别，应认为如果是在共同犯罪中，行为人提供的抓捕线索必须是司法机关通过先前的工作没有及时掌握，且与其共同犯罪的事实无关的。司法机关依据其提供的抓捕线索抓获其他犯罪嫌疑人的，表明行为人提供的抓捕线索与公安机关实施有效抓捕行为具有直接因果关系。

4. 被告人交代了与同案犯的联系方式，又按要求与对方联络，积极协助公安机关抓获了同案犯等，属于协助司法机关抓获同案犯，应认定为立功。

最后一点：立功等从轻处罚事实的认定不需要严格证明，而应适用优势证明标准。

（二）立功认定的两个限制条件

1. 立功的有效性

从《自首立功解释》中的规定可以看出，立功不仅是一种表现，而且必须要有某种实际效果。行为表现不同，是否认定立功的效果亦有所不同。

揭发他人犯罪行为的立功表现，须经查证属实才能成立。查证属实是指经过司法机关查证以后，证明犯罪人揭发的犯罪行为确实属实。如果经过查证，犯罪人揭发的情况不是犯罪事实或者无法证明，则不属于立功。

提供重要线索的立功表现，须使犯罪案件得以侦破。使犯罪案件得以侦破是指司法机关根据犯罪人提供的重要线索，查清了犯罪事实，破获了犯罪案件。其他立功表现，同样也要具有这种立功效果。

《大连会议纪要》对毒品犯罪中协助抓获同案犯的立功认定问题作了比《自首立功解释》更为严格的规定，均要求协助公安机关“抓获了”同案犯，也即同案犯需要到案，才能认定犯罪嫌疑人立功。《大连会议纪要》规定，共同犯罪中的同案犯的基本情况，包括同案犯姓名、住址、体貌特征、联络方式等信息，属于被告人应当供述的范围。公安机关根据被告人供述抓获同案犯的，不应认定其有立功表现。被告人在公安机关抓获同案犯过程中确实起到协助作用的，例如，经被告人现场指认、辨认抓获了同案犯；被告人带领公安人员抓获了同案犯；被告人提供了不为有关机关掌握或者有关机关按照正常工作程序无法掌握的同案犯藏匿的线索，有关机关据此抓获了同案犯；被告人交代了与同案犯的联系方式，又按要求与对方联络，积极协助公安机关抓获了同案犯等，属于协助司法机关抓获同案犯，应认定为立功。

2. 立功线索的正当性

立功线索的来源应以正当性为原则。立功制度的本质在法理上是功利主义，因更多的立功线索可以揭发更多的犯罪，更有利于打击犯罪。但如果允许买卖立功线索现象的蔓延，立功认定中抛弃正当性的审查，将产生很多问题。就买卖立功线索而言，立功与否取决于其是否有经济实力，而不是取决于其是否悔罪以及与以往不良生活决裂的态度，这将造成刑事司法的不平等。

就“卖功”而言，出卖信息的人一般是由于其不良生活、违法犯罪行为而获取他人犯罪的线索，允许其出卖自己掌握的他人犯罪的信息，就是允许他们从其以往的不道德乃至于违法犯罪的行为中获利，这与道德和法律的基本精神相冲突。

立功不以悔罪为条件，但并不是所有的立功都不问动机、不问手段。这里就涉及综合法律价值的权衡取舍，对于手段没有重大违法行为并与一般的法律价值没有冲突的都可以认定立功。而对于以窃听、跟踪乃至于贿赂等法律不能容忍的手段获得案件侦查线索的，则不能认定立功。否则将滋长犯罪人从犯罪违法中的获利心理，有违公平正义理念。

（1）毒犯亲属代为立功不能视为被告人的立功情节

毒品犯罪中的亲属代为立功，是指毒品犯罪人的亲属利用自己掌握的他人犯罪线索，主动向司法机关提供线索，揭发其他犯罪，协助司法机关缉捕其他犯罪人等行为。我们认为，亲属代为立功实际是亲属为司法机关提供一定协助，不是刑法意义上的法定立功情节，不能认定为被告人的立功，不能视为量刑上的法定从轻处罚、减轻处罚情节。因为刑法规定的立功主体是犯罪人，而非犯罪人以外的其他人。

当然，如果犯罪分子亲属将平时听到的犯罪线索提供给司法机关，得以破获犯罪案件的，在严格审查后可以作为酌情从轻处罚的情节。由于亲属代为立功，往往出现引诱他人犯罪，收买犯罪线索等违法获取立功线索的情况，这种做法本身就是违法的，不能作为对毒品犯罪人从宽处理的情节。对于亲属代为立功问题，应当严格规范其适用和审查程序，健全监督机制，以免这种做法被滥用。

笔者认为，《刑法》和《自首立功意见》将立功的主体明确的界定为犯罪分子本人，主要是因为，立功应当是犯罪分子本人的内心意愿和外在行动，唯此才能体现出其将功补过的悔罪态度。故对于实践中与犯罪分子无关、纯粹由其亲友实施的立功行为，对其亲友应予褒奖，不宜认定为犯罪分子的立功表现。上述强调的是亲属自己掌握的毒品犯罪线索，如果是被告人自己掌握的线索，通过合法途径告知了亲友，而由亲友协助抓捕的情形，应根据实际情况具体分析。

实践中犯罪分子归案后大多被羁押，存在无法实施部分协助抓捕等行为的客观情况，这时由犯罪分子牵头，提供线索交由其亲属代为核实的可以认定为立功，这有别于纯粹由犯罪分子亲属发起的、以减轻犯罪分子刑罚为目的、犯罪分子毫不知情的“代为立功”行为，同样可以反映出犯罪分子悔过自新的认罪态度，也可以起到有效打击犯罪、节约司法资源的目的，符合立功这一刑罚裁量制度的设计初衷。

（2）通过非法手段或者非法途径获取他人犯罪信息

司法实践中，对于被告人检举揭发的材料要注意审查其来源的正当性。凡被告人从非法渠道获得立功线索的，如从国家工作人员处贿买他人犯罪信息，通过律师、看守人员等非法途径获取他人犯罪信息，由被告人检举揭发的，一律不认定为立功，也不能作为酌情从轻处罚的情节。

“非法来源”的证明责任在司法机关，如果没有证据证明立功线索来源非法的，就应当认定为立功。对于有关部门提供的证明被告人立功的书面材料，应当立足于刑法关于立功的规定，以有关材料是否足以证实被告人有立功表现为判断标准。例如，看守所、公安机关、检察机关或者纪检监察机关提供书面材料证明被告人有检举、揭发他人犯罪等表现的，必须同时提供被检举者犯罪的具体情况。对于只出具被告人有立功表现的书面证明，不提供或者不补充立功的具体材料，致使法院无法作出准确判断的，依法不能认定为立功。

（3）从同监犯处获得犯罪线索的应与通常立功有所区别

《大连会议纪要》规定，同监犯将本人或者他人尚未被司法机关掌握的犯罪事实告知被告人，由被告人检举揭发的，如经查证属实，虽可认定被告人立功；但是否从宽处罚、从宽幅度大小，应与通常的立功有所区别。

如果立功线索是通过贿买、暴力、胁迫等非法手段获取的，则根据最高人民法院《自首立功意见》第 4 条规定，不能认定为立功表现。如果仅仅是采用向他人提供物品等小恩小惠的帮助而获取犯罪线索的行为，不属于“贿买”必须要支付相应的对价，应当认定为立功。

四、立功情节的发现与证明

1. 在会见当事人时应当仔细询问当事人是否具有本章所列可能构成立功的行为，并详细记录过程。如果有，应当记录在案件备忘录中，以备将来能阅卷时及时查看。

2. 立功的情节通常体现在证据卷一的《抓获经过》《到案经过》以及对当事人的讯问笔录中，有时候在文书材料中的《立案决定书》《受案登记表》《提请批准逮捕书》《起诉意见书》中也会有显示。在审查起诉阶段如果经审查发现现有的证据不足以认定其成立立功的，应当及时与公诉人联系，以书面方式申请退侦补查，直到调取到足以认定的证据为止。如果案件已经起诉到法院才发现证据不足的，也应同时向法官提出调取证据的申请。这样做除了证据补强的作用外，还能强化该情节在法官、检察官心中的印象。

3. 必要时也应当自己直接到侦查机关进行了解调查。一旦获取到证据，应当在开庭前即时提交证据材料副本给公诉人和法庭，不应当在法庭上才突然出示。

4. 不论在侦查、一审、二审或任何其他阶段介入案件，均应当在第一次会见时向当事人告知立功的法律意义以及哪些行为可以构成立功。在关押期间的一个立功机会可能会挽救当事人的生命，起到起死回生的效果。

5. 如果当事人具有立功情节，辩护律师应当在法庭调查的环节专门围绕立功的过程设计发问问题和专门的质证提纲。这样不但能加深法庭对此情节的印象，在法庭辩论阶段简要论述即可。

最后，除了从案件中发现立功情节之外，还应当主动出击，在会见中应当主动询问当事人有无可以立功的线索，以及告知其可以留意在监室中发现和寻找立功机会，尤其是在死刑案件中。

第十七讲　特情引诱

——对特情引诱的再认识及其在辩护中的运用

一、特情案件的特点及辩护现状

特情是一种侦破案件的手段，此种手段对案件定罪量刑所造成的影响使特情成为一个辩点。虽然法律规定在涉黑及危害国家安全等其他几种犯罪案件的侦破中也可以使用特情措施，但总体来说还是毒品犯罪案件中使用得比较多。由于特情手段作为一种合法而成熟的侦查手段存在了很多年，最高司法机关在多年以前就已经规定过有关特情引诱案件的量刑问题，因此也可以说特情情节是毒品犯罪案件的一个特有辩点。从规定可以看出，部分种类的特情情节对当事人的量刑有着非常巨大的影响，因此特情情节也成了毒品犯罪案件中一个非常重要的辩点。

（一）特情介入案件的特点

特情介入的案件最典型的特点，就是在绝大多数情况下没有证据证明特情的存在。不但如此，出于种种考虑，侦查机关往往会刻意地隐瞒、否认特情的存在。比如按照规定，启动诱惑侦查措施需要严格的审批程序。侦查过程中一些手段的使用——如毒品的出库及使用、“毒资”的使用等，也要严格的审批程序。但在现实情况中，辩护律师却很难直接在案卷材料中找到可以证明存在特情介入的证明材料。这是特情介入案件最大的特点，也是辩护中最大的难点，可以说，有关特情的辩护就是一场完全不对称的博弈。

笔者曾经接触到一个非常典型的特情引诱的案件，充分体现了特情案件的以上特点。

案例

被告人何某，因涉嫌贩卖15千克毒品鸦片而被移送审查起诉。根据其向律师的陈述，其居住在位于中国与老挝接壤的某边境村庄，会经常往返于中国和老挝之间。2015年的某一天，其接到一个陌生电话，对方自称是姓张的一个男子，并称是一个朋友介绍知道了他的电话号码的。通过几次接触，这个“老张”便向他提出能不能找得到“货”（鸦片），说有老板愿出高价购买。在高额利益的诱惑下，何某便在老挝找人购买了15千克鸦片。拿到老挝上家送来的毒品后，老张安排了其与“买货老板”交易的时间及地点。这一天，老张带领何某及其同案骑着三辆摩托车，用平时运输橡胶水的塑料桶装载着毒品前往交货。当三人到达双方约定的交易地点后，老张给“老板”打了一个电话，说“我们到达指定地点了”。电话打完不到一分钟，就来了两辆车，一前一后把在场的三人包夹起来，并从车上跳下七八个侦查人员，直接将何某及其同案按在地上给抓了。而原本就站在两人身边的“老张”却一路小跑地跑走了，跑的过程中还不忘停下脚步转过身来确认一下这两人是否妥妥地被抓住。

这个过程足够可疑吧？我们通常都会认为认定特情是没有问题的，也会认为案卷材料中会有相应的材料承认特情的存在。然而，当笔者第一次去会见何某时，听到了何某的上述陈述后，满心以为案卷材料中肯定会有比较明显的证据证明本案存在特情介入的情况。可是当笔者将案件卷宗复制回来仔细研究后就“傻眼”了，并开始怀疑当事人是不是编了一个夸大其词甚至是根本不存在的故事。（当事人编造故事这种事不在少数。当当事人似懂非懂地知道了一些辩点以后，就会将一些本无关联性的情节联想到这个辩点上去，并在一天天自我强化中将这一情节说得如同真相一般。笔者还曾经碰到过一个涉嫌受贿的当事人，当其想明白他的有罪供述如何不明智，并受其一审辩护人——某法律工作者“点醒”后，他就做出了一系列近乎偏执的举动：声称所有人都对其刑讯逼供了。甚至他供职于某法院的老同学去看望他后，老同学前脚出门，他后脚就向驻所检察官反映这个老同学对他进行了诱供，尽管老同学只是出于关心问了一下他案子的情况。所以我们不应当对当事人的话全听全信从而被引导到错误的方向上去。）

笔者看到的案卷材料内容大致是这样的：

《受案登记表》只说了公安禁毒大队根据情报在什么时间地点抓获了2人，查获了毒品6包。除此之外就没什么信息了，而情报可不一定就是特情；另外立案时间显示是在人被抓获以后，而不是很早以前就立了案的。

《提请批准逮捕书》首先说了该案是“我局刑侦大队（不是禁毒大队）在工作中发现”，接着就直接说经审讯，该宗毒品是以多少元钱从哪买的，打算以什么价格卖，以及购毒的过程。一看就像一个再正常不过的毒品案件了。没有提到有个叫老张的人，也没有任何的蛛丝马迹。

《抓获经过》里写的是：2015年7月11日（立案及抓人的4天前），县局刑侦大队在工作中发现有人欲从老挝贩卖毒品给中国老板（故意隐瞒事实）。获取该线索后，派人去侦查，在某地点，发现两人（故意隐瞒一人）形迹可疑，与前期掌握的线索相符（实际上是老张打电话叫来的）。遂上前告知身份后，要求检查，并查出毒品（实际上是直接冲出来将两人按倒直接抓捕）。之后“温和”地带回去调查（原话是两人配合，未反抗，仅使用手铐，将两人拘传）。从这份材料中，显然也看不出任何有价值的线索。

言词证据方面也没多少价值。不但如此，侦查人员还在笔录中装作“没事人”一样，问两个当事人“老张”的体貌特征、电话号码、如何认识的，等等，一副“你提供线索我们去抓他”的样子。

更荒谬的是，公安机关居然在最后的《情况说明》中说由于当事人提供的线索不全，因此没办抓到送货的老挝人及“老张”，并且还在对两人“继续调查中”。全案中当然也没有“老张”的笔录。

在笔录中，故意未记录抓获过程中有第三个人存在而未抓。而据当事人反映，当事人供述的时候说了，但不论是侦查人员、批捕检察官都回避不记录。相信从以上这个真实的案例中，我们就可以看到特情情节辩护的困难和复杂程度了。

出现以上情况，部分原因是侦查机关为保护其特情人员和侦查人员的人身安全，也可能是出于继续延伸侦查扩大战果而“养”线索和“养”案子。这种情况还好了，因为相关的材料会存在保密卷中，律师虽然看不到，但法官能够看到。

还有一些更糟糕的情况是，明明从整个案情的分析高概率地可能存在特情引诱的情形，但整个案卷中根本找不到能证明存在特情引诱的材料。这种情况的存在，很有可能是程序方面存在瑕疵或违法情形造成的。即假如侦查机关承认案件存在特情，则可能其要面临使用特情没有审批、在正式立案前即违法使用特情等程序合法性质疑。

还有的案件之所以难以承认特情，和特情的滥用、异化有关，说白了就是严重违法。在这类案子中，因为特情的身份、特情使用的毒品等存在说不清道不明的状况，以及特情引诱的初衷及方式超出了法律许可的范围和限度，从而其根本无法承认特情的存在。笔者正在办理的一个案件，当公诉机关要求侦查机关移送使用特情的相关法律文书时，侦查机关却在一份《情况说明》中回复称“侦查机关没有违反法律的行为存在”，并强调是在行为人正在准备实施大宗的毒品犯罪，言下之意，就是在强调特情及侦查机关没有去引诱无辜的人犯罪。

（二）“特情”辩护的现状与问题分析

虽然特情情节的存在对当事人的量刑有着非凡的意义，但长期以来有关特情尤其是犯意引诱的辩护效果都不理想。这其中最为重要的原因是前文说的，侦查机关故意否认和隐瞒特情，使案件即便存在特情，也没有任何直接地证据。另一个重要的原因来自律师的自身，归纳起来体现在以下几个方面：

1. 辩护人对相关的概念、定义混淆严重，导致辩护观点本身的不成立。毒品案件中的特殊侦查手段非常复杂多样，有特情介入、有控制下交付、有技术侦查手段，等等；特情手段本身又存在犯意引诱、数量引诱、间接引诱、机会引诱，还有上家引诱、下家引诱、双套引诱，特情贴靠等。它们的外在表现比较相似，如果没有精确的定位，一概而论“本案存在特情”，这样势必在立论的一开始就陷入错误，不但无效，还会落得公诉人和法官的嗤之以鼻。

2. 辩护人对辩点作用的定性错误，导致辩护主张语焉不详甚至错误。侦查手段的不同会导致法律后果的不同。除了犯意引诱和数量引诱有直接的从轻减轻处罚的规定外，其他情形下则需要归结到其他情节中来主张其法律后果。例如，有的应主张非法证据排除，有的应认定侦查手段违法进而宣告无罪，有的应当成立犯罪未遂甚至犯罪预备。如果这一部分的论述缺失，会导致辩点最后没有“落地”，起不到该有的效果。

3. 论证手段粗浅、单一甚至偏离。要么只是抓着某个单点不放，就铁口直断“存在特情”，没有形成系统论述。要么论证过程中逻辑不清，给法庭以“猜测多于论证”的印象。要么一语带过，态度不坚定，显得自信心不足，给法庭以“只是说给家属听听”的印象；要么手段单一，过分依赖于“罪疑从轻”“疑点利益应归属于当事人”的理想化理念，使得主张过于宏观和粗放，说服力弱。

二、特情情节的认定

鉴于以上现状并结合案件特点，笔者将在下文中先厘清若干种不同的“特情”以及与特情相似的刑侦手段及其不同的法律后果，然后再阐述证明与论证的方法手段。

（一）厘清“特情”

特情侦查是一种侦查手段，特情侦查的定义，有以下几种表述方式：一是“警察圈套”，是指警察、司法人员或者他们的代理人为了获得对某人提起刑事诉讼的证据而诱使他人实施某种犯罪的行为。二是“诱惑侦查”，是指为了侦缉隐蔽且无被害人的犯罪，侦查及协助侦查有关人员，以实施某种行为有利可图为诱饵，暗示或诱使他人进行犯罪，待犯罪行为实施时或结果发生后，拘捕被诱惑者的特殊侦查手段。三是“诱饵侦查”，是指侦查人员或者受雇于侦查机关的人员特意设计某种诱发犯罪的情境或为实施犯罪提供条件、机会，鼓动、诱使他人实施犯罪并进而侦破案件、拘捕犯罪人的侦查手段。四是“侦查陷阱”，是指警察、司法人员或者他们的代理人为了获得指控某人犯罪的证据，而积极地诱使他人实施某种犯罪的行为。

我们认为，对特情侦查概念的合理界定，必须从其产生目的上去考虑。特情侦查作为一种特殊的侦查手段，较多地应用于有组织犯罪，因为采用一般的侦查手段无法侦破案情、捕获犯罪嫌疑人。因此，为了发现案件的事实，侦查机关通过特定的侦查人员，采取隐匿身份的方式，潜入此类犯罪的组织或者环境之中，在法律规定许可的范围内，收集有关犯罪活动的证据或者情报，为最终侦破案件提供基础条件，特别在毒品犯罪案件中这种手段使用的最多。对此，最高人民法院曾对毒品案件中“特情引诱”情况的量刑问题做了专门规定，这一规定成为此类案件辩护过程中的重要辩点。

关于毒品犯罪案件特情引诱的认定及处理原则，规定比较具体的是最高人民法院于 2008 年 12 月 1 日印发的《大连会议纪要》。该纪要将特情引诱分成了犯意引诱型、数量引诱型、机会引诱型和间接引诱型四种类型。以上四种情形都对量刑具有实质影响，当然对辩护也会有实质的意义。

1. 犯意引诱型

按照最高人民法院发布《大连会议纪要》的规定精神，特情引诱中的犯意引诱型，是指行为人本没有实施毒品犯罪的主观意图，而是在特情诱惑和促成下形成犯意，进而实施毒品犯罪的情形。

对于这种由侦查人员精心布置而成，属于司法机关人为制造，不可能造成或者仅可能造成可控的很小的社会危害结果的案件能否以犯罪论处，虽然理论界及实务界均存有很大的异议，但是最高人民法院还是以一个地位相当于司法解释的《大连会议纪要》确定了处理原则。该纪要第 6 条明确规定："对因'犯意引诱'实施毒品犯罪的被告人，根据罪刑相适应原则，应当依法从轻处罚，无论涉案毒品数量多大，都不应判处死刑立即执行。"因此，法庭一旦认定案件中存在犯意引诱，量刑上是会有很大的从轻减轻幅度的。主要体现在两点：一是比之正常破获的毒品犯罪案件，量刑上会轻得多，早几年笔者办理的一些毒品案件，曾出现过千克级的涉海洛因案件，只判处 3~5 年有期徒刑的情况。二是不论数量多大，案情多严重，对该次犯罪都不会判处死刑立即执行。

犯意引诱中还存在一种情况叫"双套引诱"，即侦查机关特情人员同时扮演寻找买主的"上家"和寻找"货源"的买家，相互配合去引诱行为人上钩。在这种情况下，最高人民法院在前述条款中规定，在存在"双套引诱"的，"处刑时可予以更大幅度的从宽处罚或者依法免予刑事处罚。"[1]

[1]《大连会议纪要》第 6 条规定："行为人在特情既为其安排上线，又提供下线的双重引诱，即'双套引诱'下实施毒品犯罪的，处刑时可予以更大幅度的从宽处罚或者依法免予刑事处罚。"

2. 数量引诱型

所谓数量引诱型，是指特情人员对本来只有实施较小数量毒品犯罪故意的行为人实施引诱，行为人在特情的引诱下实施了数量较大甚至达到死刑数量标准的毒品犯罪。[1] 例如，行为人某甲本来只想出售 10 克毒品，但特情人员以提高价码等手段诱使其购进了 1 千克毒品来出售。或者假扮成卖家的特情人员诱使本来只想购买 10 克毒品的行为人“购买”了 500 克毒品，均属于典型的数量引诱。

由于毒品犯罪案件中的涉案毒品数量是对行为人量刑的一个最主要的评价要素。同时也因为行为人主观上想贩卖、运输、制造、走私的毒品数量是其主观恶性大小的一个重要评价因素。因此在存在数量引诱的情况下，对其从轻量刑的主要依据之一就是其主观恶性原本没有实际的数量所反映的大。《大连会议纪要》第 6 条规定：“对因‘数量引诱’实施毒品犯罪的被告人，应当依法从轻处罚，即使毒品数量超过实际掌握的死刑数量标准，一般也不判处死刑立即执行。”因此对于存在数量引诱的案件，也是依法“应当”从轻处罚的，而且即使毒品数量“超过”实际掌握的死刑数量标准，“一般”也不判处死刑立即执行。可以看出，数量引诱型的从轻量刑幅度要小于犯意引诱型，但高于很多酌定量刑情节，因为有一些情节用的是“达到”，此处用“超过”。

3. 机会引诱型

机会引诱型，是指特情对本来就有毒品犯罪故意的行为人提供机会或条件，行为人进而发生毒品犯罪的情形。最高人民法院《大连会议纪要》第 6 条规定：“对已持有毒品待售或者有证据证明已准备实施大宗毒品犯罪者，采取特情贴靠、接洽而破获的案件，不存在犯罪引诱，应当依法处理。”按照该规

[1]《大连会议纪要》第 6 条规定，行为人本来只有实施数量较小的毒品犯罪的故意，在特情引诱下实施了数量较大甚至达到实际掌握的死刑数量标准的毒品犯罪的，属于“数量引诱”。

定的精神，《大连会议纪要》中所说的机会引诱型不属于特情引诱，而属于特情贴靠的范畴。正常情况下并不能导致从轻减轻判处，这也是我们在辩护中需要详加区分的地方。当然了，现实中也可能存在特情贴靠以后进行了数量引诱的情形。

4. 间接引诱型

间接引诱型，是指行为人不是直接受特情引诱，而是受特情直接引诱的其他行为人实施的毒品犯罪行为的影响，进而实施了毒品犯罪行为。此种情形仍然是包含在前三种之内的，处理原则也是按照前述三种情形处理。[1] 例如，特情人员引诱甲实施犯罪，甲为了完成犯罪又邀约了乙一同参与，或者向本没有犯意的乙提出高价购买的意愿从而成功诱惑乙去购买了毒品。在这种情况下，乙即属于被间接引诱而犯罪的情形。甲的犯罪要按特情引诱来处理，乙当然也要按此处理，而且在这一点上其量刑应该是与甲一致的。

由此可见，间接引诱型并非与犯意引诱与数量引诱相并行的一种分类，而是另外一种分类。它是可以交叉包含在犯意引诱和数量引诱中的，其处理和量刑也是按照犯意引诱和数量引诱来处理的。

（二）"特情"和其他相似侦查手段的差别

在法庭上，很多辩护人都会提出特情引诱的辩点，但大多数情况下说的都很笼统，或语焉不详，或判断错误，或说理错误，以至于法官都比较漠视和反感这样"随意说说"的观点。再加上前文说到的，这一观点的提出很多时候是无法"证明"的，只能在辩护中"论证"其存在，所以这一辩点是非常难获采信的。在这种时候，如果律师的立论就出现错误或说理不清，法官根本不会去听其后面所进行的"论证"了。

笔者发现，辩护中出现这种种错误的原因是特情的认定比较复杂，区分

[1]《大连会议纪要》第6条：对被告人受特情间接引诱实施毒品犯罪的，参照上述原则依法处理。

界限也容易模糊，现实中有许多看似特情，实则不是的情况，因此此处作一厘清。

1. 分清技术侦查手段和特情引诱

近几年由于技术侦查手段的逐渐发展，特情侦查手段越来越多地被技术侦查手段所取代。一方面，由于技术侦查手段带给当事人以及辩护律师“如同有人看着你的一举一动”般的侦破过程，其与特情表现出来的“神威”如出一辙。另一方面，由于技术侦查手段也如同特情引诱犯罪一样存在很多不好见光的地方（或为了保守秘密或因为侵犯人权），技术侦查手段也成了卷宗中故意回避的存在。这就会让许多律师分不清到底是特情还是技侦，也往往将技侦手段判断为特情介入来加以辩护，以致陷入信息不对称的无效辩护境地。

其实，这两者在绝大多数的情况下还是比较容易区分的，我们可以从以下情节来加以分辨：

其一，如果一方是在交易的当场被抓获，而另一方没有被抓，则未被抓一方为特情的可能性大。如果双方都被抓获，则可能为技侦。如果当事人是在完成交接以后的较长时间，较远距离（如从西双版纳接取到毒品后已运输到昆明才被抓的），则特情的可能性小。

其二，如果是与“老客户”交易被抓的，则对方为特情的可能性基本可以排除。

其三，最重要的一点，如果是自己先提出犯意的，则不可能是犯意引诱；如果是对方主动向自己提出犯意，然后“顺利被抓”的，极有可能对方是特情。

其四，交易过程中一直是对方主导时间地点，然后“顺利被抓”的，高度怀疑是特情。

在具体案件的办理中，要在会见时通过当事人的陈述仔细交易对方的行为举止，以此来综合判断。

2. 分清特情贴靠与犯意引诱的区别

本讲前已述及，简单归纳，特情引诱指的是特情引诱在先，当事人着手实施犯罪在后，二者存在引起与被引起的关系（特情引诱引起当事人的犯意或者引起当事人的着手行为）。而特情贴靠指的是当事人已经在着手实施毒品犯罪，公安机关掌握线索后派出特情去引诱其与自己交易以实现顺利破案。二者引起与被引起的因果关系刚好是反过来的。

按照《大连会议纪要》的精神，特情贴靠（机会引诱型）分为两种，一种是持毒待售，另一种是已准备实施大宗毒品犯罪，包括持币待购以及其他准备行为。对于前者，或可构成犯罪未遂或控制下交付（具体将在相应章节具体讨论，此处不表）；而对于后者，恐怕只能用“毒品未流入社会”来提请法庭酌情考虑从轻了，但效果甚微[1]。当然数量引诱通常也是特情贴靠的产物，但却可以另成立辩点，下一条详述。

这里有一个值得探讨的问题，也是公诉人常常提出来反驳辩护人的观点：按照《大连会议纪要》的规则，似乎只能是当事人在接触特情前没有犯意，才能认定为是犯意引诱。而一旦有了犯意，就只能算特情贴靠（机会引诱型）了。但此规定显然与法理不符，因为犯罪思想不能作犯罪评价，所以就算行为人有了想要犯罪的想法，但只要其未着手，就不能视为机会引诱（特情贴靠），而应该认定为犯意引诱。例如，如果一个人既未准备毒资，也未与他人进行过有关买卖毒品的正式商谈，此时他被特情引诱而实施毒品犯罪。若其仅仅是在笔录中说过“我那段时间本来也打算做毒品生意”，或者有证人证明“听他平时在闲聊中提起过想做毒品生意”，这样就认定其是在特情引诱之前即已经有了“犯意”，并进而否认案件成立特情引诱，只认可存在特情贴靠，这显然是不合理的。从另一个角度说，特情也只应当去引诱有犯意的人，如果允许他们去

[1] 详见最高人民法院第164号指导案例“刘军案”，判旨“有特情介入的案件是否必然存在特情引诱”。

引诱所有本来安分守己的人犯罪，是极为不妥的，这会造成人民群众的生活安宁受到极大地破坏。若如此，任何被引诱成功的人固然应当受到必要的惩罚，那么引诱者呢？是不是应该以教唆犯论处呢？从法理上这似乎是说得通的。

因此，笔者认为，“着手”才是区分两者的节点。但因为有会议纪要的明文规定，辩护人一味对抗规定很可能徒劳，更可取的做法应当是通过会见等途径消除这种不良影响。

笔者认为，此处的“着手”应至少包括筹集毒资、或寻找货源。假如侦查机关在掌握了行为人正在与毒品卖家洽谈毒品价格、品质、交易地点、交易方式的，即应视为已经着手。此时介入促成的，只能认定为特情贴靠（机会引诱）。同理而更为简单的一个例子是，如果是行为人主动找到“特情”商谈贩毒事宜的，不论是买还是卖，也不论其当时手中是否有毒品，都当然属于特情贴靠。

3. 分清犯意引诱与数量引诱

律师在办理贩卖毒品案件时，由于专业领域和关注案件的角度不同，很难识别犯意引诱和数量引诱这两种诱惑侦查的情形。

前文提到，数量引诱仅发生在特情贴靠情形中。曾不止一次地听到律师在法庭上主张说本案存在犯意和数量的双重引诱。笔者认为，这是不对的，因为虽然犯意引诱中也会包含数量引诱，但他们是一种包含关系，只应评价为犯意引诱一种。所以会议纪要、司法解释及学理中所说的数量引诱应仅指不成立犯意引诱的情况下单独成立的数量引诱。而这种数量引诱，只能是特情贴靠上去以后才发生的引诱，因此说数量引诱仅发生在特情贴靠（机会引诱）中。数量引诱与犯意引诱的区别，就是犯意引诱与特情贴靠的区别。即“着手”在先还是特情引诱在先。

三、特情的证据与证明

《大连会议纪要》规定对不能排除“犯意引诱”和“数量引诱”的案件，在考虑是否对被告人判处死刑立即执行时，要留有余地[1]。最高人民法院之所以会有这样的规定，说明在现实中确实存在侦查机关出于各种原因而没有将特情材料附卷，甚至故意隐瞒特情情节的情况。如前所述，按照公安机关内部规定，启动诱惑侦查程序需要经过比较严格而复杂的审批程序。但是在现实中，由于破案机会稍纵即逝，很难严格履行上述程序。但是不履行上述程序又会使得案件侦查程序违法或存在严重瑕疵，与其如此，不如隐瞒。

不管如何，侦查机关有意或者是无意隐瞒特情介入材料直接导致了辩护律师关于这方面的辩护观点找不到事实依据。虽然《大连会议纪要》中规定只要是不能完全排除存在引诱犯罪的情况下，量刑是就应当有所考虑，并且一般不适用死刑。但是在现实案件中，律师人人都提“不能完全排除特情引诱犯罪的存在”，但笔者却几乎没有遇到这一观点被法官采纳过。该重判的还是重判了，该死刑还是死刑了，而且，满心希望地等着纪要的制定者主持正义，可是最后最高人民法院还是核准了。

所以，靠福尔摩斯式的推理加上最后总决式的一句“本案不能排除存在引诱犯罪的可能性”，这似乎是不奏效的，这方面的辩护必须精耕细作。

首先必须具备的能力是发现案件中存在犯意引诱或数量引诱的事实。在没有直接证据的情况下，律师只能通过蛛丝马迹来寻找。经归纳，当存在如下情形的时候，辩护律师就需要注意了：

第一，公安机关记载的案件来源不合常理。在案卷材料中我们会发现公安机关往往会凭空地靠毫无来由的“群众举报”来发现案件线索。

如这样一个案子：多名当事人驾驶两辆汽车将数量巨大的毒品从云南的

[1]《大连会议纪要》第6条。

西双版纳往湖南方向运输。而他们选择走的路线都是一些比较偏僻但有较多车流量的国道、省道或县道。嫌疑人于上路后的第二天早上天刚亮，进入云南省红河州某县的地界时，其突然被当地禁毒大队会同派出所抓获，而且明显不是在例行设卡检查的过程中被抓获的。侦查人员在其《抓获经过》等几份材料中称本案线索来源是“群众举报”，可是半夜行车，毒品又藏在十分隐秘的地方，“人民群众”是如何得知的呢？

虽然律师当庭指出案中的种种蹊跷之处，并要求侦查机关说明是侦查机关的哪个部门、在什么时间、什么情况下，接到了哪里的“人民群众”以什么样的方式进行的举报。但最后，公安机关也没有说明，只用了一句让人无法信服的话，说“本案没有特情介入”，盖了过去。虽然法庭因为有了这句话（或者密卷中还有别的辩护人不知道的内容）不认可庭上多位律师关于本案不能完全排除特情引诱可能性的主张。并判处了本案的部分被告人死刑，但是据说两年多过去了，本案依然没有核准下来。

第二，异常精准的布控和“神兵天降”般的抓获。最多见的例子是当事人到“卖家”的住处购买毒品后，刚打开房门、刚下到楼梯口，就被“神兵天降”般的公安人员抓住。更直接地，公安人员甚至直接从“卖家”家里的另一个房间里冲出来。

第三，设卡抓获的过程。笔者在每个类似案件中第一次会见当事人时都会详细询问其被抓获的过程。一般来讲，在当事人已经被锁定的案件中，抓获的过程是指向明确的，比如说并不是客气的例行盘问，而是拉开车门就将当事人拿下，或者直接就问毒品藏在什么地方，等等。

在运输毒品罪被抓的场合，如果是例行检查过程中查获的，过程一般是例行的检查、盘问、查出。但是如果侦查人员只问了姓名以后就直接把人带走盘问，或直接把车辆拖去修理厂拆了，这些就不属于例行的检查了。笔者见过好多案子，看得出来，侦查机关抓人的时候指向是非常明确，直接放走了所有别的车辆，独抓一个。在乘坐公共交通工具的场合，也是直接不做例行检查就把某人带下去，等等，这些都是值得留意的线索。

第四，同案人的奇异举止或毫无道理地未被抓获。有的时候，明明是在交易过程中人赃并获的，但是却莫名其妙地放走了一边，或者虽然在现场抓获了，第二天却未见送看守所羁押，最后也未同案受审。

第五，保密证人，即证人是用 “某号证人” 之类的代号来指代的，并对证据采取了一定的保密措施。

证据审查方面，一般要重点审查以下材料，即上述情节和信息一般会存在于以下证据材料中：

一是文书卷中的《受案登记表》。这份材料是侦查部门立案审批和登记材料，一般都会写明案件来源。

二是《提请批准逮捕书》。这份材料由于是“司法机关内部”审批的材料，对于案件的来源一般也会写得比较翔实和客观，往往能发现线索。

三是证据卷中的《抓获经过》。《抓获经过》一般都会写明案件的来源是情报、群众举报还是其他来源。《抓获经过》还会透露公安机关在之前什么时候立案、抓获嫌疑人之前掌握了哪些线索等内容。如果材料中显示侦查机关在抓捕前已掌握当事人人数、体貌特征、电话号码、车牌号以及活动轨迹等线索的，就比较可疑了。最后，它还会写抓获前收到什么信号、指令以及抓获的过程（要注意与当事人供述的过程核对以确定信号是否来自“同案”当事人）。

四是证据卷中的言词证据。案件的当事人会描述犯意是如何提起的（是不是有人引诱、如何引诱等）、关于交易的过程的描述（引诱者对整个交易的过程控制、其间是否有什么特别的举动等）以及抓获过程的描述（是否有什么人未抓、为什么逃脱了、抓获时这个人的反映及行为，等等）。

五是证据卷中对证人身份的描述。如前所述，有时候为了保护线人，当其作证的时候不会透露证人的身份，而会用代号来取代。

六是情况说明。如果案件材料未能清楚地说明案件来源等问题，退侦时侦查人员一般会应要求说明本案存不存在特情介入等问题。当然了，如果情况比较可疑而又没有相应情况说明，则特情介入的概率就更高了（密卷中已经说明或证明了，公诉人自然不用要求说明了）。

四、揭示特情的方法与技巧

由上可知，发现特情介入已经很难，但要让法庭查明或是要想说服法庭，那难度还要高很多。在有怀疑而无证据的情况下，多数辩护律师最常采用的辩护方式就是推理式，即前述的福尔摩斯式。比如说，“公安机关在正常情况下不可能发现这个案子，所以肯定是有特情”“根据查获本案的过程看，本案可能存在特情引诱”，等等。但在现实中，这种辩护方法往往没有什么效果。公诉人只需要毫无压力的一句“本案不存在特情介入或控制下交付”就把辩护人给打发了。你想再进一步质问，法官便来一句“辩护人的意见没什么依据，只是个人猜测，此事就不要再纠缠了”。所以这种只动动嘴皮子的辩护方法应该被舍弃。

笔者认为，在当前司法环境下，有两种揭示真相的方法值得深入探讨和研究：一种为“打破砂锅法”，另一种为反守为攻法。

第一种方法，是指当我们有理由怀疑某个案件可能存在特情介入的情况时，从审查起诉阶段起，律师就要锲而不舍地步步紧逼，以防止其蒙混过关。比如说，当案情很可疑而公安机关又在陈述案件来源于“群众举报”的时候，辩护人可以要求补侦和调证。比如说要求其说明是什么群众、打的哪个电话、怎么说的、怎么记录的，群众又是怎么知道的。

第二种方法是指辩护律师不能只是被动地仅仅通过对案情及证据的分析推理来说服法庭。而是要通过一些进攻性的方法来使法庭及公诉人陷于被动，比如反复要求说明是否有保密卷，反复要求开示保密卷的内容，反复要求证人出庭作证，反复要求解释说明甚至开示“群众”或“情报”的具体内容，等等。当然了，传统的辩护手段也要用上，比如质证手段、发问手段等。

如前面的案例，公安机关的抓获经过里从未提及老张的存在，好像老张根本就从来都没有存在过一样。这时，律师应当向公诉人提出，向公安机关提出，要求说明原因。并通过法庭发问，质证等一再强调，以引起法庭重视。再比如，前案中公安机关《抓获经过》陈述的“温和”的抓捕过程明显不符合事实。因为笔者从卷宗中的现场指认照片、毒品指认照片中看到两人额头上、膝盖上明显有伤。而当事人说这是公安人员冲出来就把他们摁在地上造成的，《入所体检表》及讯问笔录中也有记录是在抓捕过程中造成的。这足以推翻《抓获经过》的内容了。

综上所述，由于特情引诱措施的特殊性和保密性，辩护的难度巨大。这就需要辩护律师拥有精细的研究、开阔的思维，再加上各种手段的灵活组合应用。

第十八讲　控制下交付

一、概念界定

“控制下交付”的概念来源于国际公约。我国于 1988 年 12 月 20 日签署了《联合国禁止非法贩运麻醉药品和精神药物公约》，该公约中将“控制下交付”（controlled delivery）定义为“一种技术，即在一国或者多国的主管当局知情或监督下，允许货物中非法或可疑的麻醉药品、精神药物、本公约表一和表二所列物质或它们的替代物质运出、通过或运入领土，以期查明涉及按本公约第 3 条第 1 款确定的犯罪的人”。

我国于 2000 年 12 月 12 日签署了《联合国打击跨国有组织犯罪公约》，该公约中，“控制下交付”系指在主管当局知情并由其进行检测的情况下允许非法或可疑货物运出、通过或运入一国或多国领土的一种做法，其目的在于侦查某项犯罪并辨认参与该项犯罪的人员。

我国于 2003 年 12 月 10 日签署了《联合国反腐败公约》，该公约第 2 条对“控制下交付”也作出了与《联合国打击跨国有组织犯罪公约》基本相同的界定。在这两部公约中，控制下交付的“货物”，不局限于毒品，而且扩展到了非法贩运、交易的武器、珍稀动植物制品、货币及其他走私物品违禁品。

在我国的侦查实践中，控制下交付最初主要运用在毒品犯罪侦查工作中，但对控制下交付的法律规制在相当长时间内处于空白状态。长期以来，控制下交付的侦查实践工作都是以公安机关内部文件的方式来进行规范的。2001 年湖南省公安厅颁布了《关于办理毒品案件有关问题的暂行规定》，一改以往“布控”的说法，第一次使用了“控制下交付”这一法律术语，并对其适用条件进行了规定。之后，公安部禁毒局先后发布了一系列内部规定，就控制下交付运行过程中所涉及的立案、管辖、报批备案、组织实施、涉外案件处理等方面的问题制定了较详细的规范，成为侦查机关实施控制下交付的重要依据。[1] 同时，该文件把“控制下交付”的定义表述为：“控制下交付是指禁毒执法机关在明知毒品运输的情况下，仍然允许其继续运输，或是在查获毒品后，采用伪装手段，使毒品继续‘正常’运行，同时秘密监控其运输过程和交付地点，以期将贩毒人员一网打尽的侦查策略。”[2]

二、辩点价值

控制下交付作为一种特殊侦查手段，可归为技术侦查的范畴，同时又与特情贴靠、诱惑侦查、通讯监控等狭义技术侦查手段存在交叉运用。因此控制下交付的辩点与特情犯意引诱、数量引诱、技侦监控等辩点之间，存在一定的交叉甚至重合的关系。这种情况下，应适用高价值辩点吸收低价值辩点的原则。例如，在犯意引诱的情形下，当事人的整个交易行为都处在侦查机关的严密监控之下，此时既是控制下交付又是犯意引诱。但很明显这两个行为不能重复评价，此时只能以一个最有利于当事人辩点——犯意引诱来提出。另外一种情形是，在控制下交付的过程中，往往会涉及当事人自首、立功等情形。但由于各有侧重，本讲将安排相应的论述，本讲则不讨论这些内容。

除此之外，控制下交付应注意以下三个方面的辩护价值：

[1] 陈永生、蔡其颖：《控制下交付的历史沿革探析》，载《山东警察学院学报》2013 年第 3 期。
[2] 公安部政治部编著：《禁毒教程》，警官教育出版社 1998 年版，第 133 页。

一是部分情况可构成犯罪未遂，控制下交付情形可以作为证明犯罪未遂的论证理由。二是在不成立犯罪未遂的情况下，控制下交付本身作为一个辩点，证明当事人行为社会危害性的减弱。最典型的主张即“毒品未流入社会”。三是可以用其来论证侦查程序、取证程序的合法性瑕疵，为减轻处罚和免死辩护提供支撑依据。

（一）因控制下交付的实施而成立犯罪未遂的情况

要理解这部分内容，我们需要先了解控制下交付的几个知识点。

其一，按照上述定义及教材指引，毒品案件中的控制下交付包含两种最常见的形态：第一种是侦查机关已经发现运输毒品的犯罪行为，不惊动犯罪行为人的情况下进行秘密监控，然后在交易的过程中一网打尽。这种情形主要体现的是技术侦查手段的应用。第二种形态是毒品在上一环节运输过程中已经被侦查机关查获，然后侦查人员化装成为送货人员前往“交货”，或者押解着已被抓获的送货人员前去“交货”，从而一举抓获接货人员或买家。

其二，控制下交付可分为替代的控制下交付（或称替代品的控制下交付）与原物的控制下交付。替代的控制下交付是指用无害的类似品替换了非法或可疑货物的全部或大部，并对替代品的流转过程继续进行监控。在贩卖毒品、军火走私等案件中，侦查机关出于安全考虑，往往采用这种方法。原物控制下交付则是指不对涉嫌物品予以调换的一种控制下交付。

其三，按照《刑事诉讼法》的规定，控制下交付的对象可以包括违禁品和财物。就本书范围而言，控制下交付的对象可以包括毒品和毒资。

（二）控制下交付本身作为辩点的价值

1. 成立犯罪未遂的情形

根据前面的分类，如果毒品在上一环节已经被查获，以及在替代交付这两种情况下，买家派出的“接货人”如果只能构成运输毒品罪。而其在接到毒品（或进入接货现场）之前，毒品已经在上一环节被侦查机关查获，这种情况下买家的接货人不可能真正接取到毒品，更不可能真正实施运输行为。因此无论用哪种学说，都应认定为成立运输毒品犯罪的未遂。

关于此情况成立犯罪未遂的具体理由以及控制下交付的与其他情形下是否成立犯罪未遂的问题，本书在“毒品犯罪的未遂认定”一讲中已详细展开，此处不赘。但有一点须特别注意的是，在论证当事人构成未遂的时候，通过控制下交付情形来证明未遂的成立会更具有说服力。

2. 虽不成立犯罪未遂但仍具有从轻量刑的价值

存在控制下交付但不成立犯罪未遂的情形大致有以下几种：第一种毒品从卖方发出尚未到达买方而被查获或布控。第二种毒资从买方送出而未到达卖方即被查获或布控。第三种买卖双方尚处于商议阶段即被侦查机关掌握并严密监控，然后在交易过程中或交易后被“收网”查获。

这三种情况中，无论是侦查机关严密监控下让毒品交易“顺利”地走到买方收货时才收网，还是侦查机关查获后“代替”一方去交货或交钱，并在交易时抓获双方当事人，按照我国的司法实践对于毒品的买卖双方来说都不成立犯罪未遂。当然地，对于居间介绍人来说，此时也不能成立犯罪未遂（详见本书第十三讲的相关内容）。

第四种和第五种情况是第一、二、三种情况的衍生，即前两种情况中已经实际处于运输毒品和运输毒资过程中的运毒人员（“马仔”）同样不能成立犯罪未遂。但由于案件中有控制下交付这一侦查手段介入，会对上述五类当事人的量刑产生一定影响，甚至是非常大的影响。而且这种影响的大小存在一种递进的态势。在这种情况下，无论是作为毒品的卖方还是买方都会因为侦查机关的监控，使毒品交易的“顺利进行”都成了一种假象。实则毒品交易已不可能完成，也不会流入社会。

在最高人民法院发布的第537号指导案例“王佳友、刘泽敏贩卖毒品案”中，最高人民法院明确表明了“对不存在特情引诱，但有特情介入因素的案件，在量刑时应考虑特情介入这一因素”。在此案中，在先被抓获的周某某为争取立功，在公安人员的监控下用电话与王联系购买毒品，并委托其女友吕某配合公安人员前往王住处与王进行毒品交易。吕某带公安人员到王、刘的租房内进行交易时，将王、刘抓获，并从其租房内搜出海洛因408克。本案中王佳友在一审二审均被判处死刑的情况下，最高人民法院并未核准死刑，而是将此案发回重审。最高人民法院的裁判要旨表明：“因特情介入，犯罪行为处在公安机关的控制之下，毒品也被查获，没有继续流入社会；对被告人可不判处死刑立即执行。”

最高人民法院在“包占龙贩卖毒品案”中，再次表明：贩卖毒品行为系在侦查人员控制下实施，毒品尚未流入社会，社会危害性相对较小，故对包占龙可不判处死刑立即执行。最高人民法院经复核认为，被告人包占龙为谋取非法利益，向他人出售毒品海洛因300.7克，其行为构成贩卖毒品罪，且毒品数量大，应依法惩处。包占龙系毒品再犯，且系累犯，依法应从重处罚。但鉴于包占龙认罪态度较好，其贩卖毒品行为系在侦查人员控制下实施，毒品尚未流入社会，社会危害性相对较小，故对包占龙可不判处死刑立即执行。据此裁定不核准甘肃省高级人民法院（2009）甘刑二终字第70号维持第一审以贩卖毒品罪判处被告人包占龙死刑，剥夺政治权利终身，并处没收个人全部财产的刑事裁定。

经过研究我们发现，首先，在不存在犯意引诱、数量引诱的情况下，仅有控制下交付辩点对量刑影响比较小，一般只能在毒品数量刚达到判处死刑时适用；其次是多个酌定量刑的辩点并存时比单个辩点更有效果。以下案例充分体现了控制下交付辩点的作用。

案例

2012年某日，昆明警方在一个由云南西双版纳发往湖北武汉的包裹中检获毒品海洛因6000余克。警方经过评估，决定延伸侦查抓获购买这批毒品的人。于是在警方的监控之下，包裹被送到其记载的地址，位于武汉市的某茶行。侦查人员抓获了前来接取包裹的茶行员工李某辉以及真正的“包裹”主人——茶行老板李某。后经查明，湖北籍男子李某在武汉市开一家“普洱茶行”作为掩护，通过向云南边境购买普洱茶，并在茶叶包裹中夹带毒品的方式从云南边境购买毒品到武汉贩卖。

鉴于以上事实，昆明市中级人民法院一审判处李某死刑。我所的李春光律师担任其辩护人提起上诉，获发回重审。在二审及重审一审中，辩护律师即提出本案存在控制下交付，事实上毒品早在昆明就已被公安机关查获，之后的过程均是在公安机关的掌握之下，甚至是由公安人员自己送到的收货地址。因此本案的犯罪行为已经提前被阻断，社会危害性应区别于普通的毒品犯罪案件。后经过两轮辩护，二审法院将本案发回重审，重审一审时法庭判处了被告人李某死刑缓期两年执行。

（三）控制下交付带来的程序辩护空间

控制下交付措施引发的程序性辩护有三个方面：一是单纯的控制下交付侦查措施涉及的程序问题；二是控制下交付涉及与特情、技侦手段交叉并存的程序问题；三是以上两种情况存在时的证据转化与证据开示问题。

1. 控制下交付侦查措施涉及的程序问题

《刑事诉讼法》对控制下交付进行了明确的规定，第153条第2款规定：“对涉及给付毒品等违禁品或者财物的犯罪活动，公安机关根据侦查犯罪的需要，可以依照规定实施控制下交付。”公安部制定的《公安机关办理刑事案件程序规定》第 263 条对控制下交付也作了进一步的规范："对涉及给付毒品等违禁品或者财物的犯罪活动，为查明参与该项犯罪的人员和犯罪事实，根据侦查需要，经县级以上公安机关负责人决定，可以实施控制下交付。"

控制下交付侦查措施的审批由县级以上公安机关负责人决定。控制下交付侦查措施实施的程序性，是指实施控制下交付侦查措施必须经过办案部门的申请，经过县级以上公安机关负责人的决定，才能够在案件侦办中实施。这也是控制下交付侦查措施实施的合法性来源，而且"申请""决定"的过程需要签署相应的法律文书。这体现了控制下交付侦查措施的严肃性，严禁非法使用控制下交付侦查措施。

2. 控制下交付与特情、技侦等交叉使用时涉及的侦查程序问题

控制下交付与特情介入、技术侦查措施虽然不是完全等同的概念，但是他们之间确实有交叉的地方，因为控制下交付往往是借助于特情贴靠、抵近侦查以及技术侦查措施来实现的，有时候是多种侦查技能的综合应用。从《刑事诉讼法》的规定来看，特情介入和技术侦查措施的启动都有十分严格的程序要求。如一般是要求立案以后方能启动，还需要经过严格的审批程序，审批的文书材料应当附卷，等等。

3. 证据转化问题

在司法实务中经常碰到的另一个问题是采用特殊侦查手段获取的证据律师无法看到，这就造成极大的信息不对称。由此带来的后果是选错辩护方向，造成无效辩护甚至是适得其反的辩护。但是，按照法律规定：

首先，上述材料可以作为证据使用，而一旦要作为证据使用就必须要进行法庭的举证质证。《刑事诉讼法》第 154 条规定，"依照本节规定采取侦查措施收集的材料在刑事诉讼中可以作为证据使用。如果使用该证据可能危及有关人员的人身安全，或者可能产生其他严重后果的，应当采取不暴露有关人员

身份、技术方法等保护措施，必要的时候，可以由审判人员在庭外对证据进行核实”。

其次，上述规定意味着当公诉人不将相关材料作为证据使用的时候，辩护律师有权要求作为证据使用，即有权要求出示。

最后，凡是作为证据使用的材料，辩护律师在庭前有权利查阅复制。

三、辩点的发现与证明

控制下交付的辩点在证据中的体现与特情引诱类似，很少有证据直接证明存在控制下交付情形。这就需要我们对证据进行认真细致研究，通过证据的细节来证明和论证控制下交付情形存在。

控制下交付的第一种情形比较容易证明，即当毒品在运行过程中已经被公安人员查获，之后由公安人员押运着毒品去进行“交易”。此种情形在本书“毒品犯罪的未遂认定”一讲中介绍得比较详细，此处赘述。

第二种情形则难以证明得多，即当侦查人员发现犯罪嫌疑人的毒品犯罪行为后，并没有立即采取抓捕措施，而是在严密的监控下使毒品继续“流动”，并在下一环节的交易过程中将交易双方抓获。这种情形往往需要通过一些案件细节发现和证明。如立案决定书、抓获经过、情况说明等材料会反映破案过程，再结合各当事人的供述等证据进行综合分析。

第十九讲　由死到生，变重为轻

——毒品犯罪其他“非”核心辩点整理

最高人民法院在“唐友珍运输毒品案”[1]的裁判观点中，专门阐述过有关酌定情节的量刑评价问题。认为“犯罪情节是处刑的一个重要依据。有法定情节的，应当依法处刑；没有法定情节，但有酌定情节的，一般也可以作为处刑的依据。酌定情节是法定情节的必要补充。就酌定从轻情节而言，根据不同案件可以从犯罪动机、悔罪表现、社会危害程度、退赃、赔偿损失情况等方面综合考虑。被告人具有酌定情节，可以从轻处罚的，即应对其从轻处刑”。因此在毒品案件中，符合量刑规则，甚至仅是符合情理的酌定量刑情节也是需要重点研究和掌握的辩点。毒品案件中可以作为辩点的其他情节至少包括再犯与累犯、认罪与悔罪、主观恶性、以贩养吸、危害后果，等等。

一、累犯与再犯

一般累犯，是指被判处有期徒刑以上刑罚的犯罪分子，刑罚执行完毕或者赦免以后，在5年以内再犯应当判处有期徒刑以上刑罚之罪的情形。我国《刑法》第65条规定累犯要从重处罚。毒品再犯，是指因走私、贩卖、运输、制造、非法持有毒品罪被判过刑的犯罪分子，在刑罚执行完毕后，或者是在缓刑、假释及暂予监外执行期间，又犯《刑法》分则第6章第7节规定的犯罪的。根据

[1]《刑事审判参考》1999年第2期。

《刑法》第356条的规定，对于毒品再犯，应当从重处罚。

（一）关于累犯与毒品再犯的几个认定规则

从上述规定可以看出，毒品再犯实际上被包含在累犯中，其性质类似于一种特殊累犯。毒品再犯的认定规则如下：

1. 毒品再犯的前罪须是走私、贩卖、运输、制造和非法持有毒品犯罪，并不包括容留他人吸毒、窝藏转移毒品毒赃罪等其他罪名。

2. 毒品再犯中的前罪除了刑罚执行完毕的以外，还包括缓刑、假释或者暂予监外执行期间。关于"缓刑假释或者暂予监外执行期间又犯《刑法》分则第6章第7节规定的犯罪"是否算毒品再犯的问题，最高人民法院的观点发生过一些变化：

（1）2005年发布的第392号指导案例"李靖贩卖、运输毒品案"中所体现的观点是：如果被告人在原判刑罚尚未执行完毕以前重新犯罪的，因其不属于"刑罚执行完毕或者赦免以后"的情形，不能认定为毒品再犯，而只能依法实行数罪并罚[1]。

（2）2008年的《大连会议纪要》则规定：因走私、贩卖、运输、制造、非法持有毒品罪被判处刑罚的犯罪分子，在缓刑、假释或者暂予监外执行期间又犯《刑法》分则第6章第7节规定之罪的，应当在对其所犯新的毒品犯罪适用《刑法》第356条从重处罚的规定确定刑罚后，再依法数罪并罚。此时的观点已经与392号指导案例的观点不一致了，即既要从重处罚，又要数罪并罚。

（3）2009年，最高人民法院在其发布的第542号指导案例"贺建军贩卖、运输毒品案"中明确了"保外就医期间再犯毒品犯罪的应当认定为毒品再犯"[2]，此时的规定与《大连会议纪要》的规定基本一致。

---

[1]《刑事审判参考》（总第49期）第392号。

[2]《刑事审判参考》2009年第2期（总第67期），撰稿：最高人民法院刑一庭：魏磊；审编：最高人民法院刑一庭：薛淑兰。

（4）2015年的《武汉会议纪要》再次专门强调“尤其对于刑满释放后短期内又实施毒品犯罪的再犯，以及在缓刑、假释、暂予监外执行期间又实施毒品犯罪的再犯，应当严格体现从重处罚”。也就是说，《武汉会议纪要》明确认定缓刑、假释、暂予监外执行期间又实施毒品犯罪为毒品再犯。

因此其实当下的观点已经很明确了，就是在缓刑、假释、暂予监外执行（包括保外就医）期间又实施毒品犯罪的，应认定为毒品再犯。

3. 同一犯罪情节同时符合累犯和毒品再犯时的处理。《大连会议纪要》规定对同时构成累犯和毒品再犯的被告人，应当同时引用刑法关于累犯和毒品再犯的条款从重处罚。《武汉会议纪要》在重申了适用《大连会议纪要》规则的基础上。又进一步明确：对于因同一毒品犯罪前科同时构成累犯和毒品再犯的被告人，在裁判文书中应当同时引用刑法关于累犯和毒品再犯的条款，但在量刑时不得重复予以从重处罚。对于因不同犯罪前科同时构成累犯和毒品再犯的被告人，量刑时的从重处罚幅度一般应大于前述情形。

4. 未成年人成立毒品“再犯”时如何认定。《刑法修正案（八）》第6条对《刑法》第65条第1款作了较大修改，此次修改明确将不满18周岁的人犯罪排除在累犯之外。即行为人犯前罪时不满18周岁时，犯后罪时不算累犯。那么在这种情况下，毒品再犯是否也和累犯一样不再认定呢？

对此，最高人民法院发布的第839号指导案例“李光耀等贩卖、运输毒品案”中确定了“虽然《刑法修正案（八）》基于更好地使未成年人接受改造、融入社会的考虑，将‘不满十八周岁的人’排除在累犯之外，但并未对毒品再犯也作出与累犯同步的修改。毒品犯罪是当前最严重的犯罪之一，不仅严重危及人民群众的生命与健康，造成社会财富的巨大损失，并引发日益严重的治安问题和广泛的社会问题，严重破坏社会管理、经济秩序的稳定，其危害之深、影响之广，是其他普通犯罪无法比拟的。立法机关对毒品再犯未作修改，表明立法者基于对毒品再犯主观恶性和人身危险性的考虑，对毒品再犯从严惩处的态度没有改变，反映刑事立法对宽严相济刑事政策把握的度在毒品再犯方面没有改变。因此，根据《刑法修正案（八）》的规定，李光耀虽然在未满 18 周岁时犯运输毒品罪不能认定为累犯，但是不能由此推论得出李光耀也不构成毒品再犯的论断，否则既没有法律依据，也不符合立法者对宽严相济刑事政策的把握”。

也就是说，毒品再犯不受前罪不满 18 周岁这一条件的限制，仍然认定为毒品再犯。

（二）毒品再犯的量刑规则

从现有的判决来看，对毒品再犯的处罚是很重的，主要体现在两个方面：

1. 在共同犯罪中罪责相对较小但系毒品再犯的主犯，可以判处死刑立即执行。通俗地说，就是本来该当事人可能仅处于第二甚至第三被告人的位置，但因其具有一个再犯的情节，在最终的判决中其可能被作为第一被告人判处最重的刑罚，甚至是死刑立即执行。当然在对此规则进行辩护的时候应注意，一是数量已经达到实际掌握的死刑标准；二是须为主犯；三是其罪责虽然相对较小，但差别不能太大。

2. 属于毒品再犯的，毒品数量只需要“接近”实际掌握的死刑标准就可以判处死刑立即执行。

（三）对毒品再犯情节的辩护

根据前文的梳理，已经总结出了毒品再犯的认定规则和量刑规则，此处不赘。从证据的角度，需要有前罪的生效裁判文书在卷加以佐证方能认定，只有被告人自己的供述而无裁判文书等材料是没有达到证明标准的。另外，经过审查如果对前罪存有疑问的，应启动申诉再审的程序争取撤销。单纯地在本罪庭审中去辩驳毫无意义，甚至法庭都不会给予过多发言的机会。

二、主观恶性

在毒品犯罪案件中，很多情节都可以归结为“主观恶性”的问题，如毒品再犯、认罪悔罪等。但由于主观恶性大小问题还涉及一些独立和特殊的方面，因此我们在此单独讨论。本部分所谈的主观恶性，仅是指在案件中不影响定罪但影响量刑的犯罪嫌疑人、被告人的主观认识因素和意志因素。具体包含四个方面：一是行为人对毒品具体种类的认知程度；二是行为人对所涉毒品数量的认知程度；三是行为人对毒品及其种类、数量产生认知的时间；四是意志因素中的积极性、主动性的程度高低。这四点均是影响量刑的当事人主观因素，本书概括地称之为主观恶性的大小。在具体案件的辩护中，也可以其他的角度作为论点。

（一）行为人以为的毒品种类与实际查获的毒品种类存在巨大反差时的量刑考量

在本书“主观明知和推定明知”一讲中已阐述过，我国司法实务界关于行为人对毒品的主观明知采用的是概括明知的认定标准。即当事人仅需要概括地明知其走私、贩卖、运输或非法持有的物品是“毒品”即可，并不要求其明知是何种具体种类的毒品。例如，行为人的认知程度为“我只知道我所运输的是一种毒品，但具体是哪一种毒品我不知道”，这样即可肯定行为人的主观认识要素符合毒品犯罪的主观构成要件要素。但是，行为人在实施走私、贩卖、运输、制造、非法持有等具体的涉毒行为时，如果仅仅只是概括地知道其为毒品，而不知道具体是何种毒品的，虽不影响定罪，但在量刑，尤其是在考虑是否判处死刑时，会作为一个重要考量因素。如果行为人误以为其走私、贩卖、运输、制造、非法持有的毒品为量刑较轻的毒品，实则是量刑较重的毒品，例如，行为人以为自己运输的是 K 粉，实际运输的却是海洛因时，对量刑的影响会更明显。原云南省高级人民法院的周岸岽法官也曾在其文章中介绍过，审判实务中对于毒品具体种类的认识错误以及当事人所表现出来的意愿，在量刑的时候要酌情给予考虑。[1]

在现实中有一种情况比较常见也比较典型，即运输毒品的行为人到案后会一直声称自己“上当受骗”了，并供述称幕后的毒犯让其运输毒品的时候告诉他这只是 K 粉，是一种麻醉品，不是毒品，所以其才同意运输的，并说如果知道是海洛因这种“掉脑袋”的事的话，自己是绝对不会去运输的。这种辩解在定罪层面并没有什么意义，但在量刑的层面，确实能体现出该行为人的主观恶性有所减弱。与积极参与运输海洛因的情形有所不同，本案在一定程度上可以给其量刑上的酌情考虑。

（二）行为人以为的毒品数量与实际查获的数量存在巨大差异时对量刑的影响

在现实案例中经常会有这样的情况，行为人被雇佣运输毒品后，其要么只是去开一辆车，要么是去取一个包裹，其对所运输的毒品数量到底有多少并不知情，而其获得的报酬也不多，往往只是几千元。或者雇主直接就欺骗行为人，告诉其运输的毒品只有几十克，被抓到了也就是判一两年，最后被查获时发知道实际运输的是几十千克。这种情况下，虽然在定罪上不受影响，在量刑的基准上也应以实际运输毒品的数量为评价基础。但还是需要考虑行为人对数量的认知，甚至是错误的认知对其量刑的影响。最高人民法院发布的第 12 号指导案例“唐友珍运输毒品案”中，最高人民法院在解释该案未核准死刑的理由时即表明，“唐友珍虽明知自己携带的是毒品，而不明知毒品的确切数量，事实上唐友珍所运输的毒品数量完全由他人而非唐友珍所决定。因此，本案毒品数量虽高达 420 克，但并不能反映唐友珍主观恶性大”。可见，这一辩点是

[1] 杨俭、周岸岽：《毒品类死刑案件的有效辩护》，中国政法大学出版社 2017 年版，第 66 页。

有其逻辑合理性，也为司法裁判者所接受的。当然，这一辩点能在更大程度上为当事人带来量刑上的利益，则要看其基础犯罪行为的严重程度。

（三）行为人主观明知产生的时间对于量刑的影响

有一些案件，行为人一开始并不知道其是在参与（多为运输和非法持有）毒品犯罪活动，而是在参与到过程中以后，甚至到了后期才逐渐知道的。这其中最为多见的案例是近年来发生的一系列体内运毒案件，行为人均供述他们只是在网上找工作，后被毒犯以优厚的待遇引诱上云南边境去“上班”，直到被要求吞下毒品时才知道真相。虽然行为人在威逼和利诱之下实施了运输毒品的行为，但他们的主观恶性要小于其他的毒品运输人员。还有一些更为典型的案件中，行为人已经处在运输毒品的过程中，甚至行为已经快完成了才知道自己是在运输毒品。此时虽然由于他们没有马上放弃犯罪，也没有选择报警，应当要为其行为承担刑事责任，但是他们的主观恶性也明显低于正常情况下的运输毒品行为人。

因此上述情况可以作为一个辩点提出，能够获得法庭在量刑时“酌情考虑”。最高人民法院发布的第28号指导案例“马俊海运输毒品案”中即明确“被告人在受人雇佣运输毒品过程中才意识到运输的是毒品的案件，应作为酌定从轻情节予以考虑”。

（四）主观恶性辩点在辩护中有应用

主观恶性深藏于当事人的内心，其以什么样的方式表达出来是影响效果的一个重要方面。因此，在我们每一次会见当事人的过程中，应注意对上述辩点的发掘。引导当事人说出真实的情况以及真实的内心想法，以让法庭看到其在运输毒品过程中的被动性、被迫性、被欺骗性等。因为这些辩点如果不被刻意强化甚至放大的话，是非常容易被法庭忽略的。

三、认罪认罚从宽制度

认罪是指犯罪嫌疑人、被告人如实供述自己的罪行，对被指控的决定其定罪量刑的基本犯罪事实无异议，并承认构成犯罪。认罚是指被告人对公诉机关的量刑建议以及自己即将接受审判并被处以刑罚的事实的认可。

从宽主要体现为被告人认罪认罚的态度可以在之后的审判程序以及判决结果上获得双重的利益，在今后如果犯罪嫌疑人在公安侦查阶段能够和办案机关达成意思一致，这个意思一致包括自愿认罪和认同办案机关提出的刑罚，那么最终实现一个程序上节约司法时间，涉案人员获得更有利结果的一个双重目的。

我国向来就有“坦白从宽”的政策，最高人民法院等机关也发布过诸如《最高人民法院、最高人民检察院、司法部关于适用普通程序审理被告人认罪案件的若干意见》《关于适用简易程序审理公诉案件的若干意见》《最高人民法院量刑指导意见》，后来部分文件又相继被废止。

在前面的阶段，认罪认罚从宽制度都非常不具体，到底能在多大程度上给予当事人从宽，一般多取决于法官的主观认定。《最高人民法院量刑指导意见》虽比较具体地规定了认罪悔罪减轻幅度，但其仅适用于判处有期徒刑以下刑罚的情况，因此并不适用于毒品案件中的大多数情形。上述规范由于许多已被废止，再深入梳理研究已无多大现实意义。

2016 年，根据《全国人民代表大会常务委员会关于授权最高人民法院、最高人民检察院在部分地区开展刑事案件认罪认罚从宽制度试点工作的决定》，最高人民法院、最高人民检察院会同公安部、国家安全部、司法部制定了《关于在部分地区开展刑事案件认罪认罚从宽制度试点工作的办法》（法〔2016〕386 号）在北京、天津、辽宁、上海、江苏、浙江、福建、山东、河南、河北、湖南、广东、重庆、陕西等 18 个地区率先进行认罪认罚从宽制度的试点审判工作。这可以认为是我国认罪认罚从宽制度进入了第三阶段。2018 年 10 月 26 日，中华人民共和国第十三届全国人民代表大会常务委员会第六次会议通过了《全国人民代表大会常务委员会关于修改〈中华人民共和国刑事诉讼法〉的决定》，并于当日公布实施，新的《刑事诉讼法》正式规定了认罪认罚从宽制度及其具体操作。

认罪认罚从宽制度中的“认罪”，是指犯罪嫌疑人、被告人自愿如实供述自己的罪行，对指控的犯罪事实没有异议。承认指控的主要犯罪事实，仅对个别细节提出异议的，或者对犯罪事实没有异议，仅对罪名认定提出异议的，不影响“如实供述”的认定。犯罪嫌疑人、被告人受到刑讯逼供等非法方法而认罪的，不属于自愿认罪。新修订的《刑事诉讼法》第 174 条规定：“犯罪嫌疑人自愿认罪，同意量刑建议和程序适用的，应当在辩护人或者值班律师在场的情况下签署认罪认罚具结书。”

认罪认罚从宽制度中的“认罚”，是指同意人民检察院量刑建议，对人民检察院建议判处的刑罚种类、幅度及刑罚执行方式没有异议。犯罪嫌疑人、被告人有能力、有条件但拒不退缴赃款赃物、赔偿被害人经济损失的，或者隐匿、转移财产逃避财产刑执行的，不属于真实的认罚。

认罪认罚从宽制度中的“从宽”，是依法从宽，特别是减轻、免除处罚，除最高人民法院、最高人民检察院、公安部、国家安全部、司法部《关于在部分地区开展刑事案件认罪认罚从宽制度试点工作的办法》规定情形外，不能突破现行法律规定；从宽也应区分情形，依据事实和法律综合考量，确定从宽幅度。新的《刑事诉讼法》第 176 条规定：“犯罪嫌疑人认罪认罚的，人民检察院应当就主刑、附加刑、是否适用缓刑等提出量刑建议，并随案移送认罪认罚具结书等材料。”“对于认罪认罚案件，人民法院依法作出判决时，一般应当采纳人民检察院指控的罪名和量刑建议。”

从现有规定来看，除了少数有争议的案件外，绝大多数当事人认罪认罚的案件均可以适用此制度处理，并且给予当事人从轻处罚。部分零星贩毒或非法持有毒品、容留他人吸毒的案件，甚至可以用速裁程序处理。

四、以贩养吸

（一）辩点概述

关于“以贩养吸”情节能够对量刑产生影响的依据，一是《大连会议纪要》明确规定：“在审理毒品类案件死刑适用时，针对以贩养吸的被告人涉案毒品数量已经达到实际掌握的死刑数量标准，可以不判处被告人死刑立即执行”；二是最高人民法院发布的第163号指导案例“郑大昌走私毒品案——吸毒者实施毒品犯罪的应如何定罪量刑”；三是最高人民法院发布的第1009号指导案例“李国荣贩卖毒品案”的裁判观点也有提及。

作为一个被认可的辩点，“以贩养吸”情节的存在对被告人的量刑是有影响的，这点毫无疑问。但什么是以贩养吸，它影响量刑的原理是什么呢？笔者认为，为了精准辩护，我们需要先弄清楚这个问题。

首先，众所周知的是，在我国的司法实践中，如醉酒后、吸食毒品后犯罪的，一般都不会导致对其从轻处罚，因此吸毒后和醉酒后犯罪并不作为一个量刑情节给予考虑。况且，贩卖、运输毒品等犯罪行为并不同于杀人行为。因后者在定性时，司法者很注重考虑其在行为当时的辨别和控制自己行为的能力问题。相反地，贩卖、运输毒品这类行为往往是经过精心策划，处处小心规避检查，通常都需要行为人具有相当好的辨认和控制能力才能实施的。因此，“以贩养吸”肯定不是因为行为人因吸食了毒品导致辨认和控制自己行为的能力降低才给其从轻考虑的。

其次，从字面解释“以贩养吸”指的是以贩卖毒品的收益来供养自己吸食毒品的行为。但试想一下，以贩养吸的违法行为，相比于将贩毒收益用于正常生活甚至拿来捐赠做好事，但在量刑上却得不到任何优待的一般行为来说，若前者还能获得量刑优待，这显然说不通。因此这种理解肯定也是错误的，从轻的原因应当也不在这。

那么，以贩养吸到底是什么意思？为什么能导致量刑的从轻考虑？辩护人又在什么情况下才应当主张“以贩养吸”？我们需要从规定中进一步寻找答案。

“以贩养吸”的规定最近一次出现是在最高人民法院2008年发布的《大连会议纪要》中。《大连会议纪要》规定：“对于以贩养吸的被告人，其被查获的毒品数量应认定为其犯罪的数量，但量刑时应考虑被告人吸食毒品的情节，酌情处理；被告人购买了一定数量的毒品后，部分已被其吸食的，应当按能够证明的贩卖数量及查获的毒品数量认定其贩毒的数量，已被吸食部分不计入在内。”前述第163号指导案例“郑大昌走私毒品案”的裁判观点中也阐明：“对于毒品数量虽已达到实际掌握判处死刑的标准，但可能有部分毒品是用于自己吸食而非全部用于出售的，在决定是否判处死刑立即执行时，更要慎重对待。对危害后果不是特别严重，或者被告人的主观恶性不是特别大，或者具有可酌情从轻处罚等情节的，可不判处死刑立即执行。”

从上述的规定可知，“以贩养吸”之所以会对量刑产生影响，主要是居于毒品数量认定的问题。具体说是因为有可能查获毒品中的一部分，甚至是相当的部分是行为人用来吸食而不是用来贩卖的。按照正常的理解，已经被行为人吸食掉的毒品和行为人只打算用来吸食的毒品是不应当计算在贩卖毒品数量中的。

但在现实的案件中，司法机关却往往没有办法将他们准确地区分开来。举个例子，假定一个行为人被查获了100克毒品，同时查明行为人要将这100克毒品一部分用于贩卖，另一部分用于自己吸食。但其具体的要贩卖多少，自己吸食多少，却是一个无法确定的问题。限于证据无法准确地区分两者的数量，因而《大连会议纪要》只能规定以实际查获的毒品计算毒品数量，但对其会将部分毒品吸食掉的情节要酌情考虑进去。所以，“以贩养吸”情节从轻处罚，并不是考虑到行为人是以贩毒赚得的钱来供给自己吸毒，而是考虑到行为人用于犯罪的毒品数量的减少。

从这个角度来理解，该辩点应仅适用于贩卖的毒品与自己吸食的毒品混同，从而导致无法区分查获的毒品中有多少是用来贩卖，又有多少是用来自己吸食的情形。如果不存在混同的情况，例如行为人吸食的是海洛因，查获其用来贩卖毒品的是甲基苯丙胺，以贩养吸就不能适用了。以“运”养吸也可以适用这个原理。另外也可以看出，此种情形下的辩点只适用于毒品数量处在某个临界点——比如判处15年与无期徒刑、无期徒刑与死刑临界点附近的时候才会有用，数量差别太大，则无多少意义。

“以贩养吸”的影响量刑的第二种情形，是行为人购买、走私、运输了数量大的毒品，但其本人坚持供称这些毒品只用其买来自己吸食的。例如，民警在甲地开往乙地的火车上查获了吸毒人员张某携带有毒品3000克，王某供称这些毒品是其专门前往甲地购买的，想要带回乙地（王某居住、生活的地方）供自己吸食，原因是甲地的毒品更便宜、品质更好。在这种情况下，要推定其购买这么大数量的毒品只是为了自己吸食的供述不合常理，应给予其较严厉的打击。根据规定，此种情形应以运输毒品罪定罪处罚，但在量刑的时候需要考虑其仅仅是用来吸食或有可能是仅用来吸食的情况。

（二）在辩护中的具体应用

从证据上分析，这个情节辩点的成立需要满足两方面的证明：一是尿检阳性，二是口供。前者是用来证明其确实有吸毒品行为，可能将所查获的部分毒品用来吸食；后者是其供述查获的毒品有部分用来吸食而不用于贩卖。因此如果行为人供称其被查获的毒品是用来吸食的，或者是部分用来吸食的，再加上其具有对应性状的尿检阳性，则不论是在其实施毒品犯罪的哪个阶段（购买、运输、储藏、出售），均可以使用此辩点予以辩护。

我们对“以贩养吸”的原理及认定规则进行梳理，目的是让我们知道如何使这一辩点得以成立。说白了，我们需要让当事人知道他该如何供述才是最有利的，才能使这一辩点得以成立。

五、社会危害性大小

（一）社会危害性的概念

刑事中的社会危害性，是指犯罪行为发生后所导致的事实性的客观损害以及主观的社会危害。“危害”是主观方面的、不具体的，通常的危害是指社会对某一犯罪行为的获悉范围、普遍评论和恐惧程度。一般而言知道范围越广说明危害越严重，普遍评论越恶劣、社会恐惧程度越高也能说明危害越严重。“后果”是指犯罪行为所导致的客观的损害，既包括具体的损害，如致人死亡、致使公私财产严重损失这些就是结果；也包括抽象的损害，如行为人的行为使公共安全处于被危害的状态，虽然没有实际上造成具体损害，但已经使公共安全处于不确定的状态。

认定危害结果通常有两个方面，也就是上面所讲到的事实性危害和影响性（抽象）危害，事实性危害也就是“结果”，影响危害也就是社会的反应，比如是否引发社会秩序的混乱等。

（二）获利大小对量刑的影响

在运输毒品案例中，同样运输 5 千克的毒品“麻古”到相同的地方，有些人是为了获得 7 万元的运输费而实施运毒行为，而有人只是为了获得 3000 元的运费。如果从造成毒品扩散的角度，这两者之间并无任何差别，但是在另外的方面则可能不同。例如，前者可能是职业的“马仔”，而后者只是一些生活较为困难的边境农民。前者可能“参与犯罪”的角色定位更明显一点，而后者可能“被人利用”“作为犯罪工具”的特点更大一些。所以他们之间的社会危害性大小也是有区别的。最高人民法院的法官在某些场合讲课时曾不止一次地提到过，获利的多少会是运输毒品案件中需要考虑的一个方面；在会议纪要和很多案例中，司法机关都会考虑并强调某一被告人“只是为了获取少量运费”的情形而对当事人从轻处罚，不判处死刑。

（三）运输距离远近是危害性大小的一个方面

前文说到，如果从造成毒品扩散的角度，获得的多与少并无危害性大小上的差别。但是，运输的距离却不同，它是直观评价毒品扩散危害性大小的一个重要因素。在其他要素相同的情况下，一个人将毒品从村头运输到村尾和另一个人将毒品从云南运输到北京，他们之间的社会危害性肯定是有天壤之别的，这主要是他们对造成该批毒品向社会扩散的推动力不一样。

笔者之前曾见到过一个案例，当事人虽然运输了 60 千克的甲基苯丙胺片剂（麻古），但其计划的全部运输距离仅有一千多米。一个外地毒犯临时找到他，想利用其本地人的身份骑摩托车临时通过禁毒检查卡点，而其从起运到被抓只行进了 600 米的距离。像这样的案子我们认为是可以不判处死刑的。

（四）毒品未流入社会作为酌定从轻处罚情节的正当性

很多业内人士认为将“毒品未流入社会”作为酌定从轻的量刑情节不具有合法性与正当性，理由是该情节未体现出犯罪嫌疑人被告人主观恶性低、人身危险性逐步减弱、积极认罪悔罪的特征。对此笔者不能认同：

首先，量刑是一个对案件情况经过综合考虑并整体评价后，得出宣告刑的法律适用过程。其中，犯罪的客观方面是该适用过程必须要考虑的一个因素，而案发时的毒品状况（是否被缴获）属于犯罪的客观方面，应该在量刑时予以考虑。通说观点虽然认为贩卖毒品是行为法，侵犯的是国家对毒品的管理制度，是否给国民的身体造成实质伤害并不影响定罪。但是，这并没有否定该情节作为量刑情节适用的合理性。

其次，从社会危害性角度看，刑法规定毒品犯罪的目的之一，就是要防止毒品流入社会，危害社会有机体的公共健康。由此可见，毒品流入社会造成的社会危害显然比毒品未流入社会的情形要重。

最后，从刑法理论上看，不论是行为犯还是结果犯，危害结果都与量刑有关。因为结果的严重与否，或影响定罪，或影响法定刑升格，或影响同一量刑幅度内的量刑轻重。因此，对毒品犯罪量刑时，贩卖毒品行为在社会层面造成的影响，包括毒品犯罪是否流入社会，应当是考察的重要内容之一，并在量刑时做到区别对待，确保罪责刑相适应原则得到落实。

已失效的《南宁会议纪要》中对特情引诱问题的规定中提到“因特情介入，其犯罪行为一般都在公安机关的控制之下，毒品一般也不易流入社会，其社会危害程度大大减轻，这在量刑时，应当加以考虑”。从纪要的文字描述上看，社会危害程度大大减轻的落脚点实质上是毒品未流入社会。“毒品未流入社会”这一情节其实不仅仅出现在特情引诱的案件当中，控制下交付、利用线索提前布控等都意味着涉案毒品不易流入社会。安徽省高级人民法院、安徽省人民检察院、安徽省公安厅联合出台《毒品案件证据收集审查判断规则》第 35 条规定：“被告人的量刑证据，除审查毒品的数量、成分和含量外，还应当重点审查以下内容：‘……被告人的刑事责任年龄，是否怀孕，是否存在自首和立功情节，毒品是否流入社会，被告人是否受人指使或雇佣，是否系特情引诱犯罪，被告人亲属是否协助抓获被告人等情节……’”

笔者认为，毒品未流入社会属于危害结果的减轻，符合可以酌定从轻处罚的范围，并不存在对纪要的扩张解释。特别是在可能判处死刑立即执行的案件当中，毒品是否流入社会被作为重点考察的因素之一。从各级人民法院的判决表述上看，包括最高人民法院发布的指导案例中，将“毒品未流入社会”作为裁判理由之一的做法相当普遍。

六、正确看待本章辩点

以笔者的理解，本章辩点的价值主要体现在两个方面：

其一，有大量的案件毒品数量处在两个刑期或两个刑种交叉地带。在毒品数量已经确定的情况下，法官主要考虑的就是法定量刑情节、酌定量刑情节以及其他情节。而世人皆知的法定量刑情节如自首立功等并不是每个案件都有的。它们都是稀缺品，因此几乎每个案件都存在的酌定量刑情节就变得很有意义了。一个或多个情节的提出和采纳往往会让当事人在量刑上存在无期还是有期、死缓还是死刑的巨大差别。在同一个法院的同一个法庭，运输300克“麻古”的被告人被判处了无期徒刑，而另一个运输了350克的被告人只判了15年有期徒刑，差别往往在这些情节上。虽然不是每个案件的判决结果都能借由这些情节所影响和改变，但是总有一些案件是可以由它们影响和改变的。

其二，这些情节的提出可能为真正的量刑情节找到量刑“落地”的依据。曾经有律师研究了大量的毒品判决书后得出一个结论：似乎判决书中采纳的辩护观点只有初犯、偶犯、毒品未流入社会等因素，并且它们都起到了影响量刑结果的作用。但是如果我们再深入思考一下就会发现，这些情节很有可能只是一些“重磅”辩点体现在量刑上的“替身”。试想一下，如果一个案件程序违法、证据有瑕疵，这样的辩点是不可能写在判决书中的。所以最后都会以这些无足轻重辩点作为判决书中的理由。

事实上有许多类似的情形都可以作为当事人酌定从轻处罚的辩点提出来。能不能找到问题和辩点，这取决于我们看待问题的角度，思路的打开有助于我们看到更多的理由，也有助于我们将问题阐述得更加合情合理，从而易于被法庭接受。

第二十讲　死刑辩护

——毒品案件的死刑“标准”及其有效辩护探讨

讨论毒品犯罪案件的辩护，就一定绕不开其中的死刑案件辩护问题，因为死刑辩护是毒品案件辩护中最重要的部分。但是毒品死刑案件如何辩护，却是一个非常难以说清楚的问题。有经验的律师能够针对案情，作出基本准确的判断，也能有针对性地对一些可能导致判处死刑的事实情节进行辩护，以及紧紧抓住案件中的一些可能让法庭不判处死刑的案件事实情节，从而获得免死辩护的成功。但若真要其说清毒品案件会不会判处死刑是否有标准，这个标准在哪，却是非常困难的事情。

笔者曾经看到过很多同行在追问毒品案件死刑的标准，也有很多法官（其中包括最高人民法院的大法官们）、学者、律师讲过或写过类似的内容；但很显然，没有人能讲出确切的答案，能讲清楚的都很少。笔者当然也没把握能讲清楚，但有一些认识是从他人未提及过的角度来进行解读的，仅供读者参考。

一、对所谓的毒品犯罪死刑“标准”的正确理解

首先，要回答的一个问题是，现实中是否真的存在一套判处死刑标准？按照对《大连会议纪要》《武汉会议纪要》以及所有毒品案件指导案例的梳理，似乎可以认为存在这样的标准。但同时我们需要明白，这种标准并不是如同数理化等科学领域中那种确定唯一的标准，而是社会科学中的那种相对的、仅作

参考的、概括的所谓“标准”。

其次，由于我国对个案是否判处死刑还受到政策等因素的影响，所以我国的所谓死刑标准也不同于有期徒刑那么明确和精确。例如，最高人民法院的《量刑指导意见》中，对侵财型犯罪的量刑可以明确到“金额每增加 ×× 元，刑期增加一个月”，但在无期徒刑、死刑的刑格中，却不可能作这样明确的规定。所以，所谓的毒品案件死刑“标准”应理解为只是一些判断和参考的条件，而不是严格意义上的标准，这种标准最终还是要归结为司法官的一种内心判断的尺度。因此如果硬是把相关的规定理解为是该不该判处死刑的确定标准，则会陷入机械司法的误区，以此进行辩护也将不会获得法庭的支持。

二、对我国毒品案件死刑“标准”的整理

按照《大连会议纪要》《武汉会议纪要》的规定以及毒品案件指导案例体现的规则。对毒品案件是否判处死刑的考虑因素包括毒品的种类和数量、是否毒枭、职业毒犯、再犯、累犯、惯犯、主犯，是否具有将毒品走私入境，是否多次、大量或者向多人贩卖，是否诱使多人吸毒，是否武装掩护、暴力抗拒检查、拘留或者逮捕，是否参与有组织的国际贩毒活动；还要考虑是否具有自首、立功、坦白情节，是否存在毒品含量极低和大量掺杂掺假的情形，是否存在犯意引诱或数量引诱的情形，以及是否存在犯罪未遂或中止、从犯罪或作用地位低等法定或酌定量刑情节，等等。

（一）基础判断条件是毒品的数量

数量是判断是否可能判处死刑的基础，一切的其他情节都是围绕这个要素来讨论的。无论是《大连会议纪要》还是《武汉会议纪要》，在讨论任何是否可以判处死刑的情节的时候，都加了一个或显性或隐性的前置条件——是否达到实际掌握的死刑标准，这个标准一般就是指数量标准。但是，因为我国毒

品案件的死刑判定标准在一个大致的范围内，受到不同地域、不同时间段、不同法官个体对标准把握的影响。以地域为例，由于毒品犯罪案件在某些地域非常泛滥而在另一些地方比较稀少。使它们的死刑掌握标准天差地别，甚至在一个省（自治区）内的不同的州市都有很大的差别。而且，司法机关认为这个标准不宜公开的，本书也须遵守。因此要掌握这个最好的方法，就是向当地办理类似案件的资深人士请教。

此外，《大连会议纪要》规定：涉案毒品为其他滥用范围和危害性相对较小的新类型、混合型毒品的，一般不宜判处被告人死刑。但对于司法解释、规范性文件明确规定了定罪量刑数量标准，且涉案毒品数量特别巨大，社会危害大，不判处死刑难以体现罚当其罪的，必要时可以判处被告人死刑。

（二）其他情节

在上述基础条件下来判断若干量刑情节的整体把握：如犯罪情节、危害后果、被告人的主观恶性、人身危险性以及当地禁毒形势等各种因素。《大连会议纪要》做了一个归纳，即“审理毒品犯罪案件，应当切实贯彻宽严相济的刑事政策，突出毒品犯罪的打击重点。必须依法严惩毒枭、职业毒犯、再犯、累犯、惯犯、主犯等主观恶性深、人身危险性大、危害严重的毒品犯罪分子，以及具有将毒品走私入境，多次、大量或者向多人贩卖，诱使多人吸毒，武装掩护、暴力抗拒检查、拘留或者逮捕，或者参与有组织的国际贩毒活动等情节的毒品犯罪分子。对其中罪行极其严重依法应当判处死刑的，必须坚决依法判处死刑”。

（三）数量与其他条件的关系

“毒品数量达到实际掌握的死刑数量标准”（以下简称毒品数量达到死刑标准）与其他从轻、从重的量刑情节结合，会得出三种结论，即毒品数量达到死刑标准即可以判处死刑、毒品数量达到死刑标准可以不判处死刑、毒品数量未达到死刑标准也可以判处死刑。这三种情况体现的是毒品数量之外的其他情节的“权重”问题，梳理如下：

1. 毒品数量达到死刑标准，可以判处死刑的情形

《大连会议纪要》规定，毒品数量达到实际掌握的死刑数量标准，并具有如下情节的，可以判处被告人死刑：

（1）具有毒品再犯、累犯情节。（2）具有利用、教唆未成年人走私、贩卖、运输、制造毒品，或者向未成年人出售毒品的法定从重处罚情节的。（3）具有多人多次情节，即具有多次走私、贩卖、运输、制造毒品，向多人贩毒，在毒品犯罪中诱使、容留多人吸毒的情节。（4）在戒毒监管场所贩毒，国家工作人员利用职务便利实施毒品犯罪。（5）具有职业犯、惯犯、主犯等情节的。（6）毒品数量超过实际掌握的死刑数量标准，且没有法定、酌定从轻处罚情节的。（7）运输毒品犯罪的特殊规定。对于运输毒品犯罪集团首要分子，组织、指使、雇佣他人运输毒品的主犯或者毒枭、职业毒犯、毒品再犯，以及具有武装掩护、暴力抗拒检查、拘留或者逮捕、参与有组织的国际毒品犯罪、以运输毒品为业、多次运输毒品或者其他严重情节的，应当按照刑法、有关司法解释和司法实践实际掌握的数量标准，从严惩处，依法应判处死刑的必须坚决判处死刑。（8）毒品数量超过实际掌握的死刑数量标准，不能证明被告人系受人指使、雇佣参与运输毒品犯罪的，可以依法判处重刑直至死刑。

2. 达到数量，可以不判处死刑的情形

《大连会议纪要》规定，对虽然已达到实际掌握的判处死刑的毒品数量标准，但是具有法定、酌定从宽处罚情节的被告人，可以不判处死刑。具体为：

（1）具有自首、立功等法定从宽处罚情节的；

（2）已查获的毒品数量未达到实际掌握的死刑数量标准，到案后坦白尚

未被司法机关掌握的其他毒品犯罪，累计数量超过实际掌握的死刑数量标准的；

（3）经鉴定毒品含量极低，掺假之后的数量才达到实际掌握的死刑数量标准的，或者有证据表明可能大量掺假但因故不能鉴定的；

（4）因特情引诱毒品数量才达到实际掌握的死刑数量标准的；

（5）以贩养吸的被告人，被查获的毒品数量刚达到实际掌握的死刑数量标准的；

（6）毒品数量刚达到实际掌握的死刑数量标准，确属初次犯罪即被查获，未造成严重危害后果的；

（7）共同犯罪毒品数量刚达到实际掌握的死刑数量标准，但各共同犯罪人作用相当，或者责任大小难以区分的；

（8）家庭成员共同实施毒品犯罪，其中起主要作用的被告人已被判处死刑立即执行，其他被告人罪行相对较轻的；

（9）对有证据证明被告人确属受人指使、雇佣参与运输毒品犯罪，又系初犯、偶犯的，可以从轻处罚，即使毒品数量超过实际掌握的死刑数量标准，也可以不判处死刑立即执行。

三、死刑案件的辩护

本文的前述部分尽可能翔实地整理了可判、可不判以及不可判处死刑的一些显性条件。从广义上说，本书所写的全部毒品案件辩点，以及一般刑事案件辩护中所能用到的全部辩点，如事实问题、证据问题、定性问题、罪名问题、罪数问题、程序问题、主从犯问题、自首问题、立功问题等，都是死刑案件的辩点，因此辩点并没有什么特别的地方。但我们发现随着案件严重程度的增加，辩点对量刑的影响力逐渐降低，但不同辩点的影响力减弱的程度也会不同。例如，当毒品数量刚刚达到实际掌握的判处死刑的标准时，一个酌定量刑情节的有无都能影响到对当事人判处死刑还是生刑。而当毒品案件严重到一定程度的时候，哪怕是自首、立功这样的情节也可能撼动不了判处死刑的结局。下面我们将从这个角度出发，梳理和探讨不同辩点对案件量刑影响的不同，以及这些辩点在辩护中的应用。

（一）证据辩护为王

“有些毒品犯罪案件，往往由于毒品、毒资等证据已不存在，导致审查证据和认定事实困难。在处理这类案件时，只有被告人的口供与同案其他被告人供述吻合，并且完全排除诱供、逼供、串供等情形，被告人的口供与同案被告人的供述才可以作为定案的证据。仅有被告人口供与同案被告人供述作为定案证据的，对被告人判处死刑立即执行要特别慎重。”《大连会议纪要》的这一段表述，是第一次明确提到证据不充分对于是否判处死刑的影响。除此之外，无论是司法解释、会议纪要还是指导案例，都没有探讨过证据瑕疵问题对于判处死刑的影响。

但事实上，根据笔者的经验，证据不足的问题才是导致大量案件无法判处死刑等重刑的核心原因。前面我们说过，随着毒品数量的增加以及其他情节的严重，绝大部分的从轻情节辩点会逐渐失去影响量刑的作用。但证据瑕疵却几乎会一直发挥作用，一定程度上的证据瑕疵是真正可以使极为严重的当事人都不会被判处死刑的主因。可以用一句话来概括：天下死刑，唯证据能破。

根据笔者的研究，导致被告人未被判处死刑或死刑判决被撤销的证据缺陷主要集中在两个地方：一是关于毒品的提取、保管、称量、鉴定的瑕疵。二是因证据不足而只能靠推定当事人参与及明知的情形。因此在对极为严重毒品案件的辩护中，应当特别注意这两个方面的证据。

（二）情节之辩分主次

1. 排座次辩护

之所以把这个条件排在第二位，是缘于我国死刑判决的一项政策，即通常情况下只判处一个死刑，因此如果一个当事人被排在同案中第二、第三以后的位置，会使当事人被判处死刑的概率大大降低。当行为人被排到四名以后的时候，基本上所有单独看足以判处死刑的条件、情节都会失效。即无论多严重，一般都不会判处死刑。

2. 犯意引诱与数量引诱

《大连会议纪要》明确规定“对因‘犯意引诱’实施毒品犯罪的被告人，无论涉案毒品数量多大，都不应判处死刑立即执行”。如果存在“双套引诱”，处刑时可予以更大幅度地从宽处罚或者依法免予刑事处罚。因此，犯意引诱的情节可以认为是一个确定不会判处死刑立即执行的情节。

比犯意引诱影响力稍弱的数量引诱情节对死刑辩护也具有很大的意义，因为按照《大连会议纪要》的规定，对存在因“数量引诱”实施毒品犯罪的被告人，应当依法从轻处罚，即使毒品数量超过实际掌握的死刑数量标准，一般也不判处死刑立即执行。

另外，即便是该引诱犯罪的情节处于真伪不明的状况下，按照《大连会议纪要》规定，对不能排除“犯意引诱”和“数量引诱”的案件，在考虑是否对被告人判处死刑立即执行时，要留有余地。

3. 其他法定、酌定量刑情节

《大连会议纪要》规定：对虽然已达到实际掌握的判处死刑的毒品数量标准，但是具有法定、酌定从宽处罚情节的被告人，可以不判处死刑；其中的法定量刑情节如犯罪未遂、自首、立功和重大立功等，酌定量刑情节如受雇佣、单纯运输、以贩养吸等，在一定程度上都能产生阻止死刑的作用。

综上所述，因为毒品案件的死刑判决实在是一个看似有迹可循，实则无定数的问题。因为我们实在无法解释同样数量、同样情节的案件，为什么会在此地判了死刑，彼地却没有；在同一个法院，一段时间判了死刑，另一段时间却没有。所以，本讲只能给予一些方向上的概括、归纳和总结，以供读者了解。要真正掌握有关的问题，需要大量阅读相关文章，大量研究相关案例，最终形成一种内化于心的认识。

图书在版编目(CIP)数据

毒品犯罪辩护二十讲／赵兴祥等著． -- 北京：法律出版社，2020
ISBN 978 -7 -5197 -5043 -5

Ⅰ.①毒… Ⅱ.①赵… Ⅲ.①毒品－刑事犯罪－辩护－研究－中国 Ⅳ.①D924.364

中国版本图书馆CIP数据核字(2020)第196609号

毒品犯罪辩护二十讲
DUPIN FANZUI BIANHU ERSHIJIANG

赵兴祥 等 著

策划编辑 冯雨春
责任编辑 冯雨春 谢瑞忠
装帧设计 鲁 娟

出版 法律出版社
总发行 中国法律图书有限公司
经销 新华书店
印刷 中煤(北京)印务有限公司
责任校对 王晓萍 王语童
责任印制 吕亚莉

编辑统筹 法律应用出版分社
开本 710毫米×1000毫米 1/16
印张 16.75
字数 216千
版本 2020年12月第1版
印次 2020年12月第1次印刷

法律出版社／北京市丰台区莲花池西里7号(100073)
网址／www.lawpress.com.cn
投稿邮箱／info@lawpress.com.cn
举报维权邮箱／jbwq@lawpress.com.cn
销售热线／400 -660 -8393
咨询电话／010 -63939796

中国法律图书有限公司／北京市丰台区莲花池西里7号(100073)
全国各地中法图分、子公司销售电话：
统一销售客服／400 -660 -8393/6393
第一法律书店／010 -83938432/8433
西安分公司／029 -85330678
重庆分公司／023 -67453036
上海分公司／021 -62071639/1636
深圳分公司／0755 -83072995

书号:ISBN 978 -7 -5197 -5043 -5
定价:66.00元
(如有缺页或倒装,中国法律图书有限公司负责退换)